la fin du regard éclairant

MATHESIS

Directrice : Hourya BENIS SINACEUR

la fin du regard éclairant

une révolution dans les sciences de la vision au XIe siècle, Ibn al-Haytham

par

Michel IMBERT

Ouvrage publié avec le concours du Centre national du livre

PARIS

LIBRAIRIE PHILOSOPHIQUE J. VRIN

6 place de la Sorbonne, V[e]

2020

Imprimé en France

ISSN 1147-4920
ISBN 978-2-7116-2934-3

www.vrin.fr

À mes fils, Diego et Dan

PRÉFACE

Aussi loin que l'on remonte dans l'histoire des doctrines de la vision, on constate qu'elles sont aussi des doctrines de la lumière et de la perception. Ainsi, pour ces doctrines, les conditions de la vision renvoient à celles de la lumière et de sa propagation et, inversement, celles-ci renvoient à celles de la vision. Le meilleur exemple de cette situation est la doctrine du rayon visuel (ou du cône visuel), selon laquelle le rayon lumineux émane de l'œil pour éclairer le visible. Elle a été défendue par Euclide, dans son *Optique*, et par Ptolémée, et on en rencontre des variantes chez leurs successeurs mathématiciens, mais aussi philosophes et médecins. Dès le départ, donc, les doctrines de la vision et de la perception mêlaient aux éléments d'une optique géométrique ceux d'une optique physiologique et psychologique.

Dès l'époque hellénistique, et plus tard par des philosophes tels qu'al-Kindī (801-873 environ), elles ont fait l'objet d'amendements et de critiques, mais sans subir de véritable réforme. C'est cette histoire que Michel Imbert retrace dans les premiers chapitres de son livre, en des termes clairs et informés.

Or, pour s'opérer, une réforme ne pouvait se satisfaire d'amendements, mais appelait de nouveaux actes fondateurs, que ce soit en optique physique ou en optique physiologique ou psychologique. Il s'agissait tout d'abord d'abandonner une physique finaliste au profit d'une physique mathématique et expérimentale : la lumière existe indépendamment de la vision, extérieure à elle ; elle se propage en lignes droites dans toutes les directions à partir de la source lumineuse, non pas instantanément mais avec une vitesse ; enfin, son intensité s'affaiblit à mesure qu'elle s'éloigne de sa source. Il fallait donc élaborer une théorie de la vision dans laquelle l'œil cesse d'être une source lumineuse pour devenir, sinon un instrument optique, tout au moins un organe apte à fonctionner selon les principes de la nouvelle optique géométrique et physique.

Or cette réforme, cette révolution, plus précisément, a eu pour initiateur al-Ḥasan ibn al-Haytham (mort au Caire après 1040) dans son *Livre de l'Optique*, entre autres écrits. Ce *Livre de l'Optique*, dans ses versions arabe, latine et italienne, constituera ensuite la base de la nouvelle optique.

On comprend que Michel Imbert, neurophysiologiste renommé, mais aussi formé en histoire des sciences dans la tradition du philosophe et médecin Georges Canguilhem, ait découvert avec enthousiasme cette œuvre d'Ibn al-Haytham. Il dispose en effet de tous les moyens nécessaires pour analyser en profondeur son optique physiologique et psychologique, et pour la situer, non seulement par rapport aux anciennes doctrines comme celles de Galien ou de Ḥunayn, mais aussi par rapport aux modernes, comme Helmholtz. Il retrace en outre l'histoire de l'impact de l'optique d'Ibn al-Haytham sur les travaux des perspectivistes, jusqu'à Kepler.

Le livre de Michel Imbert représente donc une contribution majeure à l'histoire de l'optique et des sciences et, par son information et par son style, à la culture d'aujourd'hui.

Roshdi RASHED

L'incompréhension du présent naît fatalement de l'ignorance du passé.
Mais il n'est peut-être pas moins vain de s'épuiser à comprendre le passé,
si l'on ne sait rien du présent.
Marc Bloch, *Le métier d'historien*

INTRODUCTION

Dans les sciences de la vision, les distinctions, qui aujourd'hui vont de soi, entre le mathématique, le physique, le physiologique ou le psychologique, ne se sont imposées que tardivement. Peut-être à partir du XVIIe siècle quand Kepler découvre l'*image* dessinée sur le fond de l'œil. Cette image constitua d'emblée un scandale. Elle est « inversée », comme Kepler le démontre et comme Scheiner l'observe directement sur la rétine d'un animal ou d'un homme récemment mort, ce que Descartes reprend dans le Discours Cinquième de *La Dioptrique*, intitulé *Des images qui se forment sur le fond de l'œil* (voir *infra*, « Épilogue », p. 179, Figure 4). Cette découverte a même été saluée par un grand historien des sciences du Moyen Âge et de la Renaissance, comme la : « première découverte fondamentale de la physiologie moderne »[1]. Elle constituait pourtant un véritable scandale : l'image dans l'œil est inversée. Comment dès lors peut-on « voir » le monde à l'endroit ? Pourquoi les roues d'un chariot qui s'éloigne là-bas seraient-elles circulaires si dans mon œil elles sont peintes comme des ellipses ? Pourquoi le bâton que je sais pertinemment être droit m'apparaît-il brisé lorsqu'il est plongé dans l'eau ? C'est un scandale car jusqu'aux temps modernes, il était admis que nous saisissons par nos sens les objets *tels qu'ils sont*. En outre, les connaissances anatomiques acquises récemment sur les différentes couches ou « tuniques » de l'œil ne permettent pas à cette image d'être transmise de manière optique au cerveau, comme on le pensait jusqu'alors ; comment dès lors celui-ci, que l'on s'accorde depuis longtemps à considérer comme le siège de la perception visuelle, peut-il acquérir les informations qu'elles contiennent et qui lui sont nécessaires pour construire ce que l'on voit ?

1. Crombie 1967 : « ..the first major discovery in modern physiology was made [...] by a mathematical physicist, Johannes Kepler [...] ». Voir dans Crombie 1990, p. 175.

Toutefois, au début du XIe siècle, un grand mathématicien et physicien arabe, originaire de Bassorah, dans l'Irak actuel, mais ayant passé l'essentiel de sa vie au Caire où il mourut après 1040, *Al-Hasan Ibn al-Haytham*, connu dans l'Occident chrétien par son prénom latinisé, Alhazen (parfois orthographié Alhacen), élabore une théorie de l'optique géométrique et physiologique qui annonce une conception étonnement moderne de la psychophysiologie de la vision. Son livre, le *Kitāb al-Manāẓir*, traduit en Latin au XIIe siècle sous le nom de *De aspectibus*, publié en 1572 à Bâle, a été le livre de référence obligé de tous les savants du Moyen Âge tardif et au-delà, jusque et y compris Kepler qui en possédait une copie, comme Descartes, Malebranche ou Huygens.

Ibn al-Haytham a beaucoup réfléchi sur l'*Optique* de Claude Ptolémée. Celui-ci, astronome et géographe Grec, né en Thébaïde (Haute-Égypte) en 90, mort à Canope près d'Alexandrie en 168 de notre ère, est surtout connu comme l'auteur de l'*Almageste*, immense système du monde et d'une *Géographie*. Il est également l'auteur d'une *Optique* (Lejeune, 1956), qui sera le sommet de l'optique géométrique, inaugurée par Euclide cinq siècles auparavant. L'objectif principal d'Euclide fut d'établir l'optique comme une théorie géométrique de la perception visuelle. Il part du postulat que l'œil est le point de départ des rayons visuels rectilignes par lesquels on voit les objets dès qu'ils les touchent. Dans son *Optique* (dont on ne peut que s'émerveiller qu'on la connaisse encore, car : « [...] elle nous est parvenue dans une traduction latine, faite à partir de la traduction arabe – toujours introuvable – de l'original grec perdu »[1]. Ptolémée complète la théorie euclidienne par une approche plus expérimentale, mais qui conserve intégralement le caractère d'analyse géométrique du *comment* nous voyons et du comment nous *devons* voir, en d'autres termes du « regard », offrant ainsi une théorie de la perspective (chapitre 4). Cette tradition optique est probablement celle qui a eu la postérité la plus durable. Combinée avec la psychologie arabe du Moyen Âge (chapitre 6), elle donnera ce qui est connu du nom de *perspectivisme* (en latin *perspectiva* du verbe *perspicere*, observer, examiner, *traverser du regard* (chapitre 8). Elle n'est pas, loin s'en faut, la seule qui ait marqué les théories de la perception visuelle (chapitres 1, 2 et 3).

En effet, entre, d'une part, les premières conceptions philosophiques et poétique de la vision, ignorantes de la structure et de la fonction de l'œil, ignorantes aussi de la nature de la lumière et de la couleur, et, d'autre part, la première distinction explicite entre disciplines spécialisées : optique,

1. Rashed 1993b, p. 238.

nature de la lumière et de la couleur, physiologie oculaire et psychologie de la perception visuelle, spécialisation requise pour une approche scientifique expérimentale, plus de quinze siècles se sont écoulés. Cette longue période qui sépare Empédocle d'Alhazen, est néanmoins riche de théories sur le visible, le voir et l'optique, théories essentiellement spéculatives mais intellectuellement excitantes pour mériter qu'on s'en souvienne.

Pourquoi ce livre ?

Ce livre n'est celui ni d'un historien des sciences ni d'un philologue, mais celui d'un enseignant-chercheur en neurosciences cognitives qui s'est toujours intéressé à l'histoire et à la philosophie de sa discipline : les neurosciences de la vision. J'ai longtemps porté ce projet. J'ai passé près de cinquante ans de ma vie professionnelle à étudier la façon dont les neurones du système visuel étaient activés. Ma vie scientifique active s'est déroulée à une époque où de nouvelles techniques d'exploration du système nerveux permettaient d'accéder *directement* aux relations reliant perception et activité des neurones du système visuel. Cette époque, la deuxième moitié du vingtième siècle, a vu l'éclosion d'un très grand nombre de découvertes qui ont profondément bouleversé notre compréhension des mécanismes de la perception visuelle. L'enregistrement par micro-électrodes de l'activité électrique de neurones isolés dans diverses structures cérébrales, de la rétine au cortex cérébral, met en évidence une organisation fonctionnelle sophistiquée : les cellules visuelles ne répondent pas à de simples changements de lumière dans l'environnement, elles sont activées au contraire par des objets (ou des parties d'objets) contrastés, précisément localisés à l'intérieur d'une zone restreinte du champ de vision, appelée leur champ récepteur, souvent agités de mouvements précis, en vitesse et en direction, à l'intérieur de cette zone[1]. Les « champs récepteurs » sont d'organisations très diverses, selon l'endroit, selon le moment du développement, selon l'apprentissage, etc. ; ils ont alors été

1. Les références bibliographiques sont trop abondantes pour que nous les citions toutes, il suffit de mentionner celles qui, à notre avis, ont été les plus significatives des débuts de la neurophysiologie visuelle : Barlow 1953, Lettvin *et al.* 1959, Hubel & Wiesel 1959,1962, (voir revue dans Hubel 1982a b, c).

considérés comme les pièces élémentaires des processus rendant possible la perception.

A cette même époque, avec l'essor des sciences cognitives, une « doctrine neurobiologique »[1] voit le jour : les expérimentations réalisées par les neurophysiologistes répondraient aux questions que se posent depuis fort longtemps les psychologues et les philosophes[2]. En outre, l'étude expérimentale de comportements visuels modifiés par des interventions chirurgicales (ou pharmacologiques), ou encore les explorations électrophysiologiques du cerveau de primates non-humains ou celles observées à la suite de lésions cérébrales ou d'accidents vasculaires chez l'homme ont permis une riche moisson de résultats décisifs. Dès lors, le vocabulaire de la psychologie ordinaire a pu être *directement* importé dans le champ de la physiologie du système nerveux central, et même dans son anatomie : un trajet dans le cerveau dédié à la localisation des objets sera anatomiquement distingué de celui spécialisé dans leur reconnaissance, le trajet du *où* par opposition au trajet du *quoi*[3]. Le vocabulaire psychologique sera utilisé, souvent sans précaution, pour décrire la manière dont certains neurones, (ou certaines assemblées de neurones), répondent à des objets visuels complexes. C'est ainsi qu'on décrira des « cellules grands-mères » reconnaissant les grands-mères[4], des « détecteurs de mouche », sensibles à des insectes voltigeant à l'entour, des « neurones miroirs » mimant les actions des autres, ou encore ceux de la lecture ou de la décision, etc.

Des recherches sur les réseaux de neurones sont inaugurées par les travaux pionniers de Warren McCulloch et Walter Pitts[5], établissant l'équivalence de fonctionnement du cerveau avec celui d'une machine[6]. Warren McCulloch est l'instigateur d'une série de séminaires, les Conférences Macy, réunissant, entre 1946 et 1953, mathématiciens, biologistes, psychologues et neurologues dont les travaux éminemment pluridisciplinaires annoncent les sciences cognitives[7]. Désormais les neurosciences et la psychologie iront main dans la main. On assistera alors à une floraison de recherches théoriques. En 1982, le succès de l'ouvrage

1. Barlow 1995.

2. Barlow 1972.

3. Ungerleider & Mishkin 1982. Cette distinction a depuis été révisée, mais pas fondamentalement changée.

4. Lettvin *et al.* 1959.

5. McCulloch & Pitts 1943.

6. Plus précisément une machine logique du type machine de Turing, ou matérielle du type ordinateur.

7. Dupuy 2000.

Vision[1] de David Marr, atteste du développement des nombreuses études dites computationnelles[2].

Ce n'est pas le lieu de développer ici cette histoire récente des sciences de la vision. La perception visuelle n'a pourtant pas cessé, depuis l'Antiquité, de préoccuper les philosophes et les mathématiciens. Les mathématiciens soucieux de rendre compte de la visibilité des choses. Les philosophes attentifs à ses prétentions épistémologiques. La vision en effet était généralement prise comme modèle de la connaissance. *La vision comme modèle de la connaissance* était d'ailleurs l'intitulé d'un cours donné en 1957 par Georges Canguilhem (1904-1995), éminent professeur d'histoire et philosophie des sciences à la Sorbonne. J'ai eu le privilège d'être son étudiant en licence de philosophie et de suivre ce cours. Je n'irais pas jusqu'à dire que ce serait à cause de cet enseignement que j'ai entrepris le présent travail. Néanmoins, intéressé par la philosophie de la biologie que professait Georges Canguilhem, je me suis reconverti dès la fin de ma licence à la physiologie du cerveau. Il ne fait aucun doute que ma formation initiale m'a sensibilisé aux implications philosophiques des multiples et excitantes découvertes de la neurophysiologie récente, celle qui, à partir des années 1950s, utilise des micro-électrodes pour étudier l'activité de neurones isolés (j'en étais le témoin et, modestement, l'acteur[3]). Elle a suscité mon goût pour l'histoire des sciences de la vision, et c'est la raison pour laquelle je me suis toujours intéressé aux différents moments qui ont jalonné l'émergence des principales théories de la perception visuelle. L'approche contemporaine, profondément influencée par ce qu'il est convenu d'appeler la « révolution cognitive » de la seconde moitié du XXe siècle, plonge ses nombreuses racines loin dans le temps, c'est en le remontant que j'ai rencontré cet immense savant qu'est Ibn al-Haytham. Auteur d'une œuvre scientifique considérable, il compose, au cours de son long séjour au Caire dans la première moitié du onzième siècle, son ouvrage majeur, sur l'optique et la lumière, le *Kitāb al Manāẓir*, ou *Livre de l'Optique*. Inconnu dans le monde occidental et même dans le monde islamique jusqu'à la fin du XIIIe siècle, ce livre, en sept volumes, exercera une influence décisive sur les doctrines de la vision au cours des siècles suivants. Contrairement à une idée reçue, ce n'est pas à Florence au XVe siècle que la perspective fut découverte, mais à Bagdad et au Caire entre le IXe et le XIe siècles ; ce n'est pas Léonard de Vinci qui imagina

1. Marr 1982.
2. Fodor & Pylyshyn 1988.
3. Buser & Imbert 1959.

la chambre obscure en 1541, mais Ibn al-Hayham dans les premières décennies du XIe siècle qui en fait la théorie. Bien d'autres idées reçues doivent être révisées à l'examen des travaux d'Ibn al-Haytham et d'autres savants arabes médiévaux.

Un préjugé tenace, encore souvent rabâché aujourd'hui, veut que dans la période s'étendant de l'Antiquité classique à la Renaissance européenne, rien de marquant n'ait été produit dans le monde intellectuel, à l'exception de quelques traductions arabes qui auraient ainsi sauvé de l'oubli des textes grecs que les savants européens du début du XVIe siècle allaient redécouvrir à leur tour. Rien n'est plus éloigné de la réalité. De brillantes recherches dans l'ensemble des sciences mathématiques et physiques sont menées, dans le monde arabo-musulman, deux siècles déjà avant la naissance de Ibn al-Haytham. A son apogée, aux temps de la Dynastie Abbasside à Bagdad à la fin du VIIIe siècle, un puissant mouvement de traduction non seulement offrit en langue arabe l'essentiel des écrits des philosophes et des savants grecs (Platon, Aristote, Euclide, Galien, Ptolémée, notamment), mais témoigna surtout de la soif de connaissance qui habitait les lettrés arabophones. Cette fièvre intellectuelle permet de comprendre l'apparition de grands savants dont Ibn al-Haytham est un exemple parmi les plus éclatants.

L'œuvre d'Ibn al-Haytham transforma radicalement les théories de la vision alors existantes. Ignorée dans le monde occidental jusqu'à ce qu'une traduction en latin (ou plutôt une transcription qui suit malgré tout assez fidèlement l'ouvrage de Ibn al-Haytham) circule en Europe dès le XIIe siècle. Cette traduction exercera une influence considérable sur les intellectuels de l'Occident chrétien (souvent des moines franciscains) jusqu'à la fin du XVe siècle.

Editée à Bâle en 1572 par Friedrich Risner sous le nom *Opticae Thesaurus Alhazeni*, l'œuvre d'Alhazen (forme latinisée du prénom de al-Hasan Ibn al-Haytham), accompagnée du *Perspectiva* de Witelo, moine polonais du XIIIe siècle, influencera la Renaissance italienne (Lorenzo Ghiberti notamment), sera connue de Kepler, de Descartes, d'Huygens notamment. Helmholtz lui empruntera, sans la citer explicitement, sa fameuse « inférence inconsciente ».

Dans cet ouvrage, mon but est de faire connaître une page brillante de la science arabe[1] du IXe au XIe siècle, et une période médiévale

1. Par science arabe, j'entends la science écrite et diffusée en langue arabe classique, celle dans laquelle la Coran est écrite, et non l'origine ethnique ou religieuse de son auteur.

(essentiellement du XIIe et du XIIIe siècle) riche en réflexions sur la lumière, la couleur et la perception visuelle de l'espace, dont certaines idées sont encore vivantes dans des théories contemporaines. Ce projet est motivé par une interrogation plus générale : les sciences cognitives de la vision auraient-elles leurs racines dans les théories de la perception visuelle médiévales, influencées par les travaux d'Alhazen ?

C'est l'histoire de cette première théorie, mathématique et physiologique, de la perception visuelle que je me propose d'aborder.

1) Qu'est-ce qui permit à Ibn al-Haytham d'écrire son *Livre d'Optique* ? Que connaissait-il de ses prédécesseurs (en particulier Euclide et Ptolémée, mais aussi Platon, Aristote, les Stoïciens, Galien…, al Kindī, Avicenne, Ḥunaim, …).

2) Quelle est la contribution propre de Ibn al-Haytham ? Parmi les sujets discutés en détail, j'aborderai la propagation rectiligne de la lumière, le statut des apparences et des images, la chambre noire, le caractère inférenciel de la perception.

3) Quelle fut la réception du *Kitāb* d'Ibn al-Haytham au cours du Moyen Âge occidental tardif, jusqu'à la naissance de la science moderne avec Johannes Kepler ?

PROLOGUE

Ce jour-là, une grande effervescence règne à al-Khandaq, petit village au nord du Caire. Le Calife fatimide al-Ḥākim en personne y est attendu. Le personnage qu'il s'apprête à accueillir doit être considérable pour qu'il vienne ainsi l'honorer de sa présence. Le Calife n'a pas, en effet, la réputation d'être un homme affable ; il serait plutôt colérique et excentrique, un personnage puissant dont il faut redouter les sautes d'humeur. On dit qu'il aime se promener parmi son peuple, pour manifester sa mansuétude, mais on le sait aussi capricieux et cruel. Dérangé par leurs aboiements, n'a-t-il pas donné l'ordre d'égorger tous les chiens qui erraient dans la ville d'al-Fusṭāṭ, proche du Caire, la capitale de l'empire fatimide ? Cet homme, qui est resté dans l'histoire sous le sobriquet de « calife fou », est plein de

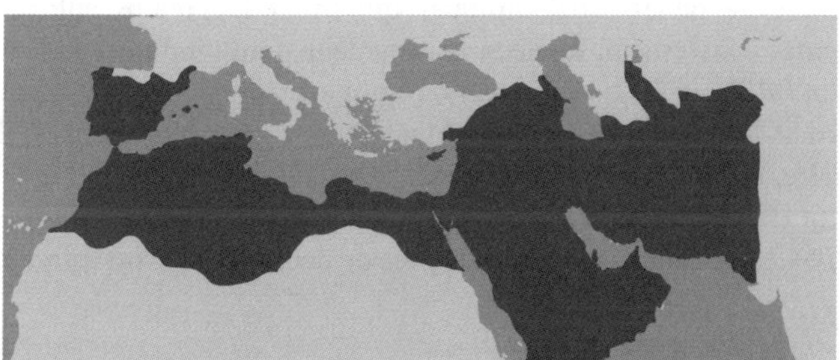

Figure 1 : Le monde musulman sous la dynastie Omeyyade (661-750)

contradictions. Les témoignages que nous avons sur son caractère sont sans doute tendancieux, pour le moins suspects d'exagération sectaire. Issu de la lignée des Ismaéliens chiites, il considérait probablement, comme nombre de membres de cette branche de l'islam, les Musulmans sunnites comme des usurpateurs. Il n'hésitait pas à les persécuter au même titre que les Juifs et les Chrétiens ; on peut comprendre que les témoignages des historiens arabes, pour la plupart sunnites, ne lui soient pas favorables.

La dynastie fatimide règne sur un immense empire s'étendant sur la *quasi* totalité du sud de la Méditerranée. Partis de Kabylie au début du Xe siècle, les Musulmans fatimides s'étendent, avec l'appui des armées berbères récemment acquises à l'Islam, du Maroc à la Libye, conquièrent l'Égypte en 969, règnent sur le sud de la Syrie et sur une partie de l'actuelle Arabie Saoudite, le *Hijāz*, région comprenant notamment les villes saintes de Médine et de la Mecque, s'établissent à Malte et en Sicile. Le cinquième calife, al-ʿAzīz bi-Ilāh (né en 955) administre avec talent l'immense région dont il a la charge et l'amène à l'apogée de sa puissance. Il cherche à pousser son avantage au nord de la Syrie, notamment vers Alep qui, pense-t-il, doit lui servir d'étape décisive dans sa marche vers Bagdad, but de sa politique dirigée contre la dynastie abbaside. Engagé dans ces préparatifs de conquête, il meurt en 996. Lui succède alors sont fils, al-Ḥākim Bi-amr Allāh, un adolescent âgé seulement de 11 ans.

Mais ce n'est plus cet adolescent qui attend notre visiteur ; c'est un homme d'environ vingt cinq ans. Craint, pour les raisons que nous avons évoquées plus haut, mais respecté, al-Ḥākin, est un mécène. Protecteur des sciences, il soutient notamment, comme son père al-ʿAzīz l'avait fait avant lui, le grand astronome Ibn Yūnus (mort en 1009), réputé pour ses contributions à la trigonométrie plane et sphérique et auteur d'un vaste ensemble de tables astronomiques qui firent longtemps autorité. Ces « grandes » tables sont dédiées, comme leur nom l'indique, au Calife al-Hakim (*al-Zij al-Hakimi al-kabir*), ce qui accrédite l'idée que le calife lui accordait toujours son soutien. Amateur des arts et des lettres, il crée, au Caire, une célèbre bibliothèque, la *Dār al-ʿIlm*, véritable université et institut de recherche, aussi célèbre que la Maison de la Sagesse, le *Bayt al-Ḥikma* de Bagdad, son ainée de près de deux siècles (voir *infra*, p. 106).

Une rencontre décisive

Quel est donc ce personnage tellement considérable que la Calife attend ainsi en une si grande pompe ? C'est un grand savant, mathématicien, physicien, astronome, ingénieur, philosophe, né à Bassorah en 965. Cette ville, du Sud de l'Irak actuel, est alors à l'apogée de sa gloire. Citée cosmopolite, située dans l'estuaire commun du Tigre et de l'Euphrate, sur la rive occidentale du *Shatt al Arab*, à 550 km au sud-est de Bagdad, elle est un centre culturel brillant, pépinière de lettrés, poètes, philologues, médecins, philosophes, mathématiciens et physiciens. Une foule bigarrée d'Indiens, d'Africains, de Perses, de Malaisiens, et de Chrétiens nestoriens, y crée une ambiance intellectuelle éclatante favorisée par l'ouverture d'esprit des califes abbassides qui règnent alors sur toute la région.

Selon un historien[1] du XIIe siècle, né à Damas après 1194, ʿAli ibn Zayd al-Bayhaqi, Ibn al-Haytham aurait écrit une étude dans laquelle il prétendait être en mesure, s'il était en Égypte, et si on lui en donnait les moyens, d'édifier un ouvrage d'art d'envergure capable de réguler le cours des eaux du Nil : des barrages, des digues et des retenues d'eau qui éviteraient les inondations d'automne et les sécheresses de l'été. Le calife al-Ḥākim a connaissance de ce travail et connaît la grande réputation de son auteur. Il l'invite en Égypte pour discuter plus en détail de ses plans. Ibn al-Haytham ne peut que s'incliner ; décliner une telle offre risquerait de l'exposer à de redoutables représailles ; même loin du Caire, on ne refuse rien à ce calife puissant. La rencontre aura lieu à la fin de 1010 ou au début de 1011. Deux récits, quelque peu différents, de cette rencontre nous sont parvenus.

Selon une version, celle de l'historien déjà mentionné, le calife n'aurait accordé qu'une brève entrevue au mathématicien. Monté sur un âne, richement harnaché de cuir et d'argent, le calife aurait rapidement feuilleté le projet d'aménagement du Nil que lui remit al-Haytham. Installé sur une estrade, probablement en raison de sa petite taille, celui-ci attend la décision du calife. Celle-ci ne tarde pas. Jugé impraticable et onéreux, le calife rejette brutalement ce projet, fait démolir l'estrade sur laquelle était juché le savant, pique son âne et s'éloigne. Connaissant sa réputation et effrayé pour sa vie, al-Haytham profite de la nuit pour s'enfuir et rejoindre la Syrie, où il finit par trouver assistance auprès d'un gouverneur mieux intentionné. Cette version, bien que pittoresque, n'est pas retenue par les meilleurs spécialistes de la vie d'al-Haytham.

Un autre historien du XIIIe siècle, Ibn al-Ḳifṭī, né en 1172 en Haute Égypte, nous donne une relation plus crédible du voyage d'al-Haytham en Égypte et de sa rencontre avec le calife. Ici encore, ce serait le calife qui, connaissant la réputation de savant et d'ingénieur de Ibn al-Haytham, l'aurait invité à venir étudier le débit capricieux du Nil pour qu'il en assure la régulation. Répondant à cette invitation, Ibn al-Haytham se rend en

1. Cité par Nasir 1969, p. 93.

Égypte. Peu après son arrivée, et son accueil par le calife en personne, il prend la tête d'une équipe d'ingénieurs, remonte le Nil pour en inspecter le cours. Avant même d'atteindre les hauts plateaux du sud où le fleuve est supposé prendre sa source, il réalise que son projet est irréalisable avec les connaissances théoriques et les moyens techniques dont il dispose ; en outre, la qualité des ouvrages que la mission rencontre le long du fleuve, le persuade que les travaux nécessaires auraient déjà été menés à bien depuis longtemps s'ils avaient été seulement possibles. Ses doutes sont irrémédiablement confirmés à son arrivée à al-Janādil, aux pieds des cataractes au sud d'Assouan à 850 km du Caire. Il n'avait pas tort d'évaluer les difficultés comme étant insurmontables pour l'époque. Il faudra en effet attendre près de mille ans pour que le Président Nasser, aidé par l'Union soviétique, pût construire, en 1971, l'impressionnant barrage d'Assouan. Fort dépité et craignant la colère du calife, dont il connaît la cruauté, Ibn al-Haytham se fait passer pour simple d'esprit et simule la folie ; il échappe ainsi à la colère du calife et demeure reclus au Caire près de la mosquée al-Azhar. A partir de ce moment, et jusqu'à la fin de sa vie aux alentours de 1040, il tire sa subsistance en copiant des ouvrages mathématiques, les *Éléments* d'Euclide, l'*Almageste* de Ptolémée et les « livres intermédiaires », ainsi appelés car étudiés après les *Éléments* et avant l'*Almageste*. Selon certains témoignages, il semblerait, mais rien n'est moins sûr, qu'à la mort du calife al-Ḥākim en 1021, al-Haytham soit revenu à Bagdad.

Comment l'idée d'une rencontre entre le calife et le savant a-t-elle pu germer ? Malgré les distances qui séparent les villes du monde arabo-musulman de l'époque, les nouvelles vont vite, propagées par les nombreux voyageurs et commerçants qui sillonnent l'empire. Bagdad est à plus de 1500 km et Bassorah à quelque 2000 km du Caire. Mais nous savons que ces villes, Bassorah notamment, sont d'importants centres commerciaux, étapes de nombreuses caravanes. Que le calife, ayant eu connaissance des réflexions du mathématicien à propos du Nil, qu'il l'ait invité, voire convoqué, ou que Ibn al-Haytham, connaissant les soucis que le Nil donnait au calife, lui ait proposé ses services, ne fait guère de différences. Il y a de grandes chances pour que les préoccupations de l'un et les projets de l'autre aient pu se rencontrer. En tout cas, la visite fut décidée et le rencontre eut bien lieu. Sur ce point les deux versions se rejoignent.

LA JEUNESSE D'IBN AL-HAYTHAM

De la jeunesse de Ibn al-Haytham et de sa formation intellectuelle, on ne sait pas grand-chose, en dehors de ce que deux historiens du XIIIe siècle, Ibn Abī Uṣaybiʿa, et Ibn al-Ḳifṭī, nous ont légué. Sur sa formation initiale et les premières années de sa vie, c'est Abī Uṣaybiʿa qui donne les plus précieuses indications. Fils de médecins et médecin lui-même, Abī Uṣaybiʿa est l'auteur de nombreux ouvrages de médecine, tous aujourd'hui disparus. Mais il est surtout connu pour avoir écrit un dictionnaire biographique qui, en dépit de nombreuses faiblesses et beaucoup de confusions, est d'une inestimable valeur pour l'histoire des sciences arabes du Moyen Âge. Ce dictionnaire, à côté de quelque 380 biographies de divers savants et intellectuels, dont beaucoup de médecins, contient la copie du brouillon d'une autobiographie que Ibn al-Haytham lui-même aurait écrit vers la fin de sa vie. Il contient également le récit d'un entretien qu'un intellectuel connu sous le nom de Qaysar, né en Haute Égypte en 1178 et mort à Damas en 1251, aurait accordé à l'historien-biographe. Selon ce témoignage, dans sa jeunesse, Ibn al-Haytahm aurait été nommé vizir, titre prestigieux qui désignait alors les membres du conseil des califes. On peut en déduire qu'il venait d'une famille aisée et bien en cour dans la mesure où il put faire des études coûteuses à l'époque, et accéder à une position aussi importante. Peut-être était-il quelque chose d'équivalent à un ministre des finances puisqu'il écrivit un ouvrage sur l'*Arithmétique des Affaires* ou encore un ministre des sciences et de l'industrie, si on s'en tient aux titres de quelques-unes de ses publications (*Détermination de l'altitude des montagnes, Sur la construction des horloges hydrauliques, Sur la hauteur des triangles, Sur les principes des mesures, etc.*). Cette position sociale, si elle lui donnait les moyens de vivre, ne le satisfaisait pas intellectuellement. Selon son biographe, c'était depuis sa jeunesse qu'il réfléchissait aux diverses croyances que les hommes embrassent. Il finit par être convaincu que la grande diversité des doctrines religieuses ne tient pas à la réalité ultime qu'elles visent à comprendre mais tient plutôt aux circonstances historiques et aux conditions sociologiques qui président à leur naissance. Insatisfait du fait qu'aucune n'était capable de lui offrir un chemin assuré vers la vérité à laquelle il aspire de toute son âme, Ibn al-Haytham décide de se consacrer à l'étude des théories dont le « contenu est tangible et la forme rationnelle », selon sa propre expression. Le genre de doctrine que l'on trouve, par exemple, dans les écrits d'Aristote, notamment ceux de logique, qui lui étaient accessibles en langue arabe. « Quand j'ai découvert ce qu'avait réalisé Aristote, nous dit-il, je devins possédé du désir irrésistible de comprendre la philosophie »[1]. Il décide donc d'étudier les trois disciplines qui, à son avis, forment la philosophie : les mathématiques, la physique et la métaphysique. Ce seront ces disciplines qui désormais guideront sa vie intellectuelle. Mais ce qui lui manque cruellement, c'est du temps. Ses charges sont lourdes, l'accaparent et l'empêchent de se consacrer à sa passion. Il ne lui était guère possible de démissionner, sauf à ulcérer le gouverneur qui l'avait nommé et à porter ainsi préjudice à sa famille ; pour les mêmes raisons, fuir n'était pas davantage une option. Il aurait alors, toujours selon son biographe, décidé de simuler la folie pour échapper à ses charges officielles. Cela lui réussit. Convaincus de la réalité de sa maladie, ses supérieurs le libèrent de ses charges. Que signifie cette première simulation ? Et tout d'abord a-t-il vraiment simulé ? Ibn al-Haytham avoue lui-même, dans une de ses remarques autobiographiques rapportées par Ibn Abī Uṣaybiʿa qui la situe 13 ans avant la mort vers 1040 de notre héros, qu'il ne sait pas ce qui l'a poussé depuis son enfance dans sa recherche de la connaissance et de la vérité : la chance, l'intuition, garantie par la toute-puissance de Dieu, ou la folie ? Quelle qu'en soit la cause, l'enthousiasme, ce *dieu intérieur qui mène à tout*, le zèle pour la recherche rationnelle d'une connaissance assurée embrase son esprit critique. Au fur et à mesure qu'il progresse dans sa quête de la vérité, des doutes l'assaillent ; il lui faut beaucoup lire et réfléchir, et le poste qu'il occupe ne lui en laisse pas le temps. Il doit s'en libérer. Peut-être est-ce là l'origine de sa folie feinte.

Dans les deux récits des événements qui suivent sa rencontre avec le calife fatimide, l'élément commun est encore la folie simulée. Pour Ibn Abī Uṣaybiʿa, il l'aurait même simulée à deux reprises, une première fois, nous venons de le voir, dans l'Empire abbasside pour échapper aux tâches administratives qui lui étaient confiées au sein du califat, et une seconde fois, au Caire, pour fuir la colère du redoutable al-Ḥākim. Mais est-il raisonnable d'imaginer qu'un homme animé d'un sentiment si puissant pour la vérité ait voulu tromper deux califes, à deux (peut-être trois) reprises qui plus est, avec un mensonge tellement gros et tellement contraire à la probité intellectuelle qui caractérise toute son œuvre scientifique. On a peine à le croire.

1. Nasir, *in* Said 1970, p. 82.

La production scientifique de Ibn al-Haytham

Ibn al-Haytham a écrit sur de nombreux sujets, aussi divers que la logique, l'arithmétique, l'éthique, la politique, la poésie, la musique, ou la théologie (*kalām*). Dans le brouillon de son autobiographie, que nous avons déjà mentionné et qu'il aurait écrit à la fin 1027[1], à l'âge de 63 ans lunaires, il donne une liste de ses écrits arrêtée au 10 février de cette année, comprenant 25 titres sur des sujets mathématiques, 45 sur des sujets de physique et de métaphysique. Nous savons qu'il avait l'habitude de résumer les ouvrages d'Aristote ou de Galien qu'il étudiait, mais aucun de ces résumés n'a survécu. Les seuls ouvrages qui ont traversé les siècles appartiennent aux domaines dans lesquels ses contributions furent essentielles : optique, astronomie et mathématiques. Son biographe complète la liste précédente de 25 titres composés entre le 10 février 1027 et le 25 juillet 1028. Il existe encore un catalogue (*fihrist*) plus tardif datant de la fin des années 1038 ; cette dernière liste contient une bonne centaine de titres. On connaît indirectement l'existence d'un essai philosophique précoce, « *Que tous les sujets séculiers ou religieux sont les fruits des sciences philosophiques* » malheureusement perdu comme le sont beaucoup de ses résumés et commentaires sur Aristote ou sur Galien.

Les mathématiques sont le point fort de Ibn al-Haytham. La plupart de ses travaux dans ce domaine ont survécu. Roshdi Rashed, un éminent historien des sciences arabes[2], a publié sous le titre *Les mathématiques infinitésimales du IXe au XIe siècle*, une série de quatre ouvrages, comprenant des éditions critiques des textes arabes et leurs traductions en français[3]. Apparaît le mot « aporie », dans le titre de nombre de ses livres ; ce mot, qui signifie contradiction logique insoluble, souvent traduit par « doute », les doutes que les contradictions suscitent, indique son inclinaison critique même lorsque ses écrits apparaissent comme des commentaires. Ceci n'est pas pour nous étonner car la plupart des commentaires que les auteurs arabes produisent ne sont jamais des paraphrases ou de simples abrégées ; ils comportent toujours des remarques personnelles, des éclaircissements et des contributions originales.

1. Au douzième et dernier mois du calendrier islamique (Zil Haj) de l'année 417 de l'hégire.

2. Roshdi Rashed, né en 1936 au Caire, est directeur de recherche émérite au CNRS (Unité 7229). Spécialiste mondialement reconnu en histoire et épistémologie des sciences mathématiques arabes médiévales. Voir Papadopoulos 2017.

3. La production de R. Rashed est bien loin d'être limitée à ces quatre ouvrages. Voir sa bibliographie.

Grand mathématicien, Ibn al-Haytham s'inscrit dans une lignée brillante de savants en mathématiques, en géométrie et dans l'ensemble des sciences physiques qui, depuis plus de cent cinquante ans avant sa naissance se sont succédés. Cela dément le préjugé durable que nous avons déjà mentionné dans l'Introduction (*supra*, p. 18), selon lequel, dans la période s'étendant de l'âge d'or des anciens savants grecs jusqu'à la Renaissance européenne, rien de marquant ne se serait produit dans le monde des mathématiques, en dehors de quelques traductions arabes qui auraient sauvé de l'oubli les textes grecs que les savants européens du début du XVIe siècle allaient redécouvrir à leur tour. Pierre Duhem, physicien et historien des sciences éminent de la fin du XIXe siècle et du début du XXe, que son conservatisme et sa ferveur catholique tenaient éloigné de ses collègues influents et parisiens, majoritairement libéraux et anticléricaux, s'exprimait ainsi, à propos de l'astronomie (mais il pensait certainement aussi aux mathématiques et aux sciences physiques en général) : « Les Arabes n'ont pas reçu en partage la prodigieuse ingéniosité géométrique des Grecs ; ils n'ont apporté que de bien minces perfectionnements aux hypothèses par lesquelles l'Astronomie hellène était parvenue à résoudre en mouvements simples la marche compliquée des planètes »[1]. Pour lui les Arabes ne pouvaient être que des répétiteurs, des relayeurs, des *camionneurs* comme aurait pu le dire Fernand Braudel. Rien n'est plus éloigné de la réalité. De brillantes recherches en mathématiques, en géométrie et dans l'ensemble des sciences physiques sont menées, dans le monde arabe, depuis plus de cent cinquante ans avant même la naissance de Ibn al-Haytham.

Ce bagage scientifique, Ibn al-Haytham en hérite. Il hérite également des nombreux ouvrages philosophiques et scientifiques traduits du grec lors du grand mouvement de traduction que connu la Bagdad abbasside au VIIIe siècle (chap. 5). Sa culture et son génie propre rendirent possible la grande révolution dans les sciences de la vision qu'il instaure dans des conditions matérielles difficiles (chap. 7). Révolution est le mot juste. Il transforme une conception géométrique et poétique de la vision fondée sur l'existence de rayons visuels qui émanent de l'œil pour saisir les objets, en une théorie scientifique et expérimentale établie à partir des rayons de lumière renvoyés des objets pour former une image dessinée dans l'œil, objet propre de la perception visuelle. C'est l'histoire de ce remplacement du *regard éclairant* par la *lumière vue* que je voudrais retracer.

1. Duhem 1990, p. 27.

CHAPITRE PREMIER

LES THÉORIES PRÉ-ARISTOTÉLICIENNES DE LA VISION DANS L'ANTIQUITÉ

On cite souvent la célèbre formule, à première vue paradoxale, d'un psychologue allemand, Hermann Ebbinghaus[1], qui ouvre son petit traité de psychologie expérimentale *Abriss der Psychologie* (1908) par la constatation suivante : « La psychologie a un long passé, mais une courte histoire ». En effet, la psychologie scientifique, « explicite »[2], la psychologie expérimentale telle que nous la connaissons aujourd'hui, constituée d'un *corpus* de connaissances, solides et bien charpentées, acquises grâce à des expériences contrôlées, épaulée par les progrès des sciences naturelles et de la physique, n'apparaîtra que tardivement, au XIXe, seulement.. La psychologie « implicite », en revanche, celle qui concerne les connaissances pratiques que nous avons sur nous-mêmes et sur les autres, la psychologie ordinaire, la *folk psychology* des Anglo-Saxons, préoccupait déjà ceux qu'on appelle, depuis six siècles avant notre ère, les *philosophes.* Longtemps avant même Aristote, en effet, la manière dont naissent les sensations sur le monde extérieur et la manière dont l'esprit les utilise pour régler les comportements, firent l'objet de discussions subtiles. Mais ces discussions, largement spéculatives, visaient essentiellement à clarifier les idées que nous nous faisons du sens pratique, commun à tous, et à débarrasser les mots employés, pour les exprimer, des significations parasites qui d'habitude les obscurcissent. Comment connaissons-nous les choses qui nous entourent ? Ne faut-il pas d'abord

1. Selon Boring 1950, p. 392.

2. On doit au psychologue français Paul Guillaume (1878-1962) la distinction entre une psychologie implicite et une psychologie explicite. Voir notamment son *Introduction à la Psychologie*, 1943.

préciser ce que veut dire « connaître » ? C'est une des préoccupations majeures de Platon : Qu'est-ce que la science ? Qu'est-ce que le savoir ? La possibilité de la connaissance, l'*épistémé* (ἐπιστήμη), est bien la question essentielle que traite Théétète dans le dialogue éponyme. Et si, comme nous le verrons, il y traite avec profondeur des problèmes de perception (exactement *d'aisthêsis*, qu'il vaudrait mieux traduire par « sensation-perception » – voir plus bas), c'est pour souligner qu'elle est incapable d'assurer à elle seule une véritable connaissance. Ces questions épistémologiques donnent lieu à des réflexions profondes, tant chez Platon que chez Aristote. En outre, ce dernier est le philosophe antique dont les conceptions sur les problèmes *psychologiques* sont les plus achevées. Il y manque néanmoins « l'expérimentation », au sens moderne du terme, pour en faire une psychologie scientifique. Elle reste bien souvent une sorte de psychologie « rationnelle » de l'esprit humain, appuyée sur des observations judicieuses, étudiant, ou prétendant étudier, l'esprit et les facultés rationnelles *per se*, pour elles-mêmes et sans lien défini avec l'expérience ou la vie organique. Pourtant les concepts *psychologiques* que les Grecs, d'Alcméon à Aristote[1] et, au-delà jusque dans l'Antiquité tardive, Ptolémée et Galien notamment, élaborent dans leurs théories de la vision et de la perception sensorielle de l'espace, ne manquent ni de cohérence ni de profondeur. Ces conceptions portent sur la nature de ce qui évoque la sensation-perception, c'est-à-dire ce que nous appelons aujourd'hui le stimulus, sur l'organe que ce stimulus affecte en premier lieu, et sur le milieu qui relie obligatoirement, nous verrons plus loin pourquoi, l'objet perçu à l'organe de la perception, le « *percipiens* » au « *percipiendum* », comme on le dira plus tard. Beaucoup d'efforts ont été dépensés, mais le plus souvent en vain. En effet, comment une théorie de la perception visuelle pourrait-elle être satisfaisante sans une connaissance de la physique de la lumière, de l'anatomie de l'œil, de la physiologie du cerveau ? Les Grecs de l'Antiquité savent assez peu de choses sur ces sujets, ils savent que pour voir il faut un œil, que Galien, dès la fin du IIe siècle de notre ère, a disséqué avec une remarquable précision. Ils savent qu'il faut de la lumière, dont ils ignorent tout de la physique et un objet, qui se donne à voir. C'est à peu près tout ce sur quoi ils s'accordent. Ils n'ont aucune idée de ce qu'est la rétine, mais distinguent néanmoins le cristallin comme entité anatomique, sans en soupçonner les propriétés réfractives, ignorent l'accommodation. Ils n'imaginent pas que l'œil puisse n'être

1. Pour reprendre une partie du titre d'un ouvrage capital de John I. Beare (1906).

qu'un simple dispositif optique destiné à former une image oculaire[1], dont ils ne conçoivent même pas l'existence. Ils identifient lumière et vision. Pendant des siècles en effet *voir sera éclairer*.

Pourtant, en dépit de ces limitations, les spéculations que les anciens Grecs ont échafaudées sur les conditions de la vision et sur la nature de l'objet propre de la vision, spéculations toujours imprégnées d'une métaphysique imprécise et bien souvent puérile à nos yeux, ont néanmoins ouvert la voie à des développements qu'il nous faut maintenant examiner. Ces développements, vont se poursuivre et s'enrichir sur près de quinze siècles. Jusqu'à ce que Ibn al-Haytham s'en saisisse au début du XIe siècle de notre ère et inaugure une physique de la lumière et une science de la vision dont l'influence se fera sentir pendant les siècles à venir.

Ibn al-Haytham connaissait pratiquement tout ce qui, depuis l'Antiquité classique, avait été proposé comme explication de la vision. Nous savons qu'il disposait de l'essentiel de la littérature concernant ce sujet, grâce notamment au travail des traducteurs du Bagdad abbasside[2]. C'est en faisant revivre cet héritage que nous pourrons apprécier pleinement la portée de la révolution qu'il annonce dans son *Kitāb al-Manāẓir* ou *Livre de l'Optique* qu'il rédigea au Caire, à l'ombre de la Mosquée al-Azhar (voir Prologue), au début du XIe siècle.

LES GRANDES LIGNES DES THÉORIES DE LA VISION DANS L'ANTIQUITÉ

Dans un livre qui, depuis sa parution en 1976, fait toujours autorité dans le domaine de l'histoire des théories visuelles s'étendant du IXe au XVIIe siècle, depuis al-Kindī jusqu'à Kepler, David C. Lindberg, historien des sciences à l'Université du Wisconsin (Madison), récemment disparu, distingue trois grandes traditions dans lesquelles s'inscrivent les théories antiques de la vision[3].

Une *tradition médicale*, concernée principalement par les pathologies oculaires, riche d'enseignements sur l'anatomie de l'œil. Hippocrate et Galien sont les principaux représentants de cette tradition. Ibn al-Hayham, qui connaissait les cercles médicaux du Bagdad du IXe et du Xe siècle, en était imprégné.

1. Pour cela il faudra attendre Képler au XVIIe siècle. Voir *infra*, « Épilogue ».
2. Voir chapitre 5.
3. Lindberg 1976.

Une *tradition physique et philosophique*, dont la préoccupation essentielle est d'ordre épistémologique et psychologique ; elle porte sur les conditions physiques permettant aux organes visuels d'acquérir une connaissance (une accointance serait plus juste) du monde extérieur. Aristote, Alexandre d'Aphrodise et les péripatéticiens sont certainement de tous les auteurs grecs classiques le plus représentatifs de ce courant. Nous savons que Ibn al-Haytham en était nourri.

Enfin, une *tradition mathématique* dont la préoccupation centrale est de fournir une explication géométrique de la vision de l'espace. Euclide et Ptolémée représentent respectivement le stade initial et le stade final de l'optique grecque, pour reprendre une expression d'Albert Lejeune[1], telle que la recevra Ibn al-Haytham[2].

Cette classification, comme toute classification, a ses limites. Elle a cependant le mérite de monter que notre héros, celui dont nous voulons souligner le rôle dans la transformation radicale des sciences de la vision au Moyen Age, Ibn al-Haytham, n'ignorait aucune des théories que ces prédécesseurs, qu'ils soient médecins, philosophes ou mathématiciens, qu'ils soient Grecs, Chrétiens, Juifs ou Arabes, avaient échafaudées. C'est la raison pour laquelle nous nous proposons de les examiner soigneusement dans les prochains chapitres.

Une aporie fondamentale de toutes les théories antiques

Toutes les théories antiques étaient d'emblée confrontées à un problème, apparemment insoluble. Étant admis que les corps matériels ne peuvent agir les uns sur les autres que par contact physique, conviction que partagent tous les philosophes de l'Antiquité, il s'en suit logiquement que toute action à distance est impossible. Pourtant, quand l'œil touche l'objet qu'il vise, celui-ci n'est plus vu ; il doit y avoir une certaine distance séparant l'œil de l'objet, le contact direct ne marche pas. Quel est ce *quelque chose*, ce troisième élément, ce *tertium quid*, qui relie *physiquement* l'œil et l'objet, mais que l'on ne voit pas ? Et comment se fait-il que si entre l'œil et l'objet, une zone d'obscurité est interposée, on puisse quand même le

1. Lejeune 1948.

2. Ceci est une simplification, nous savons que l'optique de Ptolémée a été enrichie de nombreuses contributions originales, arabes essentiellement (voir *supra*, « Introduction », p. 18), avant que Ibn al-Haytham n'entre en scène. Rien n'est plus faux que d'imaginer qu'entre Ptolémée et al-Haytham régnait un vide scientifique. Voir *infra*, chap. 6.

voir ? Il faut au préalable résoudre cette énigme pour pouvoir avancer une explication plausible de la vision. Toutes les anciennes théories visuelles, des présocratiques à Ptolémée, ont ceci en commun : la vision ne peut avoir lieu sans une médiation entre l'œil et l'objet.

Faute de connaître la nature réelle de la lumière, l'imagination se donne libre cours. Au moins cinq théories visuelles seront proposées pour expliquer l'intermédiaire physique nécessaire entre l'œil et l'objet. Ces théories se distribuent selon un spectre où l'œil et l'objet forment les deux extrémités. Ou bien, partant de l'objet un *quelque chose* de matériel émane qui vient pénétrer dans l'œil (théories de l'*émanation*), ou bien, à l'inverse, partant de l'œil un *quelque chose* se projette vers l'extérieur qui vient palper l'objet pour le rendre visible (théories de l'*extramission*). Entre ces deux extrêmes diverses théories intermédiaires qui postulent la rencontre entre un *flux* émanant des objets extérieurs et un *flux* provenant de l'œil.

Théories de l'émanation

Les théories de l'émanation sont directement liées à la tradition de l'atomisme antique. On la trouve déjà annoncée chez Empédocle, elle sera développée par Démocrite et prendra sa forme la plus achevée chez Épicure et Lucrèce. Selon cette tradition, un flux de corpuscules matériels très ténus s'échappe de l'objet et vient jusqu'à pénétrer dans l'œil de l'observateur.

Empédocle, citoyen d'Agrigente, élabore, dans les premières années du Ve siècle av. J.-C., une théorie, en partie déjà présente, d'après le peu que l'on en sait, chez son maître Leucippe[1] (dont on sait si peu de choses qu'on peut le négliger ou le confondre avec son élève). Cette théorie, aux accents poétiques, ouvre la voie à l'*atomisme.* Empédocle distingue les déterminations élémentaires des choses, qui ne recevront le nom d'*éléments* qu'à partir de Platon, et qu'il appelle les « racines de toutes choses ». Elles sont au nombre de quatre : le feu, la terre, l'éther (l'air), et l'eau ; souvent divinisés en : « Zeus brillant, Héra nourricière, Ædonée (Hadès) et Nêstis qui de ses flots nourrit les sources mortelles »[2]. Ces éléments sont inengendrés et ne se corrompent pas davantage ; « ils sont les germes de tout ce qui a été, de tout ce qui est et sera », non seulement les choses mortelles, mais aussi « les dieux à la longue vie »[3]. Quant à l'évolution et aux changements des choses elles-mêmes, Empédocle l'explique par

1. Beare 1906, p. 24.
2. Robin 1948, p. 122.
3. Cité par Robin 1948, p. 123, fragment 21.

des processus purement mécaniques, de mélange et d'échange : « Il n'y a – dit-il – que mélange, et puis échange entre les choses qui ont été mélangées. Génération n'est qu'un nom, accrédité par les hommes »[1]. Il y aurait en permanence, et c'est là le cœur de la théorie de l'émanation, des effluves (ἀπορροαί) émanant des corps composés, qui pénètrent par les *pores*, ou *conduits invisibles et extrêmement petits* dans d'autres corps. Les corps entre lesquels existe une *commune mesure* (une certaine symétrie συμμετρία), un accord sympathique, autrement dit, une compatibilité, entre d'une part les émanations de l'un et, d'autre part, les pores de l'autre présentent une certaine affinité ; ils peuvent se mélanger et échanger, faute de quoi, ils restent comme l'huile et l'eau, immiscibles.

La psychologie d'Empédocle est, dans la veine de toute sa philosophie : essentiellement mécaniste ; pour lui, toute sensation est un contact entre des semblables. On n'en retient souvent que le slogan : le *semblable aime le semblable*, et c'est par l'étroite correspondance entre les effluves et les pores qu'il explique les diverses sensations. Par exemple, la vision reposerait sur la rencontre de deux *feux*. D'une part, le feu corpusculaire qui émane des objets extérieurs qui conservent, en s'échappant des corps extérieurs leur forme d'ensemble et leur couleur, d'autre part, un feu intérieur qui sort des yeux ou y réside et qu'il faut sans doute attribuer à une création de l'âme ou de l'esprit. De la rencontre de ces deux feux, naîtrait la vision. Dans son poème, cité par Aristote, *Sur la nature de l'univers*, il file la métaphore de la lanterne. Pour Aristote : « Empédocle, pour sa part, semble parfois penser que l'on voit parce que la lumière sort de l'œil, comme nous l'avons dit plus haut. En tout cas, il s'exprime ainsi :

> Comme celui qui, songeant à sortir, s'arme d'une lampe,
> Par une nuit de mauvaise saison, lumière d'un feu brûlant,
> Allumant contre les vents de toutes sortes sa lanterne protectrice
> Qui disperse le souffle des vents régnants,
> Tandis que le feu surgit au-dehors, aussi loin qu'il puisse se porter,
> Et brille au-delà du seuil de ses rayons invincibles,
> De même, le feu primitif s'est jadis enclos dans de fines membranes,
> A engendré la pupille ronde dans ses toiles subtiles
> Qui ont été transpercées droit de conduits merveilleux
> Et ces tissus retenaient l'eau profonde qui s'écoulait autour de la pupille,
> Tout en laissant passer le feu, aussi loin qu'il puisse se porter.
> Tantôt donc il dit que c'est ainsi que l'on voit, mais tantôt que c'est à cause des effluves en provenance des objets vus[2].

1. Robin 1948, p. 123, fragment 8.
2. Aristote 2000a, 437b24-438a5.

La perception sensorielle n'est donc possible que par la symétrie entre les effluves émis par les objets et les pores des organes des sens. Cette symétrie est matérielle et c'est de façon purement mécanique que le semblable affecte le semblable. Aristote substitue à cette relation mécanique une relation rationnelle ou formelle, comme nous le verrons au chapitre 2. Dans cette métaphore, le feu sort bien de l'œil, néanmoins : « c'est seulement le témoignage d'Aristote encadrant ce fragment qui affirme que la vision se fait pour Empédocle par une émission hors de l'œil »[1].

L'existence de modalités sensorielles différentes dépend des propriétés des organes sensoriels ; chaque organe sensoriel ne peut sentir que ce qui lui est propre, il n'est pas affecté par ce qui en touche un autre. C'est ainsi que les effluves du feu émanant des objets ne seraient pas *perçus* s'il n'y avait un œil à l'intérieur duquel un feu semblable n'y était dissimulé ; il faut en outre que cet œil soit constitué de membranes comportant des pores à travers lesquels le feu peut circuler.

On remarquera qu'Empédocle ne défend pas une théorie exclusive de l'émanation ; il pense que conjointement aux effluves venant des objets extérieurs, il y a une autre émanation dirigée en sens inverse : une émission qui va de l'œil à l'objet. Cette idée s'impose à lui car elle découle de sa doctrine des *racines de toutes les choses*, c'est-à-die des éléments. En effet, tous les objets du monde, sans exception, se composent des quatre éléments mentionnés plus haut, le feu, l'eau, l'air et la terre. L'œil n'échappe pas à cette règle ; il est composé des quatre éléments, mais dans son cas deux d'entre eux prédominent : le feu et l'eau. Le feu l'emporte très largement à l'intérieur du globe oculaire, alors que l'eau compose majoritairement ses membranes. Ces membranes sont pourvues de pores dont la taille est accordée soit à celles des effluves de feu soit à celles de l'eau. Ces pores sont arrangés alternativement, sans que l'on sache véritablement ni pourquoi ni comment. Selon Empédocle et bon nombre de ses contemporains, les yeux pâles contiennent plus de feu que d'eau, les yeux sombres, au contraire, plus d'eau que de feu. Il serait selon lui d'observation courante que les yeux clairs sont typiques des animaux nocturnes, les yeux sombres des animaux diurnes. Puisque les yeux des hiboux et les chats brillent la nuit, il paraît évident qu'ils émettent une lumière qui éclaire le monde environnant, à la manière de la lanterne évoquée plus haut. Quant aux espèces diurnes, où l'eau est en abondance, la lumière du jour supplée à la carence ignée de leurs yeux.

1. Merker 2003, p. 28.

Au lieu des quatre éléments, comme chez Empédocle, Démocrite[1] considère que les constituants élémentaires de la matière sont des *atomes*, de structure homogène, en nombre infini et éternellement en mouvement dans le vide. Après avoir traversé les organes sensoriels, les atomes qui s'échappent des objets extérieurs pénètrent et circulent jusqu'à l'âme. Celle-ci, étant également matérielle, c'est-à-dire constituée d'atomes de formes et d'arrangements divers, doués aussi de mouvements incessants, distribués de façon non uniforme à travers tout le corps, sera *affectée* si ceux issus des objets sont assez forts pour les ébranler, s'ils sont assez vigoureux pour pouvoir être détectés.

Pour Démocrite, comme d'ailleurs pour Empédocle, les organes sensoriels sont essentiellement des *chemins de passage*, des routes que les atomes constitutifs des choses elles-mêmes, et non plus seulement des effluves, dont on ne sait rien de la nature véritable, empruntent pour contacter les atomes de l'âme. Ces atomes gardent dans leur déplacement, entre l'objet dont ils sont issus et l'œil qui les reçoit, l'arrangement spatial qu'ils avaient à la surface des choses, créant de la sorte une sorte de représentation formelle, des *simulacres* (δειχελα). Ces derniers : « agissent à la façon de cachets sur l'air interposé entre l'œil et l'objet ; puis les empreintes ainsi données à l'air sont réfléchies par l'œil comme par un miroir (*ἔεχμφάσει – emphasis*) »[2]. Démocrite précise qu'il ne peut y avoir de perception que si les parties réceptrices, les pores, sont de la même taille, de la même forme et de la même nature que l'émanation des objets qui forme une fine pellicule, espèce d'*empreinte* dans l'air, qui est l'objet immédiat de la perception. Il appelle cette empreinte « image », *eidolon* (*idole*) qui signifie précisément « représentation », réplique de l'objet original qui ne peut être perçu directement[3].

En résumé, la vision est en fin de compte assimilée à un procédé d'estampillage, dont le résultat est directement visible dans les images réfléchies au niveau de la surface de la cornée. Puisque la vision requiert la médiation de l'air, ce qui est vu n'est pas la réplique matérielle de l'objet visible, mais l'effet mécanique créé par celle-ci.

Epicure est l'exemple même de l'Atomiste extrême. Tout, absolument tout, la matière, l'âme, les dieux, sont composés d'atomes en dehors desquels il n'y a que le vide. En dehors des atomes et du vide, rien n'est

1. Citoyen d'Abdère, ville de Thrace sur la mer Egée, contemporain un peu plus jeune de Socrate.

2. Robin 1948, p. 144.

3. Beare 1906, p. 23-30.

concevable. En particulier, l'âme est faite de petits atomes lisses, liés ensemble et distribués dans tout le corps. Toute sensation-perception résulte d'un contact direct entre les atomes de l'âme qui diffusent jusque dans les organes des sens et ceux émis de façon continue par les objets. Pour Epicure :

> Il existe des images, semblables pour la forme aux corps solides que nous voyons, mais qui en diffèrent beaucoup par la ténuité de leur substance [...] de la surface des corps s'écoule continuellement ses sortes d'images (émission qui n'est point perceptible) [...] qui produisent la vue et la connaissance des formes[1].

L'atomisme est une des toutes premières philosophies à avoir proposé une théorie de la vision pleinement cohérente et compatible avec le postulat que toute cause est matérielle et opère par contact. Cette théorie peut se résumer ainsi. Les objets émettent des pellicules d'atomes qui pénètrent à l'intérieur des organes sensoriels ; ces particules agitent celles dont est faite l'âme dont la présence s'étend jusque dans l'organe sensoriel, les yeux dans le cas de la vision. Elles produisent des représentations mentales, des *phantasiae*[2]. Celles-ci ne sont pas sans rappeler les *sense-data* des théories modernes de la perception où les aspects passifs l'emportent sur les aspects actifs.

Epicure suppose qu'avoir une *phantasia* c'est véritablement *percevoir* quelque chose, et que toutes les *phantasiae* sont *véridiques*. Il insiste en outre sur le fait que nos sensations-perceptions (aesthêsis, αίσθήσεις) sont la norme ultime à laquelle doivent se rapporter tous nos jugements (Platon bataillera contre cette idée, voir plus bas). Autrement dit, il n'y a pas d'autre source de connaissance que la perception-sensation. Pourquoi ? Parce que nos sensations n'ont pas à être *vérifiées* ou corrigées, du simple fait qu'il n'y a pas d'autre information pertinente en dehors de ce qui est *donné* dans chacune d'entre elles. La théorie d'Epicure est une théorie que nous qualifierions aujourd'hui de causale : le résultat du processus causal impliqué dans la stimulation de l'organe des sens *est la* perception de quelque chose. Et comme cette perception est l'effet mécanique (nécessaire) d'une cause, elle ne peut être *corrigée* ; elle est sa propre *garantie*. Pour percevoir les choses, il faut que les *phantasiae* s'accordent avec des notions générales déjà existantes, des anticipations, les *prolepses* (προλήψεις). Ces prolepses sont formées de la superposition de sensations successives,

1. Diogène Laerce 1999, livre X : « Epicure à Hérodote ».

2. La traduction habituelle de *phantasia* est imagination, mais nous lui préfèrerons celle de représentation mentale pour marquer la différence entre Aristote (voir chap. 2) et Epicure.

à la façon dont on peut superposer (sur une même gélatine, avant que ne vienne le temps du numérique !) des photographies successives de plusieurs objets différents appartenant cependant à une même catégorie, donnant ainsi naissance à une image composite d'un *objet moyen* qui ne retient de toutes celles qui ont été prises que les traits que ces différents objets ont en commun, leur *air de famille* en quelque sorte.

Affirmer la vérité des sensations a frappé les esprits et laissée dubitatif beaucoup de ses contemporains. Même s'il est vrai qu'en général la sensation nous renseigne correctement sur l'existence et les propriétés des choses du monde extérieur et nous permet de nous comporter au milieu d'elles de façon adéquate, nul n'ignore cependant que les *illusions* sensorielles sont fréquentes. Les exemples donnés sont légion, la tour carré que l'on voit ronde de loin, le bâton plongé dans l'eau que l'on voit brisé, etc. Il faut ici distinguer la sensation proprement dite des opinions et des interprétations qui l'accompagnent. C'est par ces dernières que l'erreur s'introduit. Si nous réussissons à les éliminer, il reste une sensation (pure ?) laquelle n'est que le terme d'une chaîne causale dont tous les chaînons appartiennent au monde extérieur, comme nous l'avons rappelé. Débarrassée des opinions, la sensation est sans parole, aphasique, elle est incapable de la moindre mémoire ; ne peut rien ajouter ni rien retirer à ce qui la suscite. Nous sommes *passifs* quant à la réception d'une sensation[1], nous ne sommes *actifs* qu'en lui ajoutant nos interprétations.

Le grand poète-philosophe romain du Ier siècle avant notre ère, Lucrèce, s'est fait bien plus que le traducteur fidèle d'Epicure, il en est même le propagandiste zélé. Il expose sa doctrine dans un poème magnifique, le *De rerum natura* (*De la nature des choses*) qui reste encore le témoignage le plus fidèle de la doctrine épicurienne. Sur les images des choses, qu'il appelle aussi *simulacres*, il nous dit :

> Il existe des images, comme nous les nommons ;
> Sortes de membranes détachées de la surface des corps,
> Elles voltigent de tous côtés à travers les airs …[2].

Ainsi donc, les éléments minuscules, les atomes, qui se trouvent à la surface des corps « peuvent s'élancer sans modifier leur ordre ni leur figure d'ensemble »[3] ; ces éléments s'engendrent en un instant, et l'on « parle à bon droit d'une prompte naissance »[4]. Ces éléments conservent

1. Nos sensations ne nous informent que sur « ce qui nous tombe dessus », selon la belle formule de Jacques Brunschwig, *in* M. Canto-Sperber 1997, p. 387.

2. Lucrèce 1998, IV, p. 34-36.

3. *Ibid.*, p. 68.

4. *Ibid.*, p. 160.

dans leur déplacement leur configuration d'ensemble, et c'est *ensemble* qu'ils sont présentés à nos yeux. « Ainsi quand le vent fouette à coups redoublés, quand l'âpre froid transperce, nous ne ressentons pas chaque particule isolée de vent et de froid mais plutôt leur ensemble ? « De même quand le vent nous bat à coups redoublés, quand l'âpre froid se coule en nous, nous ne sentons pas chaque particule isolée de vent et de froid, mais une impression d'ensemble »[1]… « Quant à la distance des choses, l'image nous permet de la voir et se charge de montrer les différences […] Car sitôt émise, l'image chasse et repousse tout l'air qui s'interpose entre l'objet et nos yeux »[2]. Les simulacres forment l'image qui, comme un *tout* (de par ma formation, j'aurais envie de dire une « gestalt »), est présentée à l'œil. La vision dépend de ces représentations matérielles, dont Descartes se moquera en son temps. La vision procède comme le tact : « […] quand nous palpons dans l'obscurité une forme précise, nous la reconnaissons comme celle que nous voyons dans la clarté du jour. La même cause émeut donc le toucher et la vue […] *et d'ajouter* : Les images sont donc visiblement la cause de la vision »[3]. Pour Lucrèce, comme pour Epicure, et généralement pour les théories de l'émanation, les seules entités responsables de la vision sont des représentations matérielles introduites à l'intérieur de l'organe sensoriel, entretenant avec les objets extérieurs dont ils sont les simulacres d'étroites relations de similitude. Néanmoins, la solution proposée, l'image-idole ou simulacre d'un objet n'est autre que son duplicata, est loin d'être satisfaisante, elle soulève en effet de nombreuses objections : pourquoi ces idoles, n'entrent-elles pas en collision les unes avec les autres ? Comment peuvent-elles être réduites pour pouvoir entrer dans l'œil ? Elle eurent néanmoins le mérite de pressentir que pour *voir* un objet, il faut que sa représentation interne lui soit *homothétique*. Une solution plus satisfaisante, même si elle reste encore partielle, sera apportée par Ibn al-Haytham plus de dix siècles plus tard avec la réalisation qu'à tout point de l'espace correspond un point homologue sur l'image ponctuelle qu'en forme le cristallin. Mais c'est une autre histoire que nous aborderons plus loin (voir chap. 7)

Théories de l'émission

A l'autre extrémité du spectre sur lequel s'étendent les théories de la vision de l'Antiquité grecque, se trouvent les théories de l'émission.

1. *Ibid.*, p. 159-162.
2. *Ibid.*, p. 244-248.
3. *Ibid.*, p. 230-233 et 237.

Selon ces théories, l'œil émet des rayons visuels comme la lampe torche émet de la lumière que nous promenons sur les choses. Cela nous semble aujourd'hui bien fantaisiste, impossible à seulement imaginer, même s'il peut nous arriver de dire, en passant devant une scène visuelle, qu'on ne fait qu'y *jeter un coup d'œil*. C'est toujours une métaphore : nous savons bien que ce n'est pas la *vue* que l'on jette ainsi, mais le *regard* qu'on tourne activement du côté de l'objet qu'on veut voir. Il n'en était rien pour les anciens. Ils prenaient cette métaphore dans son sens littéral. Elle plonge ses racines dans un animisme primitif. Déjà chez Homère, le regard jette des flammes : « Tout à coup le fils d'Atrée, le puissant Agamemnon, se lève troublé ; son âme est remplie d'une sombre fureur, et ses yeux sont semblables à la flamme éclatante »[1] Le feu constitue la forme archaïque de la lumière ; pour les Pythagoriciens, c'est lui qui permet d'explorer la diversité du monde. Rappelons-nous l'allégorie de la lanterne mentionnée plus haut. Pourtant, aussi fantaisistes qu'elles paraissent, les théories selon lesquelles l'œil émet un *quelque chose*, ce *tertium quid*, dont nous avons dit qu'il était destiné à relier l'organe de la vision à l'objet visible, auront une longévité remarquable, puisque Descartes l'évoquera encore dans le Discours premier de sa *Dioptrique*. Elles doivent cette grande longévité aux succès de l'optique géométrique d'Euclide et Ptolémée qu'elles rendirent possible (Voir chap. 4).

Alcméon de Crotone, au Ve siècle avant J.-C., disciple probable de Pythagore, a été célébré, indûment semble-t-il, pour avoir le premier pratiqué des dissections[2]. Un traité hippocratique (ou pseudo-hippocratique) semble traduire le fait qu'il pourrait néanmoins être le premier à avoir mis en évidence ce que nous connaissons aujourd'hui comme étant le nerf optique. Ce traité indique en effet que le cerveau et les yeux sont reliés par une *veine*, dont on ignore tout de la nature et de la fonction, mais qu'Alcméon aurait observée. Cette « veine » s'étend de la membrane qui recouvre le cerveau à celles qui recouvrent les yeux. Par elle, la substance gélatineuse du cerveau se prolongerait jusqu'à l'œil pour former les membranes transparentes qui le recouvrent. Dans ces membranes, les choses visibles, étant lumineuses ou brillantes, se réfléchissent : cette réflexion atteste que nous voyons. Alcméon partage avec les Pythagoriciens l'idée selon laquelle la vision se fait par des rayons

1. Homère 1843.

2. En réalité, il fallut attendre Hiérophile et l'École de médecine d'Alexandrie du IIIe siècle pour que des dissections méthodiques instaurent une anatomie humaine digne de ce nom. *Cf.* Stade 1989, p. 159.

émis par les yeux. Ceux-ci vont, selon un trajet rectiligne, de l'œil à l'objet, rebondissent sur celui-ci pour être renvoyés vers l'œil, à la manière dont la main, portée par la bras qu'on déploie vers un objet, en renvoie le contact à l'épaule. La réflexion dans l'œil serait accessoire, seulement instrumentale, l'important étant l'énergie du feu interne qui, allant à la rencontre de l'objet extérieur, ramène à l'œil l'impression que lui communique cet objet rencontré ; cette impression donne l'image réfléchie dans les membranes transparentes. Ainsi le feu représente la part *active* de la vision alors que l'eau, constitutives des éléments transparents de l'œil, serait la part *passive* et ne servirait qu'à accueillir, en le réfléchissant, l'objet vu dans l'œil lui-même.

Il est difficile d'harmoniser ces deux hypothèses, celle des « rayons visuels » qui fait de la vision un processus *actif* de l'œil (ou de l'esprit) avec celle des humeurs aqueuses de l'œil prises comme un simple miroir *passif* qui réfléchit les objets comme le ferait une flaque d'eau. Il faudra attendre plusieurs siècles avant qu'on ne prenne pleinement conscience de cette tension et qu'on ne la théorise sous forme d'une dualité entre deux étapes de la perception visuelle aux contenus phénoménologiques distincts. Une première étape, dépourvue de contenu cognitif, diversement appelée depuis le XVIIIe siècle, les « apparences visibles », le « donné incorrigible », les *sense-data*, le « cœur sensoriel »[1]. Suivie d'une seconde étape, apparentée à un raisonnement logique, même s'il est réalisé en un temps si bref qu'il semble exclure toute élaboration réfléchie, mais que la mémoire et l'imagination enrichissent et que des anticipations orientent. Cette étape *active* construit notre monde visuel, meublé d'objets pourvus de propriétés non directement présentes dans la première étape, mais *inférées*, et diversement distribués dans l'espace de notre géométrie spontanée en trois dimensions. Ces deux moments représentent en gros, les deux moments désignés respectivement par sensation et perception, distinction que les anciens Grecs ont largement ignorée, mais que Platon semblerait avoir suspectée.

Une théories mixte émission-émanation : Platon

Entre les deux extrêmes, émanation et émission, de nombreuses théories visuelles font appel à une combinaison, en proportions variables, de ces deux mécanismes. Nous l'avons déjà dit, depuis Alcméon on considérait le feu visuel comme une condition nécessaire de toute

1. Hatfield & Epstein 1979 ; Ben-Zeev 1984a et 1984b.

perception visuelle et depuis Démocrite on admettait qu'une image était produite dans l'air quand l'effluence d'un objet visible s'en échappait. Nous avons aussi indiqué que selon Aristote, Empédocle, bien que partisan d'une théorie de l'émanation, considérait néanmoins que simultanément à l'acte de vision (pouvant même le précéder), il y aurait une autre émanation, en fait une émission, allant de l'œil à l'objet. Pour certains, ceux notamment qui suivront Aristote, Empédocle annoncerait ainsi Platon. Celui-ci en effet soutient que voir s'effectue par la fusion entre les rayons d'un feu qui s'échappe de l'œil pour aller jusqu'à une certaine distance dans l'air illuminé par le feu du soleil. La fameuse analogie entre la vision et la lanterne, sur laquelle Aristote fonde son interprétation, a été beaucoup discutée et diversement appréciée. Mais selon le principe *le semblable aime le semblable*, il y a, selon Empédocle, vision quand il existe une correspondance exacte entre le feu extérieur et le feu intérieur, il n'est nul besoin que celui-ci sorte de l'œil, il suffit que le feu extérieur y pénètre. Pour Platon, au contraire, il n'en va pas de même, avec lui la théorie du feu visuel atteint son plein essor. Ce feu intérieur est une des trois espèces de feu que Platon distinguait[1], celle qui ne brule pas, ce feu inoffensif, lisse et dense, filtre au dehors pour se confondre avec la lumière du jour en un corps homogène unique, une coalescence qui s'étire sur la ligne de vision allant de l'œil à l'objet visible. Le rayon visuel ainsi formé par la composition de l'air illuminé par le feu du soleil avec le feu visuel, diffère profondément du rayon visuel des théories de l'émission. Chez Platon, elle est un véritable prolongement du corps qui va à la rencontre des objets extérieurs[2] pour entrer en collision avec eux. Le fait que cet organe soit homogène le rend capable de transmettre en retour à l'organe visuel, et sans les modifier, les mouvements imprimés à son extrémité distale. Ces mouvements proviennent des particules de différentes tailles, et de différentes configurations géométriques, qui sortent continuellement des corps extérieurs. Ces particules, qui rappellent, mais de loin, celles des théories de l'émanation seront, selon leur taille et leur forme, associées aux différentes couleurs. Les diverses couleurs apparaissent en effet quand l'œil est animé d'un certain mouvement que lui communique l'organe

1. Platon 2001 « [...] faut observer qu'il y a plusieurs genres de feu ; par exemple, la flamme, et cette variété émanant de la flamme, qui ne brûle pas, mais qui fournit aux yeux de la lumière, et ce qui, une fois la flamme éteinte, subsiste d'elle dans les corps qui rougeoient » *Timée*, 58e.

2. J'aime croire que Bergson s'en souvient quand il dit : « la perception complète ne se définit et ne se distingue que par sa coalescence avec une image-souvenir que nous lançons au devant d'elle », *Matière et Mémoire*, *in* Bergson 1970, p. 271.

de la vision. Ce que nous appelons couleur n'est en aucun cas ni ce qui frappe l'œil, ni ce que celui-ci atteint, elle nait au contraire de ce qui se passe entre l'œil et l'objet, elle est une certaine relation entre la taille des particules qui s'échappent des objets et celles qui constituent le corps de la vision. Si la taille des premières est plus petite que celles du corps de la vision, ce dernier sera dissocié, dispersé et la couleur engendrée sera vue *blanche* ; si elles sont égales elles le laisseront inchangé, ce qui rendra l'objet *transparent*, si elles sont plus grandes, elles les agglutineront, et la couleur sera perçue *noire*. Cette relation est propre à chacun de ceux qui perçoivent, d'où un relativisme des sensations que souligne Socrate dans le Théétète : « A moins que tu ne sois disposé à maintenir à toute force que, telle t'apparaît chaque couleur, telle elle est pour un chien ou n'importe quel animal ? »[1]. Ce qui se passe dans la production d'une couleur peut se résumer de la façon suivante. Pour la couleur blanche, les particules, ici de petites tailles, émises par l'objet et celles, plus grandes, émises par l'œil se rencontrent. Les mouvements de dispersion qui suivent cette rencontre reviennent vers le corps et de là sont transmis jusqu'à l'âme[2]. Ce sont ces mouvements, pris dans leur ensemble et véhiculés jusqu'à l'âme, qui seront appelés « sensations » ; la sensation de blanc est celle qui correspond à une certaine composition corpusculaire de l'objet. L'œil est un simple « outil voyant » ; et « l'objet » est une « chose blanche », c'est l'âme seule qui perçoit la « blancheur », que ce soit celle, du fait de la taille des particules qu'ils émettent, du bois, de la pierre ou n'importe quoi d'autre qui se trouve être de la sorte « coloré » en blanc[3]. Les couleurs existent donc *dans les choses*, elles ne sont pas uniquement des phénomènes subjectifs dépendants de l'imagination, elles sont ce à quoi l'œil est confronté en premier lieu, elles constituent l'*objet propre de la vision* (nous verrons qu'il en ira de même pour Aristote). Si les particules de feu issues des objets sont encore plus petites, elles seront encore plus pénétrantes, elles ouvriront alors un canal tout le long du corps visuel jusqu'à l'œil permettant à ces particules de s'insérer dans la texture même de l'œil et de l'affecter directement. La sensation sera celle d'un éblouissement et l'objet qui la produit sera appelé « brillant » ou « étincelant ». La structure poreuse de l'œil laissera même s'échapper l'eau qu'il contient, et des larmes couleront. Au contraire, si les particules issues des objets sont de grandes tailles, le courant de fines particules du feu visuel seront agrégées, agglomérées sous l'impact et ne

1. Platon 1995, *Théétète*, 154a.
2. Platon 2001, *Timée*, 45d.
3. Beare 1906, p. 55-56.

pourront s'insérer dans le flux visuel ; elles ne seront donc pas *accessible* à l'œil de l'observateur qui ne verra rien, c'est-à-dire, ne verra que du noir. De façon analogue, la nuit, quand le courant de feu issu des yeux rencontre l'air extérieur sombre, non illuminé par le soleil, le feu des yeux est éteint et ne peut alors entrer en contact avec aucune effluence issue de l'objet : « [...] lorsque le feu extérieur se retire pour faire place à la nuit, il se trouve coupé du feu intérieur qui lui est apparenté. En effet, comme en sortant il tombe sur quelque chose qui n'est pas semblable à lui, le feu intérieur devient autre et s'éteint, n'ayant plus de communauté de nature avec l'air environnant, puisque celui-ci ne contient plus de feu. On cesse alors d'y voir, ce qui incite au sommeil »[1].

La sensation d'une couleur donnée dépend ainsi du *degré d'accès* que le feu issu de l'objet va avoir à la source du feu visuel située dans l'œil[2]. Plus il pénètre loin, plus brillante sera la sensation produite ; les couleurs iront de la sorte de l'éclatant, quand l'effluence pénètre profondément dans l'œil, jusqu'au noir quand l'effluence n'entre pas du tout dans le courant visuel.

Les couleurs primaires, à partir desquelles les autres seront dérivées par mélange, sont elles-mêmes expliquées comme des variations quantitatives de certains effets mécaniques, notamment l'*accessibilité* que le feu issu de l'objet aura à la source (dans l'œil) du feu visuel. Pour le rouge par exemple, l'effluence pénètre moyennement. Remarquons que les particules élémentaires ne sont pas en elles-mêmes colorées : la couleur résulte de l'interaction de ces particules avec l'organe sensoriel. L'hypothèse de base est que plus l'accès est élevé, plus brillante sera la couleur. La théorie des couleurs de Platon parachève les anciennes théories grecques basées sur l'effet mécanique des particules émises par les objets : toute les sensations se réduisent à des mouvements locaux de particules solides et à des variations quantitatives de ce mouvement. Il peut dès lors rapprocher le blanc et le noir visuel du chaud et du froid sur la chair ou de l'âpre et de l'acide sur la langue[3]. Ces hypothèses de base ont influencé toutes les théories hellénistiques subséquentes.

On ne trouvera chez Platon ni une théorie physique de la lumière, ni une théorie psychologique de la vision. La lumière est le « moyen invisible de la visibilité »[4], un simple catalyseur (comme elle le sera aussi chez Aristote). Conjointe au feu visuel, la lumière du jour est un simple lien, un

1. Platon 2001, *Timée*, 45d.
2. Nous suivrons ici l'interprétation qu'en donne Hahm 1978, p. 72-74.
3. Platon 2001, *Timée*, 67d.
4. Merker 2003, p. 52.

joug, mis en branle par les particules émises par les objets extérieurs. Les qualités sensibles de ces particules ne leur appartiennent pas en propre : dire que la pierre est blanche est, en toute rigueur, incorrect, comme de dire que le miel est sucré ou qu'un bruit est aigu ou qu'une caresse est douce. La couleur, la saveur et toutes les qualités qui, bien plus tard, seront appelées *secondes* viennent de la mise en mouvement : « de l'âme (ou de quelque autre nom qu'il faille l'appeler) par laquelle, au moyen des sens qui sont comme ses instruments, nous éprouvons la sensation de tout ce que nous sentons »[1]. Mais pour tous les sens, il faut que l'organe des sens soit ébranlé et pour cela il faut qu'il y ait contact entre l'organe et la chose à percevoir. Sauf entre l'œil et le visible, comme nous le savons déjà (voir plus haut). Mais contact ne veut pas dire *touché*, même si un seul mot grec, *haphè*, désigne l'un et l'autre : le toucher (tactile) est bien un contact que le corps exerce directement sur un objet, l'œil, en revanche, n'entre en contact avec l'objet qu'indirectement, à l'aide de l'intermédiaire matériel qu'est le corps de la vision qui relie l'œil à l'objet[2]. L'ébranlement qui frappe l'œil est conduit jusqu'à l'âme où naîtra la sensation. L'œil (et c'est également vrai des autres organes sensoriels) n'est qu'un véhicule à l'aide duquel l'âme (ou l'esprit, *ou de quelque autre nom qu'il faille l'appeler*) éprouve l'*aesthêsis* ; l'organe sensoriel est ce au moyen de quoi arrive la sensation-perception. Nos sens sont seulement les instruments, des organes, ils sont stupides, dénués de pensée, seul notre esprit peut s'élever à la connaissance.

Le *Théétète* contient l'exposition la plus explicite de la théorie platonicienne de la perception. Dans ce dialogue, Platon distingue d'une part la simple mise en œuvre de la faculté de sentir, le pur ressenti sensoriel de ce que, d'autre part, l'activité de l'esprit peut lui ajouter. Cette dernière est illustrée exclusivement par l'application de concepts qui ne sont applicables qu'à des objets saisis par plus d'un sens, vision et audition par exemple. Le classement selon la teinte, pour sa part, c'est-à-dire l'attribution d'une étiquette appropriée, disons rouge pour la couleur que je vois-là, en ce moment, est déjà contenue dans le ressenti sensoriel lui-même : la couleur que je vois est rouge, du seul fait que je la vois. L'immédiateté de cette classification[3] tient au fait que dans le

1. Platon 1995, *Théétète*, 184d.

2. Platon considère qu'il y a là une singularité qui donne à la vision un statut privilégié. Il ignore, à la différence d'Aristote, que l'air qui se déplace de l'objet sonore à l'oreille est aussi un intermédiaire.

3. J'évite le terme de catégorisation dont la signification technique dans la psychologie d'aujourd'hui risque de nous dérouter.

ressenti sensoriel lui-même se trouvent tous les ingrédients nécessaires à l'application de la classe appropriée : la couleur que je vois est rouge du simple fait que je *vois*, rouge est une étiquette qui ne s'applique qu'à quelque chose de visible, une marque visuelle. En revanche pour décider que ce que je vois est beau, utile ou simplement que cela existe, le simple fait de voir ne suffit plus, je dois faire appel à autre chose que ce que je vois ici et maintenant, à quelque chose que j'ai vu antérieurement (ou même que j'ai entendu ou touché ou goûté), en une autre occasion, je dois faire une comparaison pour décider si cette couleur-ci atteint un certain critère pour juger de la beauté, de l'utilité ou de l'existence, de cette chose que je vois rouge (ou entends aigu ou goûte sucrée). Alors que classer revient à rendre explicite ce qui est déjà contenu dans la sensation elle-même, juger que son objet est beau (existe ou est utile) exige qu'on interprète sa signification. Platon distingue soigneusement ces deux opérations de l'esprit (ou de l'âme *ou de quelque autre nom qu'il faille l'appeler*) : d'une part, la saisie d'un objet par les sens (organe périphérique et traitement sensoriel associé), assortie d'une étiquette propre, d'autre part, la pensée que l'objet ainsi ressenti existe bien, est différent des autres objets, est beau, utile, etc..

On comprend dès lors que si la sensation-perception, l'*aesthêsis*, est une impression sensible, dépourvue de conceptualisation, elle ne saurait être une *connaissance*, une science laquelle implique l'application de concepts :

> [...] dans les impressions, il n'y a pas de science ; c'est dans le calcul auquel on les soumet conjointement, qu'il y en a. Car réalité et vérité, c'est là, à ce qu'il semble, qu'il est possible d'avoir un contact avec elles : du côté des impressions, c'est impossible[1].

Peut-on considérer que Platon pense déjà à ce qui deviendra à l'âge classique une distinction fondamentale faisant de la sensation et de la perception deux étapes distinctes au cours desquelles se succèdent deux moments distincts doués de propriétés phénoménologiques différentes ? Rien n'est moins sûr.

1. Platon 1995, *Théétète*, 186d.

Chapitre 2

UNE DÉMARCHE EMPIRIQUE : ARISTOTE

Après avoir été l'élève de Platon, Aristote (384-322) fonde à la mort de son maître sa propre école, le Lycée. Il est, de tous les philosophes de l'Antiquité, celui dont les contributions à la compréhension de la perception visuelle sont les plus importantes, sans doute parce que sa théorie porte essentiellement sur une analyse du *visible comme tel*[1]. Cette théorie a joué un rôle déterminant dans l'élaboration des théories de la vision du Moyen Âge occidental et musulman et son l'influence sera encore sensible jusqu'au XVIIe siècle. Dès la première phrase du chapitre 7 du Livre II de *L'Âme* Aristote exprime de façon lapidaire, sa conception de la vision : « l'objet de la vue, c'est (donc) le visible »[2]. Cette formulation, loin d'être une évidence, demande à être explicitée. Aristote est bien conscient de cette obscurité, il ajoute en effet : « Ce que nous voulons dire deviendra clair surtout plus loin ».

Le diaphane et la lumière

Sa théorie s'appuie d'abord sur un constat qu'il partage avec tous ses prédécesseurs : pour qu'il soit visible, il faut que l'objet soit séparé de l'œil (voir chap. 1). Le contact direct entre l'objet et l'œil empêche de le voir, il faut pour qu'il soit vu qu'un intermédiaire soit interposé entre les deux. Cet intermédiaire, et c'est ici que l'originalité d'Aristote s'affirme, n'est ni

1. Simon 1988, p. 42.
2. Aristote 2017, 418a26.

un rayon visuel émis par l'œil, ni une émanation venue des objets. Contre Empédocle et les théories de l'extramission, il affirme : « il est absurde de prétendre que la vision s'exerce grâce à quelque chose qui sortirait de l'œil, et qu'elle se porte jusqu'aux astres, ou jusqu'à quelque point où, en sortant, elle s'unirait naturellement à quelque chose, comme certains le disent »[1]. Par cette dernière remarque, il vise vraisemblablement Platon. A la différence de Démocrite : « et de la plupart des physiciens qui traitent de la sensation, partisans dans leur majorité de la théorie de l'émanation », Aristote trouve « absurde [...] de [...] faire de tous les sensibles des objets du toucher »[2], ou en imaginant des idoles ou des simulacres qui entrent dans l'œil (voir sp. 36, 39). Il reconnaît la nécessité d'une médiation entre l'objet visible et l'observateur qui voit ; cette médiation doit être physique, car : « [...] ce n'est assurément pas en vertu de leurs simples dispositions respectives, comme dans une relation d'égalité, que l'un voit et que l'autre est vu »[3]. Il faut donc un intermédiaire physique, ce sera le diaphane (*to diaphanos*), ou plus précisément un corps diaphane.

Le diaphane est en effet une certaine *nature* qui réside dans tous les corps, les transparents comme les opaques. L'air et l'eau au premier chef. Mais ces derniers ne sont diaphanes, c'est-à-dire transparents, que *potentiellement*, ils réclament d'être *actualisés* et ne deviennent réellement diaphanes en « acte » (transparents) que par la présence de la lumière : « Et par diaphane, j'entends ce qui, bien que visible, n'est pas visible par soi, à proprement parler, mais à l'aide d'une couleur étrangère : tels sont l'air, l'eau et un grand nombre de corps solides. »[4]. En effet, le diaphane en acte est la capacité d'un corps à recevoir la couleur, d'être coloré. Pour bien comprendre cette notion difficile de *diaphane*[5], il faut avoir toujours à l'esprit la distinction capitale dans l'œuvre d'Aristote entre *en puissance* et *en acte*. En puissance, le diaphane est *obscurité*, en acte il est *lumière*. Pour qu'il y ait vision, il faut un intermédiaire transparent *en puissance*, le diaphane, entre celui qui perçoit et l'objet visible qui est évidemment coloré, sans quoi il ne serait pas visible ; quand la lumière est présente cet intermédiaire devenant diaphane *en acte*, il peut dès lors transmettre la couleur de l'objet *jusqu'aux cieux*, la couleur ayant le pouvoir de mettre le diaphane en mouvement. Dans le *De la sensation et des sensibles*[6], la

1. Aristote 2000a. 438a26.
2. *Ibid.*, 442a29-b3.
3. *Ibid.*, 446b11.
4. Aristote 2017, 418b5-8.
5. Vasiliu 1997.
6. Aristote 2000a.

notion du diaphane est clairement généralisée à tous les corps qui sont à des degrés divers diaphanes (c'est-à-dire plus ou moins transparents) : « le diaphane, dans la mesure où il est présent dans les corps (car il est plus ou moins présent dans tous les corps) fait qu'ils partagent la couleur »[1]. Pour jouer son rôle d'intermédiaire, le diaphane doit être éclairé d'une lumière qui n'est pas par elle-même visible, et dont la fonction est de le faire passer de la puissance à l'acte : ce n'est qu'en remplissant cette fonction que son existence peut être inférée. C'est la raison pour laquelle la lumière (*φώς*, *phos*) n'est pas visible en elle-même ; elle est appelée soit *diaphane en acte*, soit *présence du feu – ou de quelque chose d'équivalent* (dans ce qui est diaphane). Mais elle n'est en elle-même ni feu ni une espèce de corps ni une émanation comme le pensaient les atomistes : « [...] la lumière est l'acte de ce diaphane, en tant que diaphane »[2]. Ce que nous appelons couramment *lumière* n'est qu'une couleur éclatante ou un objet étincelant et non, comme les atomistes le prétendent, une émanation matérielle s'échappant de certains corps, comme les étoiles ou le soleil. Sans un intermédiaire transparent interposé entre l'objet et l'œil à travers lequel l'impression colorée peut être transmise, la vision serait impossible :

> Le visible, en effet, est couleur, et la couleur, c'est ce qui est à la surface du visible par soi : et quand je dis *par soi*, j'entends non pas ce qui est visible par son essence, mais ce qui est visible parce qu'il contient en lui-même la cause de sa visibilité. Toute couleur a en elle le pouvoir de mettre en mouvement le diaphane en acte, et ce pouvoir constitue sa nature. C'est pourquoi la couleur n'est pas visible sans le secours de la lumière, et c'est seulement dans la lumière que la couleur de tout objet est perçue. Ainsi est-ce de la lumiée qu'il faut d'abord expliquer la nature[3].

La lumière n'étant : « ni un feu, ni en général, un corps, ni un effluve d'aucun corps (car, même ainsi, elle serait une sorte de corps), mais qu'elle est, en réalité, la présence du feu ou de quelque chose de ce genre, dans le diaphane : car il n'est pas possible que deux corps coexistent dans un même lieu »[4]. Ce que l'on voit dans la lumière, c'est la couleur. L'incorporéité de la lumière a pour conséquence qu'elle ne se propage pas ; plus exactement, sa propagation, contrairement à celles de particules matérielles, est instantanée. La lumière est le diaphane *en acte*, mis en acte par le feu. Dans *La Sensation*, Aristote généralise sa découverte du diaphane qui est

1. *Ibid.*, 439b8-10.
2. Aristote 2017, 418b9.
3. *Ibid.*, 418a29-419b3.
4. *Ibid.*, 418b18.

non seulement un milieu, mais aussi un véhicule de la couleur des corps colorés jusqu'au-dedans de l'œil. Lumière et couleur sont une seule et même chose, sauf que la première réside dans la profondeur d'un milieu transparent, le diaphane (tridimensionnel), alors que la seconde, réside à la surface (bidimensionnelle) des corps opaques. La conclusion est que la couleur a les mêmes causes que la lumière, un même sujet, le diaphane, et un même agent, le feu. Dans *Les Météorologiques* également, nous trouvons une théorie de la couleur d'une grande complexité. Retenons seulement qu'Aristote fait encore un parallèle entre lumière et couleur : *la* couleur serait la lumière intrinsèque d'un corps opaque et *les* couleurs seraient les divers degrés d'intensité de cette lumière. Soulignons que la théorie aristotélicienne est la première tentative pour fonder sur l'observation minutieuse et sur une *expérimentation*, certes fruste et insuffisamment élaborée, les bases empiriques d'une optique physique qui associe de manière cohérente la nécessité d'un milieu, l'instantanéité et l'incorporéité de la lumière, et la cause de la lumière.

Au sujet de la couleur, nous devons encore évoquer l'existence d'un traité, le *De Coloribus*[1], dont on s'accorde à reconnaître qu'il n'est pas de la main d'Aristote, mais proviendrait d'un proche, peut-être Théophraste, son successeur à la tête du Lycée ou encore, plus vraisemblablement, Straton qui remplaça celui-ci à ce poste. Ce traité élabore fidèlement les idées d'Aristote. On y trouve la première représentation *moderne* de la vision : la lumière venant d'une source lumineuse, soleil ou feu notamment, se réfléchit sur les corps pour en transmettre la couleur jusqu'à l'œil ; il affirme que la couleur est composée de trois choses : la lumière (qui illumine les corps), le milieu (qui colore toujours la lumière), et la couleur, sous-jacente, où se produit la réflexion de la lumière. La vue reçoit le mélange chromatique et ne perçoit que la couleur dominante, généralement celle du corps. On y trouve une remarque importante, restée sans suite néanmoins : « Mais on doit étudier ce domaine [celui des couleurs], non par le mélange des couleurs, comme font les peintres, mais en comparant les rayons réfléchis »[2].

Serait-ce une intuition géniale de la distinction entre mélange soustractif et mélange additif des couleurs ? Tout à fait improbable et parfaitement anachronique, car, c'est bien connu, il faudra attendre Newton pour qu'on accorde à la lumière une composition hétérogène.

1. Aristote 2000b.

2. Aristote 2000b, III, 792b, p. 13 : « But we must make our investigation into these things not by mixing these colours as painters do, but by comparing the rays which are reflected from those to which we have already referred ».

La psychologie aristotélicienne de la vision

C'est essentiellement dans le *De l'Âme* et les *Petits traités d'histoire naturelle* que se trouve la théorie de la perception visuelle la plus élaborée de toute l'Antiquité classique. A côté d'une physique et d'une physiologie visuelle qui traite des modifications du milieu intermédiaire, le diaphane, et de l'organe de la vision, tous deux indispensables à l'expérience d'une perception visuelle, que nous avons évoquées plus haut, nous trouvons également une description systématique du contenu phénoménal et intentionnel de la vision : comment l'information acquise par l'organe de la vision est-elle évaluée, assimilée et utilisée par les facultés sensible et rationnelle ? Cette double caractérisation vient de l'affirmation souvent répétée que la perception sensible ne vient pas uniquement de l'âme, affirmation qui s'inscrit dans la conception générale qu'Aristote se fait des rapports de l'âme et du corps. Cette relation a donné lieu à de très nombreuses interprétations divergentes[1]. L'âme est le principe de l'organisation de la matière, elle donne forme au corps : âme et corps constituent une unité indissociable. L'ensemble des capacités, ou facultés, comme la nutrition, la perception, ou la pensée, ne se réduisent pas seulement à un conglomérat informe, une simple juxtaposition de parties extérieures les unes aux autres, mais s'articulent entre elles en un tout cohérent et hiérarchisé.

L'âme, ou la *psychē*, comme il conviendrait désormais de l'appeler pour éviter toute confusion avec les multiples significations que le mot âme a acquis dans notre culture, est la *forme* de toutes les créatures vivantes : avoir une *psychē*, c'est être vivant. « Supposons, par exemple, qu'un instrument, tel que la hache, fût un corps naturel : la quiddité de la hache serait sa substance et ce serait son âme »[2], en d'autres termes, en se plaçant dans la perspective finaliste propre à la philosophie aristotélicienne (c'est-à-dire sans causalité externe), l'être formel de la hache est sa fonction ; la *psychē*, l'âme d'un être vivant serait ainsi la fonction de l'ensemble de ses fonctions. De même qu'une hache, composée de fer et de bois, est une hache en vertu de sa capacité à hacher, l'œil est un œil en vertu de sa capacité à voir : « Si l'œil, en effet, était un animal, la vue serait son âme (*c'est-à-dire sa raison d'être*) : car c'est là la substance formelle de l'œil. Or l'œil est la matière de la vue, et la vue venant à faire défaut, il n'y a plus d'œil, sinon par homonymie, comme un œil de pierre ou un œil dessiné

1. Sorabji 1974.
2. Aristote 2000a, 412b12.

(*celui d'une statue ou d'un portrait*) »[1]. On peut dès lors étudier l'œil selon deux points de vue différents : comme un objet physique, fait de matière composite, de pierre ou de pigments, dans l'exemple retenu, ou comme une entité douée de vie capable de ressentir la couleur, objet propre de la vision. Dans ce cas, l'œil, par sa capacité de saisir son sensible propre, actualise sa potentialité, il assimile de la sorte le sensible, et, ce faisant, actualise ce dont ce sensible propre est le propre, à savoir le visible. La sensation pure, vide de tout élément cognitif, a pour conséquence que : « chaque sens [...] juge de ses sensibles propres et ne se trompe pas sur le fait même de la couleur (ou du son), mais seulement sur la nature et le lieu de l'objet coloré, (ou sur la nature et le lieu de l'objet sonore) »[2].

Arrêtons-nous tout d'abord sur la définition qu'Aristote donne de la sensation en remarquant d'emblée que le même mot *aesthêsis*, qu'on traduit généralement par sensation, peut signifier, selon les cas, soit l'organe sensoriel lui-même, soit ce à quoi il sert, sa fonction, ce qui ne manque pas de poser de sérieux problèmes d'interprétation. Cette ambivalence s'inscrit cependant dans la logique même de la philosophie d'Aristote pour qui la fonction *est* la forme de la matière. Dans le *De l'Âme*, la sensation est considérée comme un changement, mais un changement selon la qualité (*ἀλλοίωσις – alloiôsis*), c'est-à-dire une modification du rapport (ici le mot utilisé est *logos*) que l'organe sensoriel entretient avec le milieu extérieur. La sensation serait ainsi une certaine altération, non pas dans le sens habituel de ce terme qui renvoie généralement à une sorte de dégradation, mais au contraire dans le sens où il s'agit plutôt de la conservation dans l'acte sensitif de ce qui était en puissance dans le sensible : « la faculté sensitive n'existe pas en acte, mais en puissance seulement »[3]. Ce changement qualitatif est relié à la *psychē*, car : « nul être n'est capable de sentir s'il n'a l'âme en partage »[4]. Les agents de l'acte sensitif sont : « ce sont par exemple, le visible et le sonore, aussi bien que les sensibles restants »[5]. Les objets extérieurs sont ainsi la cause directe de la sensation, ce que de nombreux auteurs interprètent comme l'expression de ce qu'en termes modernes on appellerait un « réalisme direct ». Aristote distingue trois types d'objets extérieurs de la sensation, trois espèces d'*aesthêta* : (1) les sensibles spéciaux, propres à chacun des organes sensoriels, la couleur pour la vue, le son pour l'audition, l'odeur

1. *Ibid.*, 412b18.
2. Aristote 2017, 418a14.
3. *Ibid.*, 417a7.
4. *ibid.*, 415b25.
5. *Ibid.*, 417b21-22.

pour l'olfaction, etc. (2) les sensibles communs, partagés par au moins deux organes sensoriels, « le mouvement, le repos, le nombre, la figure ou la grandeur »[1], enfin, (3) les sensibles par accident « si, par exemple, on perçoit le blanc comme étant le fils de Diarès »[2]. (voir plus bas).

Chaque modalité sensorielle, chaque *aesthêsis*, sens ou organe, vue-œil, toucher-peau, ouïe-oreille, odorat-nez et goût-langue, saisit le sensible qui lui est propre, par exemple la couleur pour la vue, le son pour l'ouïe. Mais l'expérience courante montre qu'une même chose peut avoir des propriétés sensibles différentes, une couleur et une odeur par exemple (il suffit d'imaginer une fraise, rouge, rugueuse, parfumée et savoureuse), et qu'il existe des qualités communes à différents sensibles, la grandeur, la figure ou le mouvement. Pourtant, s'il faut bien admettre une sensibilité commune, celle-ci n'a pas d'organe spécialement réservé à son usage. Elle n'est pas une sensibilité surnuméraire, ajoutée aux cinq autres, qui sont cinq et seulement cinq comme Aristote, pour des raisons physiques, l'explique au début du chapitre 1 du livre III du *De l'âme*. Comme l'exprime bien Jacques Brunschwig : « [...] elle est plutôt, pourrait-on dire, la communauté des sens, ou leur synergie »[3]. Comme les sensibles propres, les sensibles communs sont directement ressentis, ce sont des sensibles par soi (*καθ'αὑτά* – *kath'hautā*). Il semble bien qu'Aristote ait voulu confier à cette sensibilité commune plusieurs autres fonctions qui viennent s'ajouter à sa fonction première d'une saisie directe des sensibles communs. Deux en particulier qui paraissent dépasser le domaine de la seule sensibilité. La conscience réflexive, on sent qu'on sent, et une fonction discriminative, qui fait la synthèse perceptive des différentes propriétés sensibles d'un même objet.

Dès la première phrase du chapitre 2 du livre III du *De l'âme*, Aristote affirme la dualité du sentir. « Puisque nous percevons que nous voyons et entendons, c'est nécessairement ou bien par la vue que le sentant perçoit qu'elle voit, ou bien par un autre sens ». C'est la première solution qu'il adopte : le sens lui-même implique la conscience de sa propre activité. Sans entrer dans les détails de l'analyse que fait Jacques Brunschwig dans l'article cité plus haut, disons simplement que quand nous voyons, « il ne nous échappe pas que nous voyons »[4].

1. *Ibid.*, 418a18. Cette énumération des sensibles communs est reprise, avec quelques variantes peu significatives, dans le *De la sensation et des sensibles* et dans le *De Rêves* des *Petits traités* (Aristote 2000a).

2 . Aristote 2017, 418a21.

3. Brunschwig 1991, p. 464.

4. *Ibid.*, p. 466.

Plus loin, dans le même chapitre, nous lisons : « [...] puisque notre jugement porte, en outre, sur le blanc et sur le doux, et sur chacun de sensibles dans ses rapports avec chaque autre sensible, par quel principe percevons-nous aussi qu'ils diffèrent »[1]. Les sensibles ainsi distingués appartiennent à des genres distincts, relèvent de domaines hétérogènes, vision et gustation, ils ne peuvent donc être discernés par un sens particulier :

> il faut que ce soit une seule faculté qui les perçoive clairement l'un et l'autre. Dans le cas contraire, il suffirait, en effet, que je perçusse l'un et toi l'autre, pour faire apparaître leur différence réciproque. Mais il faut, en réalité, une faculté une qui énonce cette différence, car on énonce que le doux est autre que le blanc. Ce qui énonce, c'est donc une seule et même faculté, de sorte que, de même qu'elle prononce, de même aussi elle pense et elle perçoit[2].

Contrairement à ce que l'on pourrait croire, la discrimination dont il est ici question n'est pas une activité intellectuelle, c'est bien une activité sensorielle, directement ressentie par l'organe central de la sensation (qu'Aristote situe dans le cœur) où les différentes sensations sont associées et deviennent conscientes. Ce n'est que lorsqu'il s'agira d'énoncer, de formuler avec des mots, cette différence directement ressentie que l'intelligence intervient : *ce qui est senti doit être pensé avant de pouvoir être dit.*

Il existe enfin des sensibles « par accident » : « un sensible comme par exemple : ce blanc est le fils de Diarès »[3]. Ces sensibles par accident ne sont pas à proprement parler de véritables sensibles, puisqu'ils ne résultent pas directement d'une sensation, mais passent au contraire par la médiation d'un jugement rendu possible par le fait que *blanc* et *fils de Diarès* aient été réunis dans une expérience passée afin que dès lors qu'on voit le blanc, le fils de Diarès apparaisse comme une conclusion qui s'impose d'elle-même. Mais il ne s'agit là qu'une d'une *présomption*, et comme telle sujette à l'erreur. On peut croire voir le fils de Diarès et se tromper, on peut voir la tour lointaine arrondie et se tromper, on peut voir le bâton plongé dans l'eau brisé et se tromper ; en revanche, on ne se trompe jamais en voyant une couleur, car elle est le sensible visuel par excellence, celui dont le senti est direct. Le sensible par accident n'exerce aucune action sur l'organe sensoriel, en l'occurrence l'œil, du sujet éprouvant la sensation, le

1. Aristote 2017, 426b13.
2. *Ibid.*, 426b18-23.
3. *Ibid.*, 418a22.

fils de Diarès est saisi indirectement, *par accident*. Mais n'en est-il pas de même des sensibles communs, la figure, la grandeur ou le mouvement ? Ceux-ci n'agissent sur l'organe sensible que dans la mesure où ils sont associés à un sensible propre, la couleur par exemple. Un sensible commun : « n'agit donc, en tant que tel, sur aucun sens en particulier, et c'est en cela qu'il n'est perçu qu'accidentellement par chaque sens pris en particulier [...] mais il agit, en tant que tel, sur tous pris ensemble, et c'est en cela qu'on peut dire qu'il est perçu par la *sensation commune* entendue comme communauté des sens, ou leur synergie »[1] ; le sensible commun est bien saisi directement par la sensation commune.

QU'EN EST-IL DE « LA PLUS MYSTÉRIEUSE DES DOCTRINES ARISTOTÉLICIENNES » ?

Dans le *De l'âme*, Aristote énonce ce qu'un spécialiste éminent de la philosophie antique, Myles Burnyeat[2], considère comme : « la plus mystérieuse des doctrines aristotéliciennes ». Selon cette doctrine : « D'une façon générale, pour toute sensation, il faut comprendre que le sens est le réceptacle des formes sensibles sans la matière, comme la cire reçoit l'empreinte de l'anneau sans le fer ni l'or, et reçoit le sceau d'or ou d'airain, mais non en tant qu'or ou airain [...] »[3]. Cette doctrine, recevoir la forme sans la matière, a suscité, et suscite encore, de nombreux débats ; son interprétation oscille entre deux extrêmes, allant d'une interprétation physicaliste, purement physiologique : dans la perception, il y a quelque chose de matériel que subit la matière d'un organe sensoriel[4], jusqu'à une interprétation non-physicaliste, strictement cognitive : la perception n'est autre que le nom donné à l'acte de ressentir une qualité sensible, au fait que l'on en prenne conscience[5].

Selon l'interprétation littérale, l'organe sensoriel doit posséder, potentiellement et non en acte, les qualités spécifiques de l'objet qu'il doit appréhender et qu'il *assimile* : « Sentir, en effet, c'est pâtir en quelque

1. Brunschwig, article cité, p. 164

2. *Laurence Professor* of Ancient Philosophy, Cambridge University. (1984-1996), Président de *l'Aristotelian Society* (2005-2006). Voir notamment Burnyeat 1992.

3. Aristote 2017, 424a20.

4. Charlton 1980, p. 180.

5. Brentano 1944, p. 54-54 ; Burnyeat 1992, p. 15-26 ; Lear 1988, p. 101-116.

chose, de sorte que l'agent fait cette partie semblable à lui en acte, alors qu'elle l'était en puissance »[1]. L'organe sensoriel serait comme un curseur situé à mi-chemin entre les deux valeurs extrêmes du sensible propre : « [...] le sens est comme une sorte de médiété entre les contrariétés dans les sensibles »[2] (c'est-à-dire ferait une moyenne des contrariétés inhérentes aux objets sensibles). C'est parce que le sens du toucher n'est ni chaud ni froid, mais *tiède*, qu'il peut discerner tous les objets sensibles dont la température est située vers l'une ou l'autre des deux directions, vers le plus chaud ou vers le plus froid. De même pour les autres modalités sensorielles : chaque couleur n'est autre qu'un certain rapport défini de noir et de blanc, chaque saveur d'amer et de doux, chaque son d'un son aigu et d'un grave. Ainsi, face à une fraise rouge, l'œil devient rouge ; plus exactement, c'est le liquide qui occupe l'intérieur de l'œil (l'humeur aqueuse et/ou vitrée) qui le devient parce qu'il est transparent, diaphane dans la terminologie d'Aristote, c'est-à-dire apte à recevoir la lumière[3] : il prend la couleur de l'objet vu, ce qui le rend visible. Il en va de même pour les autres modalités sensorielles : quand on perçoit la qualité sensible d'un objet, (une couleur « rouge », un son « grave », un goût « amer », un contact « froid », une odeur « de thym ») il y a une certaine partie de l'organe sensoriel correspondant, dans l'œil, l'oreille, etc. qui devient *rouge*, *grave*, *amer*, *froid*, *de thym*. Et cela *sans la matière*, Aristote en effet insiste avec cette clause qui peut sembler redondante, car il tient à marquer sa différence d'avec ses prédécesseurs, Empédocle et Démocrite notamment (voir chap. premier) pour qui, dans la vision, des particules de matière s'échappent de l'objet visible pour pénétrer dans l'œil de celui qui voit[4].

Cette première interprétation expose une théorie *physiologique* de la sensation. Elle est, par certains auteurs, jugée sévèrement : « ouverte à des attaques dévastatrices tant sur le plan empirique que logique : quand je vois un verre de Chartreuse, aucune liqueur verte (ou jaune) n'entre dans mon œil [...] »[5]. Aussi ces détracteurs préfèrent-ils une théorie qui cherche moins les causes matérielles de la sensation que sa raison, autrement dit sa forme. A la question : pourquoi, lorsqu'un animal ouvre les yeux en plein jour, voit-il face à lui des objets colorés ? Aristote répondrait : *c'est ainsi, parce que telle est la « nature » de la vision et du visible* (c'est-à-dire sa physiologie) ; les conditions matérielles pour qu'un objet visible éveille

1. Aristote 2017, 424a1.
2. *ibid*, 424a4.
3. Aristote 2000a, 438b6-11.
4. Sorabji 1979, p. 49, note 22.
5. Barnes 1971, p. 109.

la conscience de sa visibilité relèvent simplement de la *nature* de la vision et de la couleur.[1] En effet, pour Aristote la « nature » d'une chose, son « essence », est le terme ultime d'une explication, c'est ce qui permet d'expliquer quelque chose sans avoir à être lui-même expliqué : le visible a en lui la cause de sa visibilité[2]. Les modifications physiologiques ne jouent alors qu'un rôle accessoire dans l'explication de la perception sensible : *il n'y a pas de déduction de la physiologie à la perception*, plus généralement, on n'explique pas le supérieur par l'inférieur ; la seule condition nécessaire pour qu'il y ait perception est le degré de réceptivité à la forme sensible de l'organe sensoriel.

Une explication séduisante, loin néanmoins de faire l'unanimité à en juger par les discussions qu'elle soulève (cela n'est pas pour nous surprendre !), se trouverait dans une lecture *fonctionnaliste*[3] de *la plus mystérieuse des doctrines aristotéliciennes*. Le philosophe américain, Hilary Putnam, éminent philosophe analytique américain récemment disparu, suggéra le premier, par une note en bas de page dans un article de 1975, que cette doctrine présentait de grandes similarités avec le fonctionnalisme dont il fut l'un des principaux fondateurs[4]. La notion centrale du fonctionnalisme (à la Putnam, première manière, car il y en a eu de nombreuses…) est que la vie mentale peut être définie en termes purement fonctionnels : un état mental est déterminé par les relations causales qu'il entretient à l'intérieur d'un système unissant des événements extérieurs au système, en l'occurrence des stimulations sensorielles, considérées comme des *entrées* et des manifestations comportementales, prises comme des *sorties*, en combinaison avec d'autres états mentaux généralement interposés entre les deux. Si le fonctionnalisme a reçu, en son temps, un accueil tellement favorable, c'est qu'il semblait apporter une solution satisfaisante au problème qui, depuis Descartes, occupe l'esprit des philosophes, celui de la relation du corps à l'esprit, aucune des options jusqu'alors essayées, dualisme, behaviorisme, réductionnisme, n'ayant été jugée satisfaisante.

Prenons l'exemple d'une *affection de l'âme* analysée par Aristote : la colère. Elle est une émotion provoquée en diverses occasions : une remarque impertinente, une injustice criante ; elle se nourrit d'autres entités mentales, du ressentiment, de la frustration : elle peut engendrer

1. Burnyeat, *in* Nussbaum & Oksenberg-Rorty 1992, p. 423.
2. Aristote 2017, 418a30.
3. Block 1980 ; Pacherie 1995.
4. Putnam 1975, p. 291-303

à son tour de sombres pensées, pouvant aller jusqu'à des agressions verbales et même s'accompagner de gestes violents. La colère présente un double aspect, psychologique et physiologique : « pour le dialecticien (*le philosophe ou le psychologue*) elle est le désir de rendre l'offense, ou de quelque chose de ce genre ; pour le physicien (*le biologiste ou le physiologiste*) c'est l'ébullition du sang qui entoure le cœur… L'un rend compte de la matière, et l'autre, de la forme et de la notion : car la notion est la forme de la chose, mais il est nécessaire qu'elle se réalise dans telle matière … Il semble bien que toutes les affections (*au sens général d'états, de déterminations*) de l'âme soient données avec le corps : le courage, la douceur, la crainte, la pitié, l'audace, et encore, la joie, ainsi que l'amour et la haine ; car en même temps que se produisent ces déterminations, le corps éprouve une modification[1].

Cette description conforte une interprétation fonctionnaliste. Peut-être un peu tirée par les cheveux certes, mais suffisante aux yeux de certains[2]. Néanmoins, une des thèses fortes du fonctionnalisme est celle de la *multiréalisibilité* physique : la croyance qu'un même état mental (fonctionnel) peut être réalisé physiquement de multiples façons. Cette thèse est née avec le premier fonctionnalisme, celui proposé par Hilary Putnam (voir plus haut), elle est fondée sur une analogie, celle du fonctionnement d'un ordinateur et d'un l'outil conceptuel celui de la machine de Turing. On est encore bien au-delà d'Aristote, malgré mon goût pour l'anachronisme, et rien ne permet d'envisager qu'Aristote adopte cette thèse forte, même s'il pense que différentes espèces d'animaux peuvent avoir des états mentaux identiques, il n'est pas prêt à admettre que la colère, dans sa matérialité, puisse être autre chose qu'un échauffement du sang, et s'il envisage que dans la perception sensorielle l'organe sensoriel prend la qualité de l'objet perçu, il considère que les différentes espèces de sensations sont reliées à différents types de modifications corporelles spécifiques. Il faut chercher les raisons du fonctionnalisme d'Aristote dans ce qu'on appelle traditionnellement son *hylemorphisme*, doctrine qu'il explicite par une analogie avec les productions humaines, la boule de bronze étant son exemple favori. Pour une telle boule, composée de bronze et dont la forme est sphérique, bronze et sphère ne sont pas des *composants* mélangés, fondus l'un dans l'autre, ce sont deux aspects complémentaires. Nous avons vu plus haut à propos de l'œil que sa forme, sa *psychē*, était la vue, et celle de la hache, sa capacité à hacher,

1. Aristote 2017, 403b.

2. Sorabji 1974 ; Wedin 1988 ; Nussbaum-Rorty 1992, pour ne citer que les plus représentatifs.

et pour reprendre un autre exemple encore employé par Aristote pour illustrer son propos, la maison : « [...] l'un la dira de pierres, briques et poutres ; l'autre qu'elle est la forme donnée à ces matériaux précisément pour [...] la protection contre les atteintes des vents, des pluies et des chaleurs [...] »[1]. Mais la *forme* d'un être vivant est bien plus complexe que celle d'une maison, d'une hache ou d'un organe isolé, ce n'est pas un simple arrangement d'éléments disparates formant un objet inerte ou d'un organe isolé de l'organisme auquel il appartient ou d'un artéfact fabriqué en vue de remplir un emploi. C'est avant tout l'ensemble des : « pouvoirs spéciaux de faire ou de subir un certain genre d'action »[2], c'est-à-dire des *facultés*, un peu à la manière dont l'entendent les philosophes éclectiques français du XIXe siècle, ou, mieux encore, des *fonctions* au sens biologique de terme ; n'oublions pas qu'Aristote est aussi un éminent biologiste. La *forme* est ce qui donne réalité à la chose, alors que la matière n'en est que sa potentialité lui permettant d'être ce qu'elle est véritablement. La relation entre forme et matière est contingente : une matière peut avoir différentes formes et une forme peut se rencontrer dans différentes matières[3] : ni le bronze, ni la pierre n'appartiennent en aucune façon à l'être d'une sphère ; ce qui fait de celle-ci une sphère n'est ni le matériau dans lequel elle est moulée ou taillée, mais la sphéricité qu'une forme géométrique lui confère. Ici encore, certains auteurs voient dans la relation aristotélicienne entre la forme et la matière la relation asymétrique décrite, dans la philosophie de l'esprit contemporaine, comme *survenance*, selon laquelle les états mentaux *surviennnent* sur les états physiques, en sorte qu'ils dépendent systématiquement des états cérébraux[4].

Je n'irai pas plus loin dans l'interprétation de la psychologie et de la philosophie de l'esprit d'Aristote. Ces travaux n'ont été connus que tardivement dans le monde occidental chrétien. En revanche, le monde arabe disposait au début du IXe siècle d'un corpus étendu de textes aristotéliciens traduits en langue arabe dans les ateliers de traduction du Bagdad abbasside (voir chap. 6).

Ibn al-Haytham en était nourri tout comme il était nourri des nombreuses autres traditions philosophiques, médicales ou mathématiques.

1. Aristote 2017,403b 5-11.
2. Lalande 2010, entrée « *Faculté* ».
3. Aristote 1986, Z11, 1036a33.
4. Il n'est pas question ici de discuter en détail les thèses contemporaines du fonctionnalisme, de la survenance ou de l'émergentisme, voir (entre autres) Kim 2006 ; Engel 2000 ; Jacob 2004, 2007.

CHAPITRE 3

DES STOÏCIENS À GALIEN

CHRYSIPPE ET LA THÉORIE DU PNEUMA

Le stoïcisme est l'un des trois mouvements philosophiques, avec l'épicurisme et le scepticisme, parmi les plus importants de la période hellénistique[1]. Créé au début de cette période, il s'étendra loin dans l'époque Impériale, et restera influent, surtout par ses conceptions éthiques, avec notamment Sénèque, Epictète et Marc-Aurèle, au delà du Moyen Âge. Des anciens stoïciens, Chrysippe, originaire de Soles, ville d'Asie Mineure, aujourd'hui en Turquie, est le plus prolifique. Il aurait produit, dès le IIe siècle av. J.-C, plus de 165 ouvrages dont il ne reste que des fragments. Il est celui dont la théorie visuelle eut probablement le plus d'influence jusqu'à ce que Galien, le philosophe-médecin du deuxième siècle de l'ère chrétienne ne l'intègre dans sa vaste synthèse embrassant les conceptions de Platon, d'Aristote, augmentée de nombreuses découvertes anatomiques. Alexandre d'Aphrodise, un commentateur aristotélicien de stricte obédience du second siècle de notre ère, passant en revue les différentes théories de la vision de l'antiquité, résume et critique celle de Chrysippe : « Il y en a qui disent que la vision est produite par la tension de part et d'autre de l'air. Frappé en effet par la vue, l'air touchant la pupille prendrait la forme d'un cône. Et cet air, étant comme imprégné à la base par les objets, la sensation se produirait de la même façon que par le toucher à l'aide de bâtons ». Il ajoute, manifestant de la sorte son hostilité à l'égard des penseurs stoïciens : « On peut leur répéter plusieurs des

1. Qui s'étend de la mort d'Alexandre le Grand à la fin du IVe siècle à la fin du Ier siècle av. J.-C.

objections énoncées contre ceux qui produisent la vision par les rayons {visuels}. Mais en particulier, on pourrait s'interroger à leur propos sur cette tension de l'air (touchant à la pupille) produite par les yeux et sur l'impression produite d'autre part par l'objet »[1].

Dans la physique stoïcienne le *pneuma* joue un rôle central. Mélange d'air sous tension et de feu, il est l'agent actif par excellence dans le cosmos, c'est lui qui assure la cohésion dans et entre toutes les choses ; il réaliserait en quelque sorte un « champ de forces », anticipant celui de la physique moderne, comme le pense, avec une tendance à l'anachronisme (qui, jusqu'à un certain point, n'est pas pour me déplaire), un éminent historien de la physique des stoïciens[2]. Chez les anciens Grecs, à l'inverse des modernes, les notions les plus fondamentales de la physique prennent leurs racines dans la biologie. Il n'est donc pas étonnant que le pneuma occupe une place éminente dans le domaine de la théorie de la sensation, dont la pièce maitresse est l'hypothèse d'un *centre* de la perception et de la conscience, appelé la partie directrice (ἡγεμονιχόν – *hegemonikon*), localisé dans une région définie du corps (généralement le cœur, par la suite le cerveau). L'hégémonikon a sous son contrôle les cinq sens, la partie générative du corps, la faculté de parler (langage). Ce centre de contrôle est relié aux organes des sens par des extensions du pneuma dont les mouvements (ondulations stationnaires) assurent la communication. Ces mouvements stationnaires doivent être compris comme des propagations d'état, l'expansion d'une perturbation locale dans un milieu élastique. Cette interprétation est confortée par les comparaisons qu'utilise Chrysippe pour décrire l'hégémonikon, celle d'une pieuvre et celle d'une araignée. Une pieuvre dont les bras s'étendent du centre aux organes sensoriels périphériques et dont l'état de tension, plus ou moins étiré ou plus ou moins contracté, informerait le centre de ce qui se passe à sa périphérie. Une araignée, tapie au centre de sa toile, qui détecte avec ses pattes, les perturbations qui ont lieu à n'importe quel point de celle-ci. Dans les deux cas, il s'agit bien de détecter une impulsion qui se propage à travers un milieu en état de tension.

Le pneuma s'étire donc de l'hégémonikon jusqu'à l'œil. Ici, il sera appelé *pneuma optique*, il s'échappe de l'œil par la pupille et exerce son action sur l'air ambiant ; celle-ci est *violente*, les mots employés pour la décrire sont, selon les cas, « piquer », « poignarder » ou « impacter » ; on la compare au

1. Alexandre d'Aphrodise, *Autre livre*, éd. I. Bruns, *Alexandri De anima liber alter*, cité par Saint-Pierre 1972, p. 107.

2. Sambursky 1959, p. 4.

coup d'une épée dans la chair, à l'action du sabot d'un cheval qui frappe le sol ou d'une bourrade dans les côtes. Moyennant quoi, l'air extérieur se raidit. Tendu, il prend alors la forme d'un cône dont l'apex est sur la pupille et la base appliquée à l'objet extérieur. Mais le pneuma optique ne peut impacter l'air extérieur que si celui-ci lui est en quelque sorte *homogène*, c'est-à-dire lui-même déjà sous tension. L'illumination par la lumière du jour remplirait cet office ; cette lumière en effet ressemble, à certains égards, au pneuma optique : à partir du soleil, considéré comme l'hégémonikon de l'univers, s'échappe un pneuma, considéré cette fois comme *cosmique* capable de mettre sous tension l'air qu'il éclaire. Dès lors, le cône d'air, ainsi illuminé et tendu, sera capable de transmettre en retour vers l'œil tous les mouvements qu'il détecte à sa base. Cette transmission emprunte le pneuma optique externe, prolongement du pneuma optique intérieur, et sera prolongée jusqu'à l'hégémonikon qui en est la source. Pour Chrysippe, le cône est comme le bâton que l'aveugle utilise pour explorer les objets à distance[1].

De la même façon, chaque stimulus externe est conduit de l'organe sensoriel spécifique excité jusqu'à l'hegemonikon, qui centralise et coordonne les différentes impressions, les mène jusqu'à la conscience et libère les impulsions réagissant à la sensation. La fonction vitale de l'hegemonikon en tant que siège central de la conscience, unifiant toutes les activités de l'âme, maintenant et régulant son contact avec le monde extérieur, définie clairement la double direction de cette correspondance : du centre du corps aux différents organes de sa surface, et *vice versa*. C'est à travers ce mouvement de va-et-vient incessant du pneuma entre l'*hegemonikon* et la surface corporelle qu'est établi ce *mouvement perpétuel*, que les anciens grecs attribuaient à l'âme, déjà évoqué par Alcméon, pour lequel (suivant Diogène Laerce) : l'âme « se meut, ainsi que le soleil, de façon continue »[2], pensée qui trouve ici sa signification précise dans le cadre de la conception stoïcienne de la connexion entre l'esprit et la sensation[3].

1. Selon Diogène Laërce, *Vies et doctrines des Philosophes de l'Antiquité*, Livre VII : « Nous voyons lorsque se tend sous la forme d'un cône la lumière intermédiaire entre la vue et l'objet, comment le disent Chrysippe dans le deuxième livre de ses *Physiques* et Apollodore. La forme conique de l'air se situe cependant du côté de la vue, tandis que la base est du côté de l'objet qui est vu. C'est donc comme par l'intermédiaire du bâton que constitue l'air en tension que l'objet observé nous est communiqué » (Diogène Laërce 1999, p. 881-882).

2. *Ibid*, p. 1009.

3. Sambursky 1959, p. 22.

Ce que le pneuma optique apporte à la partie directrice de l'âme est une (re)présentation de l'objet extérieur, une image – *phantasia*. L'objet impacte (littéralement *tombe de l'extérieur*) et crée un mouvement (une déformation) qui forme une empreinte (*typosis*) dans l'âme. Alors que Cléanthe prend cette expression d'empreinte dans son sens littéral, à l'instar d'une empreinte dans la cire, Chrysippe rejette cette analogie car elle impliquerait que les impressions se détruisent au fur et à mesure qu'elles s'impriment, leur stockage dans la mémoire étant dès lors impossible. Il définit au contraire la représentation comme une modification (*heteroiosis*) de l'âme, modification qu'il envisage sur le mode des modifications que subissent les sons qui, tout en se superposant, gardent leur identité[1]. La représentation est une *expérience*, un pathos, qui nait dans la partie directrice de l'âme, qui s'y révèle en même temps qu'elle indique sa cause extérieure et y laisse une empreinte ; c'est un événement physique qui s'inscrit dans la chaîne cosmique des processus déterminés, c'est dire qu'elle ne dépend pas de celui qui perçoit. Certaines de ces représentations peuvent conduire celui qui les reçoit à les accepter ; elles sont ce dont celui qui perçoit est aussi *conscient* de ce qu'il saisit et auxquelles il agrée dans l'acte même de leur saisie. C'est bien l'objet extérieur qui est appréhendé dans cette représentation que les stoïciens appellent *kataleptique*, ce que l'on pourrait traduire par « représentation cognitive »[2].

Cette théorie de la perception visuelle s'inscrit dans une conception générale de l'univers, une cosmologie ; elle n'est ni mécanique, ni causale, et n'est fonctionnelle que dans un sens télélogique, d'une téléologie sans cause finale externe qui fait appel seulement à une causalité intrinsèque. L'œil est un microcosme dont les différentes parties sont arrangées selon un ordre correspondant à l'harmonie cosmique, chaque entité est douée d'une *nature*, autrement dit, est naturellement dotée de la capacité de remplir son rôle, le résultat obtenu est prédéterminé premièrement par son but, la vision, secondairement par les *natures* de chacune des entités oculaires qui dictent de concert comment le but ultime sera le mieux atteint.

Cette théorie sera très largement reprise par Galien au IIe siècle de notre ère, précisée par Ḥunayn Ibn Isḥāq au IXe ; on en trouvera des traces jusque dans le livre II du *Kitāb al-Manāẓir* de Ibn al-Haytham (voir *infra*, chap 7, p. 143).

1. Sambursky 1959, p. 26 : « [...] les stoïciens ont déjà pressenti le principe de la "superposition des ondes" [...] »..
2. Staden 1978, p. 98-99.

Galien, le plus grand médecin de l'Antiquité tardive

Un des derniers commentateurs d'Hippocrate, Palladius Iatrosophista d'Alexandrie, auteur d'un *Précis sur les fièvres* et de *Commentaires sur Hippocrate*, aurait dit, probablement au cours du VIIe siècle : « Ce qu'Hippocrate a semé, Galien le récolte ». Pour lui, Galien, en effet, surpassait Hippocrate en faisant fructifier ses découvertes. Encore aujourd'hui, il est aux yeux de beaucoup le « prince de la physiologie »[1].

Claude Galien est né en 129 après J.-C. dans une riche famille patricienne de Pergame, ville située à quelques kilomètres de la mer Egée, au nord de Smyrne, aujourd'hui Izmir en Turquie. Pergame est une cité hellénistique prospère d'Anatolie qui, au IIe siècle avant J.-C. au temps de sa splendeur, édifia une bibliothèque qui restera longtemps rivale de celle d'Alexandrie[2]. Le père de notre médecin, Aelius Nicon, est un architecte renommé. Grand amateur de philosophie et de littérature, il côtoie les intellectuels, les sénateurs et tous ceux qui jouissent, en Asie Mineure, d'influences puissantes. Ils fréquentent tous le Sanctuaire de Pergame consacré au dieu grec de la médecine, Asclépios (dieu grec connu aussi sous son nom romain d'Esculape). Alors qu'il donne à son fils la meilleure éducation pour qu'il devienne philosophe ou homme politique, Asclépios lui apparaît en rêve et lui révèle que son fils Claude, alors âgé de 16 ans, est destiné à devenir médecin. A cette époque, on obéit aux rêves ; il lui offre donc le meilleur enseignement de la médecine alors disponible. A 20 ans, Galien perd son père. Libre d'attaches familiales, il commence à voyager autour du Bassin méditerranéen, suivant en cela une recommandation d'Hippocrate qui conseillait aux médecins de changer de pays, de climats, de coutumes, pour enrichir leur expérience et leur pharmacopée. Après une dizaine d'années passées à cultiver et exercer la médecine à Smyrne, Corinthe et Alexandrie, centre médical le plus réputé de l'Antiquité, il rentre à Pergame. Grâce aux nombreuses relations qu'il a maintenues durant son absence parmi les gens les plus riches de cette province, notamment un membre éminent du clergé dans l'Empire Romain d'Asie, un asiarque, chargé de l'administration des gladiateurs et de l'organisation des jeux annuels, il est nommé médecin des gladiateurs. Il remplit sa fonction avec succès et perfectionne ses talents de chirurgien. Pourtant, moins de cinq ans plus tard, il décide, pour des raisons non

1. Souques 1933, p. 338.

2. Il faut voir le Musée de Pergame à Berlin pour comprendre ce qu'est une riche citée hellénistique !

encore élucidées, d'abandonner sa charge et de rejoindre la capitale de l'Empire. Est-ce par ambition personnelle, depuis longtemps en effet Rome attirait de nombreux médecins de l'Empire ou par crainte de mouvements sociaux qui agitaient alors cette région d'Asie mineure ? Galien ne s'en explique pas et la question n'est toujours pas résolue[1].

A Rome, Galien, âgé de 32 ou 33 ans, entame une brillante carrière, devient le médecin de l'Empereur Marc Aurèle, soigne une riche clientèle et enseigne à de nombreux élèves dans le Forum de la Paix. En 166, il quitte précipitamment Rome pour revenir à Pergame. Pourquoi ? Peut-être pour fuir une épidémie de peste dévastatrice, introduite par l'armée de l'Empereur Lucius Verus à son retour d'une campagne en Mésopotamie, marquée par la prise de la riche citée de Séleucie sur le Tigre, ville où la maladie se déclara. Toutefois, peu après son départ, les deux co-Empereurs, Lucius Verus et Marc Aurèle[2], le rappellent et lui demandent de façon pressante de les accompagner dans une campagne qu'ils préparent en Italie du Nord. Les troupes romaines sont stationnées à Aquilée, dans la province d'Udine en Vénétie, pour faire face à une menace barbare qui se précise aux confins de Danube. L'épidémie, que l'on appellera la « peste antonine », du nom de la dynastie impériale, les Antonins, reprend de plus belle et touche gravement les troupes cantonnées pendant l'hiver 168-169. Galien, appelé à la rescousse avec de nombreux autres médecins, décrit en détail les symptômes : fièvre importante, vomissements, diarrhée, hémorragies internes, nausée, troubles du sommeil, respiration fétide, catarrhe, ulcération du larynx et de la trachée[3]. Ces symptômes évoquent trois possibilités : une épidémie de typhus, la peste ou la variole. Divers arguments parlent en faveur de la variole, même si Galien ne décrit pas les terribles cicatrices indélébiles tant redoutées et qu'il précise au contraire que même lorsque les rougeurs cutanées (les exanthèmes) agressent profondément la peau, elles finissent toujours par disparaître sans laisser de trace au bout de quelques jours. On peut comprendre cette particularité sachant aujourd'hui que le virus pathogène à l'origine de la maladie présente une grande variabilité génétique et qu'il s'exprime plus ou moins fortement (sa pénétrance).

A Aquilée, la pestilence fait rage. Les deux co-Empereurs, Lucius Verus et Marc Aurèle, en compagnie de Galien, s'échappent immédiatement pour

1. Voir Nutton 1973, auquel nous empruntons cette biographie.

2. Marc Aurèle accède au titre suprême d'Empereur à la mort d'Antonin en 161 Il associe son frère (d'adoption) Lucius Verus à l'Empire qui est alors co-dirigé par deux Augustes.

3. Littman & Littman 1973 ; Gourevitch 2005 ; Haas 2006.

Rome ; en route, Lucius Verus meurt ; Marc Aurèle doit faire face à une menace dans les pays germaniques. Il propose à Galien de l'accompagner, mais celui-ci décline cet honneur et déclare rester à Rome pour prendre soin de Commode, le fils de l'Empereur et futur Empereur. Ce sera au cours d'une campagne sur le Danube que Marc Aurèle trouvera en 180 la mort à Vindobona, aujourd'hui Vienne.

Galien demeure à Rome les quelque trente années qui lui restent à vivre ; il est le médecin des futurs Empereurs, les fils de Marc Aurèle, Commode et Septime Sévère. Il soigne toujours une riche clientèle, donne encore des cours au Forum de la Paix, accompagnés de démonstrations publiques de dissections, particulièrement appréciées. Sa production scientifique médicale et philosophique est considérable, il aborde aussi bien la thérapeutique et la pharmacologie, que la philosophie, la rhétorique, l'éthique, la poésie ou le théâtre. Paradoxalement, ces travaux, qui occupent plus de 10% de toute la littérature grecque depuis Homère jusqu'à la fin du IIe siècle apr. J.-C., n'ont pas fait, dans leur grande majorité, l'objet d'éditions critiques et sont, encore aujourd'hui, presque inexistants en traduction française. Une fraction importante des écrits de Galien ne nous sont parvenus que dans des traductions en Latin, traductions elle-même provenant pour bon nombre d'entre elles de traduction du Grec en Arabe, et, plus rarement, en Hébreu. Beaucoup de textes ont disparu, probablement dans l'incendie qui a ravagé, à la fin du IIe siècle, le Forum de la Paix où ils étaient conservés. La Bibliothèque interuniversitaire de Médecine de Paris (BIU Santé) a entrepris un programme de numérisation des grandes éditions de Galien du XIXe siècle, notamment celle de Kühn[1], forte de plus de 20 000 pages de texte grec avec sa traduction en latin, et les deux volumes de la traduction du grec en français de Daremberg[2].

L'ANATOMIE PHYSIOLOGIQUE ET LE PNEUMA PSYCHIQUE

Dans la pensée biologique de Galien, l'anatomie occupe une place éminente, sans elle il serait impossible de comprendre la physiologie. Le

1. *Galeni Opera Omnia*, Kühn, Karl, Gottlob (ed), Leipzig : Car. Cnoblochii, 1821-1833, 20 vol<http : //www.biusante.parisdescartes.fr/histmed/medica/cote ? 45674>

2. *Œuvres anatomiques et médicales de Galien*, Paris, Baillière, 1854-1865, 2 vol <http : // www.biusante.parisdescartes.fr/histmed/medica/cote ? 34857>

pneuma psychique en est la clé de voûte[1]. Cette notion jouit d'une longue tradition dans la pensée médicale – on la trouve déjà cinq siècles avant chez Erasistrate et Hérophile, elle est au cœur du système stoïcien, comme nous l'avons vu plus haut. Chez Galien, comme chez les Stoïciens auparavant, le pneuma va jouer un rôle essentiel, notamment dans sa théorie de la vision.

Galien adopte, avec la plupart de ses contemporains, une doctrine extramissionniste, il fait sienne toutes les critiques déjà soulevées contre les positions intramissionnistes, et qu'il est inutile de rappeler ici. Un de ses arguments en faveur d'une émission d'un pneuma est que lorsqu'un œil est fermé, la pupille de l'autre se dilate, pour en permettre la diffusion, bloquée par la fermeture du premier, et se contracte à nouveau dès que ce dernier est à nouveau ouvert[2]. La théorie aristotélicienne de la formation de l'arc-en-ciel, qui suppose que l'air atmosphérique peut dans certaines conditions réfléchir la vue, apporte un argument supplémentaire : « Il est manifeste (nous avait dit Aristote) que la vision est réfléchie à partir de toutes les choses lisses, et qu'il y a parmi ces dernières à la fois l'air et l'eau. Cela se produit à partir d'air lorsqu'il se trouve condensé ; mais du fait de la faiblesse de la vision, il produit souvent la réflexion même sans condensation, comme le trouble qui arriva jadis à un tel dont la vue était faible et sans acuité : en effet, il lui semblait sans cesse qu'une image le devançait dans sa marche et regardait à l'opposé, vers lui ; il souffrait de ce trouble parce que sa vision était réfléchie vers lui-même : en effet, elle était si faible et si parfaitement subtile à cause de son infirmité que même l'air situé à proximité devenait un miroir et qu'elle ne pouvait pas le repousser, comme l'air situé au loin et dense »[3]. Il y a là comme une « absurdité », pour reprendre la remarque de Galien au sujet de cette thèse[4], car la doctrine d'Aristote n'implique pas davantage l'intromission d'images ou de lumière que l'émanation de rayons visuels. Elle est en effet, faute de mieux, dite « mixte » puisqu'il faut bien admettre l'existence de rayons lumineux entrant ou de rayons visuels sortant, ou un mélange des deux, comme chez Platon ; mais en fait la doctrine aristotélicienne la plus explicite, celle que l'on trouve dans le *De l'âme* et dans les *Petits traités*, est une théorie qu'en termes modernes on caractériserait de *perception directe* : le diaphane, c'est-à-dire le medium, air ou eau, est directement mis en mouvement par la couleur des objets extérieurs, c'est-à-dire par ce

1. Voir Debru 1996 ; Rocca 1998, p. 217.
2. Galien & De Lacy 1978, VII, 4.11.
3. Aristote 2008b, 373b1-10.
4. Galien & De Lacy 1978, VII, 7.10 *sq.*

qui est à la surface de l'objet, le rendant de la sorte visible (voir chapitre 2). Dans cette théorie, le phénomène de la réflexion pose un problème qui embarrasse Aristote et qu'il évite par un sophisme qui n'a pas échappé à Galien[1].

Si Galien, à l'instar de pratiquement tous ses contemporains et de tous les intellectuels qui lui ont succédé pendant encore quelque neuf siècles, adopte une théorie extramissionniste, c'est avant tout parce qu'elle seule est parfaitement compatible avec la doctrine mathématique de la perception de l'espace qui est apparue avec Euclide et se développera avec Ptolémée, dont il est le contemporain. Nous verrons pourquoi avant Ibn al-Haytham (et son contemporain Avicenne, voir chap. 6) toutes les versions des théories intramissionnistes étaient tout simplement inconcevables, voire insensées.

La pièce maîtresse de la pensée biologique et médicale de Galien est, nous l'avons déjà évoqué, le pneuma. Chez les stoïciens, à qui il l'emprunte, ce pneuma est matériel ; il est un *corps* parce que tout ce qui existe est corps, mais il est corps avec des propriétés singulières : il peut se mélanger totalement à d'autres corps, il est présent partout dans l'univers. Chez Galien aussi le pneuma est matériel, il est l'instrument permettant au corps d'interagir avec le monde extérieur, pour l'internaliser par la sensation et la nutrition, pour l'externaliser par la motricité et la communication[2], il est l'organe de l'âme, organe matériel, biologique, c'est l'œil qui voit ce que la main écrit.

Mais d'où provient le pneuma ? Notamment : « [...] cet air intérieur conçu comme instrument des fonctions physiologiques et psychologiques »[3]. L'air ambiant est d'abord inspiré dans les poumons du *corps respirant*, selon l'heureuse expression d'Armelle Debru, où il est préparé pour être élaboré en pneuma vital par le cœur, *réceptacle de l'air inspiré*, avant d'être renvoyé par les artères à tout le corps, et notamment au cerveau par les carotides où il sera raffiné en pneuma psychique. Galien observe[4] qu'il faut du temps pour qu'un organe remplisse son office[5] ; que le cerveau transforme l'air inspiré en pneuma psychique ne se fait pas

1. *Ibid.*, VII, 7.12.

2. Lehoux 2007, p. 454.

3. Debru 1996, p. 3.

4. Rocca 1998, p. 222 qui cite le *De Usu Partium*, I, 392, de Galien.

5. Il donne plusieurs exemple : les vaisseaux testiculaires, eux aussi emberlificotés pour donner du temps à l'élaboration de la semence, les vaisseaux hépatiques à celle de la nourriture et les glandes mammaires à celle du lait. On reconnaît là le raisonnement par analogie fréquent chez Galien.

d'un coup, son élaboration est lente comme est lente la digestion de la nourriture. Issu des carotides internes, un fin réseau d'artérioles, situé à la base du cerveau, au-dessus du palais osseux et à l'extérieur de la dure-mère, entoure l'hypophyse et forme un merveilleux entrelacement, le *rete mirabile*. Ce *rete mirabile* existe bien comme une structure anatomique définie chez un certain nombre espèces animales, le chat, la chèvre, le bœuf, le cochon et le mouton et même l'oie. Mais chez l'homme le *rete mirabile* est un « mythe »[1]. Galien pratiquait la dissection chez de nombreux animaux, y compris le singe et le bœuf, mais jamais, parce qu'interdit pour diverses raisons, chez l'homme. Il fait donc confiance à Hérophile, médecin alexandrin de la fin du IVe siècle qui, selon lui, aurait été le premier à décrire cette structure anatomique. Abusé par un raisonnement analogique, il affirme sa présence chez l'homme sans jamais l'avoir vu, probablement trompé par son œil *fonctionnaliste* qui cherche dans l'anatomie ce qui est susceptible de suggérer le meilleur fonctionnement à l'organe étudié. La description qu'en donne Galien est précise, et comme son prestige est immense, le mythe du *rete mirabile* chez l'homme persistera jusqu'à ce que l'anatomiste bruxellois Andreas Vésalius l'écarte définitivement dans son ouvrage monumental *De humani corpori fabrica* de 1543.

Le *rete mirabile* (très probablement de bœuf) s'impose à l'œil expert de Galien : la structure entortillée de ce filet artériel suggère à ce fonctionnaliste résolu qu'elle offre le temps indispensable au processus de raffinage qui fera passer le pneuma de sa forme préliminaire de pneuma vital, fait de l'inhalation et de la vaporisation des humeurs dans les artères et le cœur, à sa forme achevée de pneuma psychique dans le plexus choroïde des ventricules[2]. Ce pneuma psychique, invisible, fabriqué dans les ventricules, où il réside, s'écoule par le fin canal que l'on peut observer (Galien semble le croire) dans tous les nerfs pour être acheminé vers les organes sensoriels et les membres périphériques. Galien décrit et situe à la base de la corne antérieure du ventricule antérieur (que nous appelons aujourd'hui ventricule latéral) l'origine du nerf optique dont la perforation, nous dit-il, est visible, même si elle est très difficile à discerner[3]. Par ce canal, le pneuma psychique s'écoule jusqu'aux yeux, avant d'être émis à l'extérieur. Galien en veut pour preuve que lorsqu'un œil est fermé, la

1. Gutierrez-Mahoney 1972.

2. Galien & De Lacy 1978, VII. 3.27-28.

3. Il faut pour cela : « [...] réunir trois conditions : que l'animal étudié soit grand, qu'il soit disséqué immédiatement après sa mort, que l'air ambiant soit brillant ». (Galien & De Lacy 1978, VII. 9).

pupille de l'autre se dilate pour permettre l'émission du pneuma que la fermeture du premier empêche[1]. Le pneuma est lumineux, à la façon du soleil, comme le prouve le fait que, non seulement certains yeux, ceux du chat par exemple, émettent de la lumière dans l'obscurité quand rien d'autre n'est visible. Chez les grands félidés : « lions, léopards, ou autres animaux dont l'œil est suffisamment lumineux, (on peut observer une tache de lumière sur leur bout de leur nez quand ces animaux le regardent, tache dont la taille est proportionnelle à la distance qui la sépare des pupilles). Cette tache claire témoigne de l'existence d'un cône lumineux qui va s'élargissant au fur et à mesure qu'il s'éloigne des pupilles »[2]. Galien est conscient d'une difficulté : le pneuma émis va se diluer et s'affaiblir en s'éloignant, comment pourrait-il alors atteindre des objets situés à de grandes distances, les étoiles par exemple que l'on voit la nuit dès qu'on ouvre les yeux ? Pour résoudre cette difficulté, il propose qu'au lieu de se disperser dans toutes les directions et sur de longs parcours, le pneuma psychique n'a besoin que d'atteindre la surface externe de l'œil où il altère l'air atmosphérique à son entour : « cette altération est transmise au loin – l'air ambiant étant, naturellement, un continuum, de telle sorte qu'en un instant l'altération s'étend à l'ensemble de l'atmosphère »[3]. Ce rôle du pneuma peut sembler proche de celui que les stoïciens avaient proposé. Il n'en est rien. Galien s'oppose en effet à Chrysippe :

> la vue utilise l'air comme un intermédiaire, non comme une canne avec laquelle l'aveugle prend connaissance des obstacles rencontrés sur son chemin [...], (il l'utilise) comme un membre homogène qu'elle incorpore ; si seule la vue a une telle capacité exceptionnelle, avec celle de voir par réflexion, on peut raisonnablement affirmer qu'elle a besoin du pneuma visuel lumineux qui, venant de l'œil, rencontre l'air environnant et le frappe pour ainsi dire se l'assimiler à soi-même[4].

Le pneuma visuel transforme l'air en un organe corporel sensible, véritable prolongement du nerf optique : le cerveau est au nerf ce que l'œil est à l'air. Il y a *vision* lorsque ce *nerf* pneumatique externe fait passer la sensation qu'il éprouve au pneuma psychique interne qui va de l'œil au cerveau. Pneuma psychique et pneuma externe sont de même genre ce qui rend possible le passage de l'un à l'autre.

1. Nous avons déjà rencontré cet argument, nous le retrouverons encore.
2. Galien & De Lacy 1978, VII. 1. 8-19.
3. *Ibid.*, VII. 5.7-8.
4. *Ibid.*, VII. 5.41 ; VII. 7.20.

Comment comprendre l'ensemble du processus général de la vision ? Partant des ventricules cérébraux, le pneuma psychique descend dans l'œil par le nerf optique, sort par la pupille pour frapper l'air adjacent et le transformer en un organe sensible qui s'étend instantanément sur de longues distances allant heurter les objets extérieurs. Mis en mouvement par les attributs spécifiques des choses ainsi touchées, au premier chef la couleur, il renvoie à l'œil les qualités visuelles qui l'ont ébranlé, repasse dans le pneuma psychique interne, pour les remonter jusqu'au cerveau, dans sa partie directrice, l'*hégémonikon* dans la terminologie stoïcienne, qui en fera la synthèse perceptive. Le flux visuel émis est complètement passif, il n'agit pas sur les objets extérieurs, il en est, au contraire, modifié. Cette modification en retour explique la perception.

Une telle théorie semble hautement fantaisiste, comment peut-on en effet concevoir qu'un rayon sorte de nos yeux pour aller au contact des objets extérieurs pour en prendre connaissance ? Une comparaison néanmoins permet d'en rendre le principe moins invraisemblable. Certains poissons « électriques » tropicaux, le *Gymnarchus niloticus* pour reprendre l'exemple proposé par Rudolf Siegel[1], éminent spécialiste de Galien, possèdent un organe sensoriel spécialisé dans l'*électroréception*, c'est-à-dire sensible aux courants électriques, capable de détecter les objets éloignés et peu visibles dans les eaux limoneuses où la visibilité est quasiment nulle, par les modifications qu'ils imposent à un champ électromagnétique émis en continu à partir d'un organe générateur d'électricité situé dans leur nageoire caudale. On peut également évoquer l'*écholocation*, mécanisme qui permet aux chauves-souris de localiser des objets non visibles au moyen d'ondes sonores émises par l'animal sous forme de cris à hautes fréquences (inaudibles à l'homme) et réfléchies par l'obstacle. Le *radar* des poissons électriques ou le *sonar* des chauves-souris montrent que la nature a pu doter certaines espèces animales de la capacité d'émettre une onde qui se déplace d'un endroit précis sur le corps où elle a été générée jusqu'à un objet extérieur, obstacle, proie ou congénère, situé à une certaine distance, qui en renvoie une réplique vers une portion sensible de son corps capable d'en recevoir l'écho.

La théorie pneumatique de la vision établit que le pneuma quitte le cerveau et l'œil pour se diriger vers un objet à examiner, ce n'est qu'au moment du contact entre les deux que commence le processus visuel proprement dit. Mais comment le pneuma pourrait-il être dirigé vers un objet si celui qui perçoit n'avait au préalable son attention attirée par

1. Siegel 1970, p. 264.

cet objet ? C'est-à-dire s'il n'avait la capacité d'orienter son regard vers certains objets du monde ? S'il n'avait au minimum une notion, même fruste, *que quelque chose se passe là qui demande à être vu*. Cette critique concerne toutes les théories extramissionnistes, notamment les théories mathématiques d'Euclide et Ptolémée.

Mais Galien n'est pas seulement le théoricien de la perception visuelle que nous venons d'évoquer. Il est aussi, dans le prolongement du grand anatomiste que nous connaissons (voir plus haut), celui qui systématisa de la façon la plus complète dans la période hellénistique « les yeux et leurs annexes », comme le proclame le Chapitre X de son ouvrage « *De l'utilité des parties du corps humain* »[1]

L'ANATOMIE DU SYSTÈME VISUEL

Les principales structures formant l'œil étaient déjà identifiées et dénommées dans un ouvrage écrit par un contemporain de Galien, Rufus d'Ephèse, dont on ne sait quasiment rien, sauf qu'il venait probablement d'Asie Mineure, qu'il vivait du temps de l'Empereur Trajan à la fin du Ier siècle, qu'il était enfin un médecin remarquable et reconnu comme une autorité par ses pairs. Il aurait été le premier à avoir décrit le chiasma optique, et le premier à avoir mis en évidence l'existence de deux ordres de nerfs, ceux du mouvement, les nerfs moteurs, ceux de la sensation, les nerfs sensitifs. Il doit sa connaissance étendue de l'anatomie à des dissections pratiquées chez le singe, pris comme modèle anatomique et biologique de l'homme.

Dans son ouvrage *Du nom des parties du corps humain* il détaille dans un style lapidaire mais suffisamment précis pour laisser penser qu'il ne s'agissait là que d'un résumé et que sa connaissance de la structure de l'œil était profonde et allait bien au-delà de cette simple énumération. On peut y lire :

> Des diverses tuniques de l'œil, la première (1), celle qui est apparente, se nomme χερατοειδής-kératoïedes, *semblable à de la corne* (cornée) ; quant au nom des autres, la seconde (2) membrane choroïde, est appelée semblable à un *grain de raisin* et semblable au *chorion* : elle est dite semblable à un grain de raisin, si on considère la partie qui est sous-jacente

1. Galien & Daremberg 1854-1856, vol. 1, p. 607.

à la cornée, car elle est, par sa face externe, lisse comme la peau d'un grain de raisin, et, par sa face interne, rugueuse comme l'intérieur de ce même grain ; la dénomination *semblable au chorion*, appartient à la portion qui tapisse le blanc (c'est-à-dire la sclérotique), attendu qu'elle ressemble, par l'entrelacement des vaisseaux, à la membrane qui entoure le fœtus (*il s'agit là de la choroïde*) ; la troisième (3) renferme l'humeur vitrée ; son nom ancien est *membrane semblable à une toile d'araignée* (arachnoïde) ; il lui vient de sa ténuité ; comme Hérophile l'a comparée à un filet ramassé, quelques médecins l'appellent rétiforme (rétine) ; d'autres l'appellent vitrée à cause de l'humeur qu'elle contient ; la quatrième tunique enveloppe l'humeur cristalline ; elle était d'abord anonyme, ensuite on l'a nommée lenticulaire, à cause de sa forme, et *semblable à du cristal*, à cause du liquide qui s'y trouve (capsule du cristallin)[1].

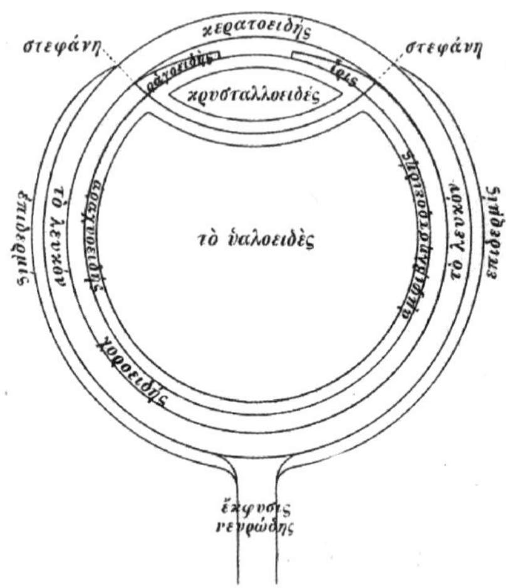

χερατοειδῆς	cornée
στεφὰνη	couronne
χρνταλλοειδὲς	cristallin
τὸ ὑαλοειδὲν	humeur vitrée
ἐπιδερμις	épiderme
τὸ λενχόν	sclérotique
χοροειδις	membrane choroïde
αραχνοειδὶς	arachnoïde
ἀμφιβληὀτροειδῆς	rétine

Figure 1 : Anatomie de l'œil selon une interprétation de Rufus d'Ephèse, (Source : Daremberg & Ruelle 1897)

Dans un tout autre style, plus prolixe, parfois confus dans son énumération des diverses tuniques de l'œil, Galien en offre cependant une description qui fera autorité pendant au moins quinze siècles, tant chez les savants arabes que chez les médecins et penseurs de l'Occident

1. Daremberg & Ruelle 1879, p. 154.

Chrétien. Galien décrit sept *couches* enveloppant le globe oculaire, adopte pour l'essentiel la nomenclature de Rufus et donne de précieux détails. Ces « couches » ne correspondent pas aux tuniques oculaires

χερατοειδής	cornée
χόρη πνενμα	pupille
χρνταλλοειδές	cristallin
χιτὼν σχληρός	sclérotique
χιτὼν χοροειδής	choroïde
ἀμφιβληότροειδὴς	rétine
τὸ ὑαλοειδὲν	humeur vitrée

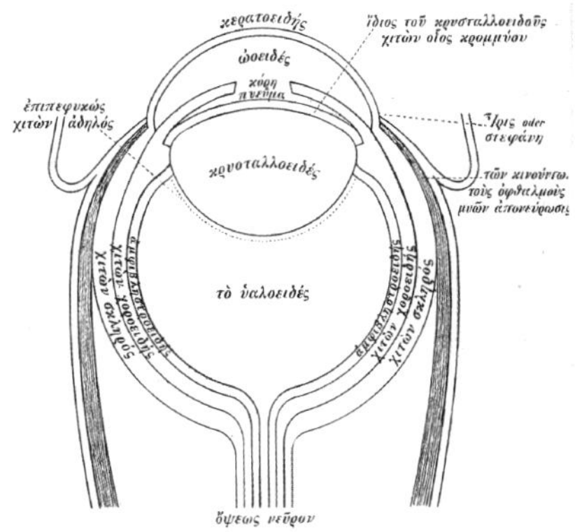

Figure 2 : L'œil selon Galien
(source : Galien & Daremberg 1854-1856)

telles que nous les identifions aujourd'hui, même si certaines portent encore le même nom ; ce sont plutôt des entités anatomiques que l'expérimentateur isole en pratiquant une dissection de l'œil. Ces couches se réunissent toutes au niveau d'une couronne que Galien appelle *iris*, lequel ne correspond pas vraiment à ce que nous appelons aujourd'hui iris, c'est-à-dire une fine membrane musculaire en forme de disque, glissée entre la cornée et le cristallin, percée d'une ouverture circulaire, la pupille (χόρη πνενμα-choré pneuma), dont le diamètre variable sert de diaphragme à l'œil. Pour Galien l'iris est une couronne sur laquelle s'insèrent, selon une description fort confuse, sept *cercles*, dont quatre sont *mous* : la rétine, le cristallin, la choroïde et l'humeur vitrée ; trois sont *durs*, la sclérotique, les tendons des muscles oculaires extrinsèques, enfin la conjonctive. Le caractère confus de cette description vient du fait que Galien ignore pratiquement tout de la structure des tuniques qui se terminent sur ces cercles, et qu'il considère le cristallin et l'humeur vitrée tantôt comme des humeurs, tantôt comme des tuniques qui concourent à former le cercle de l'iris ; il n'a pas une idée très claire de l'intersection entre la sclérotique et la cornée, inclut les aponévroses musculaires dans sa liste, enfin n'envisage qu'une fonction trophique pour la rétine.

Pour Galien, la *rétine* n'est pas à proprement parler une *couche*, une tunique ou enveloppe, mais l'expansion du nerf optique, lui-même excroissance du cerveau[1] qui s'affine et s'étire en entrant dans le globe oculaire, pour en tapisser l'intérieur et le recouvrir jusqu'à sa partie antérieure où elle fusionne avec la choroïde par le corps ciliaire et les ligaments suspenseurs du cristallin que Galien prend pour de fins vaisseaux. La rétine n'a pas de fonction sensorielle, mais, grâce à sa vascularisation importante[2], elle assure une fonction trophique, et sert seulement à *alimenter* l'humeur vitrée et, par transmission, le cristallin.

Le *cristallin* est l'organe avéré de la vision, c'est à son niveau que sont reçues les impressions des objets extérieurs. Cette idée est très généralement admise dans l'Antiquité et au Moyen Âge et constituera un véritable dogme jusqu'au début de l'époque moderne. La forme lenticulaire du cristallin non seulement permet son solide attachement dans le cercle de l'iris mais offre aussi une surface réceptrice plus étendue que celle d'une sphère ; cela impliquerait-il la formation d'une image dans le plan perpendiculaire à l'axe optique ? On peut l'imaginer étant donné l'adoption par Galien d'une géométrie visuelle euclidienne et son ignorance du phénomène de la réfraction : les rayons visuels non déviés se distribueraient sur la face antérieure du cristallin pour y dessiner une image. Il faudra attendre Ibn al-Haytham pour que l'idée d'une image esquissée, sur la face postérieure du cristallin cette fois-ci, soit explicitée (voir Chapitre 7).

Il a parfois été soutenu[3] que chez les anciens anatomistes le cristallin occupait une position centrale dans l'œil. Il n'y a cependant aucune preuve formelle d'une telle assertion, ni chez Rufus (voir Figure 1), ni chez Galien (voir Figure 2). Pour ces deux savants, le cristallin serait au contraire en contact direct avec l'iris, tout au moins en certaines de ses parties[4], ce qui le place en position antérieure. Chez ces auteurs également plusieurs structures oculaires (cornée, sclérotique, uvée, conjonctive, humeur vitrée, rétine, choroïde et des tendons musculaires) convergent sur une région complexe qu'ils appellent, faute de pouvoir en distinguer les détails, *couronne* (σεφάνη). Néanmoins, le fait notable que Vésale[5], encore en 1543

1. Galien & Daremberg, 1854-1856 : « (la rétine) [...]ressemble à un petit filet pour sa forme [...] Si vous l'enlevez et la ramassiez en boule, vous croirez voir précisément un morceau de l'encéphale détaché », vol. 1, p. 609.

2. *Ibid*, p. 609 « [...] elle paraît remplie d'artères et de veines beaucoup plus nombreuses et plus grandes qu'on ne le supposerait d'après son volume ».

3. Leffler *et al.* 2016.

4. *Ibid.*, p. 651.

5. Voir De Lacy 2011, p. 298.

dans La *Fabrique du corps humain*, situe le cristallin en plein centre d'un globe oculaire parfaitement sphérique (voir Figure 3) atteste cependant que l'idée selon laquelle le cristallin occuperait une position centrale dans l'œil était une hypothèse apparemment admise, peut-être était-elle héritée des savants arabes du neuvième siècle, en particulier Hunayn Ibn Ishāq (voir chapitre 6, figure 6).

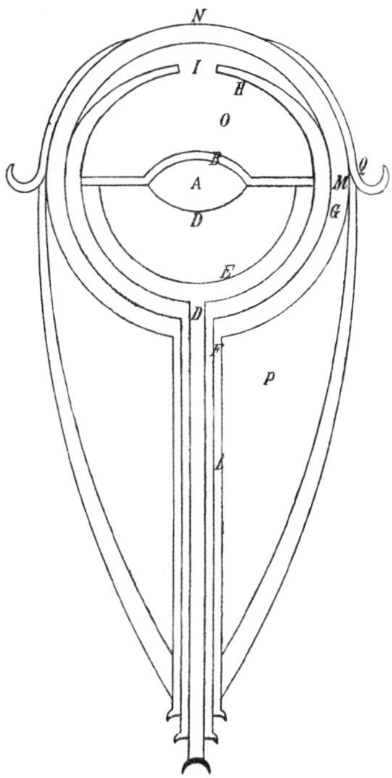

Figure 3 : Première Image d'une section de l'œil selon Vésale, *De Corporis Fabrica* (1543). Le cristallin (A) est situé en plein centre d'un globe oculaire circulaire (Source : gallica.bnf.fr / BnF)

La *sclérotique* (Χιτών σχληρός -χεροειδής, *Kitōn sclèros -kérœidès)* est l'enveloppe la plus externe de l'œil, la plus *dure* aussi ; opaque, elle provient de la dure-mère, protège la *choroïde* (χιτών χοροειδής, *kiton koroïdes*) qui, à son tour, protège la rétine (ἀμφιβλησροἑιδῆς-*amphiblesroéïdès*). Au niveau du pôle antérieur, la sclérotique se transforme pour donner naissance à une sorte de hublot transparent, la *cornée* (*χερατοιδής*-kératoidès) qui délimite avec le cristallin un espace rempli d'humeur aqueuse (ὠοειδἐς-ōoéidès) assurant une protection supplémentaire et amortissant les chocs qui peuvent frapper l'œil. Étant : « mince, dure et dense, elle devait nécessairement aussi être brillante, pour être très apte, comme les lames de corne polies avec soin, à transmettre la lumière »[1]. Rien ne s'oppose dès lors à ce que les rayons visuels atteignent le cristallin, véritable récepteur de la sensation visuelle.

Bien que Galien ne lui donne pas le nom que nous lui connaissons aujourd'hui de *chambre antérieure*, il décrit néanmoins l'espace situé entre la cornée et le cristallin, comme le décrirait le chirurgien ophtalmologiste de l'Antiquité opérant une cataracte :

> l'instrument (une aiguille en l'occurrence) qu'on introduit [...] dans l'espace situé entre la cornée et le cristallin...pour déplacer les suffusions (c'est-à-dire la cataracte) [...] se promène dans un large espace, en haut, en bas, de droite à gauche, en un mot à l'entour et de tous côtés sans toucher ni l'un ni l'autre de ces corps (cornée et cristallin), comme s'ils étaient séparés par un long intervalle[2].

Galien, à l'instar de tous les ophtalmologistes de l'Antiquité, ne réalise pas que la cataracte est une pathologie du cristallin lui-même, il la considère comme le simple épanchement d'un produit morbide dans l'espace situé entre la cornée et le cristallin.

La sclérotique est tapissée par la choroïde, elle-même tapissée par la rétine ; ces trois couches embrassent ensemble l'humeur vitrée ; elles s'arrêtent là où s'arrêtent toutes les tuniques, pour former l'*iris*. La face postérieure du cristallin est dépourvue de tunique pour permettre d'une part à l'humeur vitrée de remplir sa fonction nutritive, qu'elle reçoit elle-même de la rétine, d'autre part pour ne pas gêner la transmission de l'impression visuelle véhiculée par le pneuma optique.

Nous avons vu plus haut que le pneuma psychique, descendu des ventricules par la lumière du nerf optique, passe par la *pupille* (χόρη πνενμα-kōrè pneuma) ouverture dans l'iris. Dans sa description anatomique de l'œil, il suit fidèlement Rufus d'Ephèse dans un style moins sec, il détaille la :

> [...] tunique noirâtre, l'uvée [...] C'est le nom qu'on lui donne, la comparant, je pense, à un grain de raisin pour le poli extérieur (face antérieure ou iris proprement dit) et les inégalités intérieures (face postérieure ou uvée) [...] Le Créateur de l'homme, voulant empêcher la cornée de toucher jamais le cristallin par cette ouverture, a écarté un peu en dehors cette partie de la cornée ; il a de plus versé autour du cristallin

1. Leffler 2016, p. 615.
2. *Ibid.*, p. 620.

> un liquide ténu et pur (l'humeur aqueuse) comme il s'en trouve dans les œufs ; en troisième lieu, il a rempli toute la cavité de la pupille d'un air subtil et lumineux[1].

Cet air « subtil et lumineux » joue un rôle fondamental dans la théorie visuelle de Galien. J'ai déjà indiqué plus haut qu'à la différence de celui des Stoïciens, le pneuma psychique de Galien n'a pas à s'éloigner de l'œil pour *palper* les objets, il lui faut seulement atteindre sa surface externe pour qu'il frappe l'air atmosphérique adjacent le transformant de la sorte en un *organe corporel* ; répétons-le : l'œil est à l'air, ce que le cerveau est au nerf optique[2]. L'air ainsi transformé forme un *rayon visuel*, dirigé en ligne droite vers les objets extérieurs dont il perçoit les qualités ; ces qualités seront reconduites par le même trajet, en sens inverse, jusqu'au cerveau. Avec Aristote, Galien pense que l'objet sensoriel propre de la vision est la couleur ; contre Aristote, il pense qu'avec la couleur, la vue distingue aussi la taille et la forme, la position et la distance, c'est-à-dire des caractéristiques qui relèvent de l'analyse géométrique de la vision.

L'OPTIQUE GÉOMÉTRIQUE DE GALIEN

Galien n'ignorait pas les travaux des mathématiciens, notamment ceux qui proposent des théories géométriques de la vision directe, surtout Euclide, qu'il cite à plusieurs reprises, de même Héron, mathématicien et ingénieur de génie qui vivait à Alexandrie au Ier siècle de notre ère et également Ptolémée même si on ne trouve aucune référence directe à ce dernier auteur. Il aurait en effet pu le rencontrer lors de son séjour à Alexandrie, à l'époque où probablement Ptolémée rédigeait son *Optique*[3]. Si Galien se réfère si peu à la géométrie, c'est essentiellement, écrit-il[4], parce que ses auditeurs habituels, même les plus cultivés, considéraient ce genre d'approche peu pertinente, leur préférant des explications en termes *pneumatiques*. Néanmoins, il est conscient qu'il lui faut d'une certaine façon concilier sa propre théorie avec la tradition mathématique

1. Galien & Daremberg 1854-1856, vol. 1, p. 620.
2. Galien & De Lacy 1978, VII, 5. 32.
3. Galien séjourne à Alexandrie peu après 152 et jusqu'en 157. Ptolémée rédige son *Optique*, œuvre tardive, postérieure à *l'Almageste* publiée après 141 ; la publication de *l'Optique* se situerait, selon Smith 1996, p. 3, entre 160 et 170.
4. voir Siegel 1970, p. 67.

qui, depuis plusieurs siècles déjà, rend compte de façon satisfaisante de nombreux aspects de la vision directe de l'espace. C'est pourquoi il exhorte ceux de : « (ses) lecteurs qui possèdent les notions ordinaires de la géométrie […] à prendre un peu de patience ; ils comprendront que cette explication (géométrique) n'est pas complètement dénuée d'intérêt »[1].

Ainsi, il s'efforcera, sans y parvenir véritablement, de comprendre la perception de la distance par la géométrie pour admettre en fin de compte qu'on apprécie essentiellement la distance à laquelle se trouvent les objets par leurs tailles apparentes et par les variations de nuance des couleurs, faisant ainsi l'économie d'une explication mathématique mais reconnaissant par là même que l'expérience acquise, qui seule permet d'acquérir la signification de ces indices, doit jouer un rôle déterminant dans cette perception. Avec Ptolémée, il considère, même s'il n'en donne aucune raison logique ou physiologique, que la longueur du rayon visuel entre l'œil et l'objet vu peut être directement appréhendée : « […] ce qui est vu par un rayon plus long se voit plus loin lorsque la différence de longueur est sensible »[2]. A l'instar, de tous les mathématiciens qui ont écrit sur les conditions de la vision (directe), il admet, comme une évidence qui s'impose d'elle-même, que les rayons visuels sortant de l'œil forment un cône dont la base épouse la forme des objets. Il semble en revanche moins à l'aise avec les rayons entrants qui divergent depuis leur point d'origine au niveau de l'objet jusqu'à leur entrée dans l'œil. Galien en effet sait pertinemment que les rayons issus d'un objet distant divergent, comment dès lors pourraient-ils converger au niveau de l'œil ? Pour lui néanmoins, cette difficulté n'a pas lieu d'être soulevée, puisque, selon sa théorie, qui ignore tout de la réfraction[3], seuls les rayons situés au centre du cône visuel peuvent être responsables de la perception visuelle : ils reviennent, suivant une sorte de principe du retour inverse de la lumière, à leur point de départ dans l'œil dans lequel ils pénètrent pour aller, toujours en ligne droite, jusqu'au nerf optique pour remonter jusqu'au cerveau. L'idée selon laquelle le pneuma, après avoir été émis par l'œil, y retourne en ligne droite, témoignerait du souci de Galien à concilier sa théorie qualitative pneumatique avec un traitement géométrique de la vision[4]. Cette idée d'un trajet bidirectionnel de l'œil à l'objet et de l'objet à l'œil se trouve

1. Galien & Daremberg 1854-1856, vol. 1, p. 638.

2. Lejeune 1989, II 26.

3. Ptolémée lui même, bien que connaissant le phénomène de la réfraction, n'accorde dans sa conception de la vision aucun rôle aux rayons obliques, voir Siegel 1970b, p. 91 et plus bas.

4. Siegel 1970a, p. 275 ; 1970b, p. 90.

chez Ptolémée : « Nous disons (donc) que ceux-ci {les visibles, c'est-à-dire les objets susceptibles d'être vus} se présentent suivant deux points de vue : l'un en fonction de la constitution de l'objet visible, l'autre en fonction de l'action de la vue »[1]. Il est habituel quand on traite de géométrie, surtout devant un auditoire peu formé à cette discipline, de s'aider de schémas ; nous savons, par ses notes autobiographiques que Galien y recourait, mais aucun de ses propres dessins ne nous est parvenu. Les premiers apparaissent au XVIe siècle dans des traductions latines[2] et se retrouvent, sensiblement modifiés, au XIXe siècle dans l'édition de Daremberg que nous avons utilisée et, finalement, réinterprétés, dans l'ouvrage que Siegel consacre à la perception sensible chez Galien[3]. Les schémas qui nous sont ainsi parvenus sont essentiellement destinés à illustrer deux faits. Tout d'abord que : « [...] chacun des objets vus, n'est pas vu seul ni isolé, mais qu'on aperçoit quelque chose autour de lui [...] »[4]. Sur la Figure 4, on remarquera que :

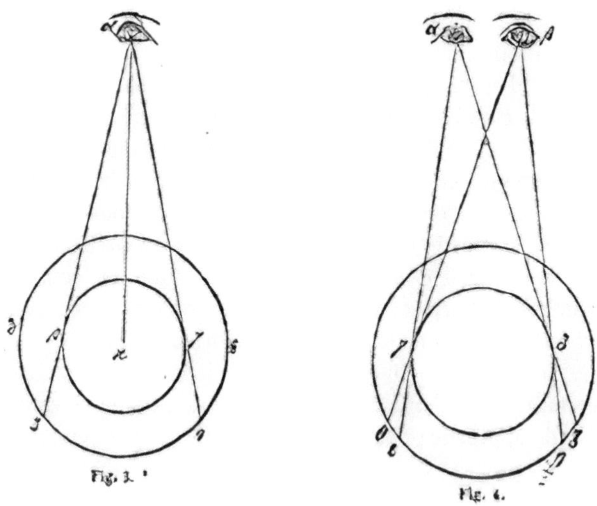

Figure 4 : Galien et les visibles
(Source : Galien & Daremberg 1854-1856, vol. 1, p. 641)

1. Lejeune 1989, *op. cit.*, Livre II, 3. Siegel 1970b, dans sa traduction p. 92 : « *We say that (vision) exists in two phases : one corresponding to the disposition of the object to be seen, the other to the visual act* », offre une nuance plus galénique que celle de Lejeune.

2. Boudon-Millot 2004, sur l'histoire des schémas optiques galéniques.

3. Siegel 1970b, p. 105.

4. Galien & Daremberg 1854-1856, vol. 1, p. 640.

> […] une partie des rayons {issue de la pupille en α} qui enveloppe un objet en β et γ, tombent parfois en se prolongeant βξ, γη sur un des corps placés au-delà de l'objet en question δε, et parfois sur un corps situé près de lui[1].

Ensuite, on peut voir :

> Que l'objet n'est pas vu par un œil au même endroit que par l'autre œil, ni par les deux yeux au même endroit que par un seul œil, mais que l'œil droit voit à un endroit, l'œil gauche à un autre, et que les deux ensemble voient encore à un troisième[2].

Ces deux faits d'expérience n'ont pas d'explication *pneumatique* satisfaisante ; il fallut à Galien l'aide opportune du dieu de la médecine déjà convoqué, Asclepius, qui, dans un rêve, le convainquit d'administrer à ses auditeurs et lecteurs quelques règles d'optique géométrique permettant d'expliquer pourquoi, avec deux yeux on ne voit pas double, pourquoi, quand on regarde un objet on voit aussi ceux qui l'entourent, et pourquoi un objet regardé avec l'œil droit semble faire un brusque pas de côté quand on le regarde avec l'œil gauche.

Ces explications mathématiques sont essentiellement euclidiennes, même si, dans d'autres passages, l'influence de Ptolémée pourrait se faire sentir. Mais c'est bien ce dernier qui portera l'optique géométrique de l'Antiquité à son stade ultime ; Galien est son contemporain, sans qu'on puisse dire qu'il connaissait son travail (voir plus haut). Mais il est avant tout un médecin, pratiquant une ophtalmologie tournée, comme il se doit, vers le diagnostic et le traitement des affections oculaires, c'est un anatomiste hors pair dont la description des tuniques oculaires fera autorité pendant des siècles ; pourtant sa physiologie de la vision n'est pas totalement convaincante (ni dénuée de contradictions[3]). Il est féru de philosophie, on dit de lui qu'il est un aristotélicien habillé en stoïcien, son éclectisme, dont il se réclame ouvertement, ne lui permet cependant pas de concilier son approche pneumatique avec celle des mathématiciens.

1. Galien & Daremberg 1854-1856, vol. 1, p. 640.
2. *Ibid.*
3. Siegel 1970a.

CHAPITRE 4

L'OPTIQUE GÉOMÉTRIQUE D'EUCLIDE À PTOLÉMÉE

EUCLIDE D'ALEXANDRIE

L'optique est, sans doute, avec l'astronomie, l'une des plus brillantes disciplines de l'Antiquité, sa mathématisation, dès le début de la période hellénistique, n'est probablement pas étrangère à cette condition. Déjà, vers l'an 300 avant notre ère, une génération seulement après celle d'Aristote, Euclide offre une théorie remarquablement convaincante des raisons pour lesquelles les objets extérieurs apparaissent à l'œil d'un observateur diversement disposés les uns par rapport aux autres, les uns proches, les autres lointains, de petite ou de grande taille.

Sur Euclide lui-même on ne sait pratiquement rien. Deux faits cependant semblent bien établis. Le premier est qu'il écrivit probablement après les premiers élèves qui succédèrent à Platon, Eudoxe notamment, grand mathématicien et astronome né à Cnides (aujourd'hui en Turquie) en 408 av. J.-C., et avant celle où Archimède[1] atteignit son apogée. Le second fait attesté est qu'il résida à Alexandrie. Selon Proclus de Lydie, philosophe néoplatonicien du Ve siècle de notre ère, c'est-à-dire plusieurs siècles plus tard, qui rapporte, dans ses *Commentaires sur le premier livre des Éléments*[2], qu'Euclide enseignait à Alexandrie sous le règne de Ptolémée I Soter (367-283 av. J.-C.), premier *diadoque*, ou *successeur*, après le partage de l'Empire d'Alexandre le Grand[3], qui régna en Égypte

1. Né à Syracuse vers 287 av. J.-C.
2. Ver Eecke 1948, p. 61-62.
3. Général d'Alexandre le Grand (356-323) fondateur de la dynastie macédonienne des Ptolémée (ou Lagides) qui gouvernera l'Égypte jusqu'à la conquête romaine en août 30 ap. J.-C.

à partir de 305 av. J.-C. Ce dernier pourrait l'avoir invité dans sa ville à l'occasion de l'édification de la célèbre bibliothèque, le Museion. Il serait de la sorte le fondateur de l'école mathématique d'Alexandrie, ouvrant la voie aux travaux d'Archimède et d'Eratosthène de Cyrène.

Euclide doit son immense renommée à un véritable monument des mathématiques, les *Éléments*, qui, outre une synthèse des connaissances acquises en cette discipline au début de l'époque hellénistique, offre la première exposition systématique, sous forme de propositions logiquement déduites d'un petit nombre de principes reconnus comme évidents, les postulats ou axiomes[1], de ce qui demeure encore aujourd'hui, après de nombreuses discussions, révisions et corrections, sous le nom de « géométrie euclidienne ». Pour l'auteur de l'article « Euclide » du *Dictionary of Scientific Biography*, Les *Éléments* auraient exercé sur l'esprit humain une influence qui n'a jusqu'ici été surpassée que par celle de la Bible[2]. Dans l'Antiquité même, ils furent l'objet de nombreux commentaires de la part des grands mathématiciens[3] ; pourtant l'ouvrage semble irrémédiablement perdu. Il fallut attendre la fin du IVe siècle ap. J.-C. pour que Théon d'Alexandrie, mathématicien et dernier directeur de la Bibliothèque d'Alexandrie, le Museion dont nous avons parlé plus haut, en édite une version critique, connue sous le nom de *Recension de Théon* (*Recensio Theonis*), dont on a l'impression qu'elle : « n'est ni corrective ni complétive ; qu'elle interprète le texte original d'Euclide dans un verbalism plus concis, mais beaucoup moins rigoureux »[4]. Cette recension demeure quasiment inchangée jusqu'à ce que François Peyrard (1760-1822), bibliothécaire à l'École Polytechnique, identifie dans le butin que Napoléon ramène du Vatican, au retour de sa campagne d'Italie, un manuscrit, le « *Vaticanus graecus 190* ». Cette version de la recension de Théon est probablement la plus ancienne ; Peyrard la traduisit en latin et en français pour la publier en 1804.

Cet ouvrage servira de base, à la fin de ce XIXe siècle, à l'édition de référence (incontournable sinon définitive) de Heiberg[5]. Cette œuvre eut une influence énorme sur l'histoire des mathématiques, sa méthode déductive rigoureuse est, pour son temps, un modèle d'exposé scientifique, il était donc naturel qu'Euclide adopte la même méthode quand il proposera

1. Qui ne sont pas sans suggérer une influence d'Aristote et de *ses notions communes*.

2. Tonner 1975.

3. Héron et Pappus, tous deux d'Alexandrie, Porphyre, Proclus, Simplicius, Geminus, en particulier.

4. Ver Eecke 1959, p. XXXVIII.

5. Ver Eecke 1959, p. 52.

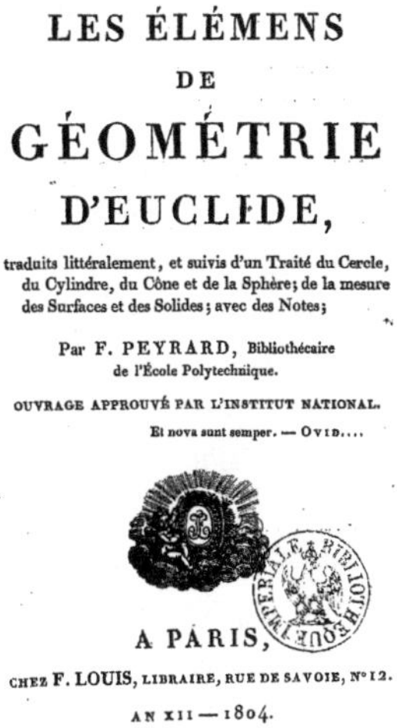
LES ÉLÉMENS
DE
GÉOMÉTRIE
D'EUCLIDE,
traduits littéralement, et suivis d'un Traité du Cercle, du Cylindre, du Cône et de la Sphère; de la mesure des Surfaces et des Solides; avec des Notes;
Par F. PEYRARD, Bibliothécaire de l'École Polytechnique.
OUVRAGE APPROUVÉ PAR L'INSTITUT NATIONAL.
Et nova sunt semper. — OVID....
A PARIS,
CHEZ F. LOUIS, LIBRAIRE, RUE DE SAVOIE, N° 12.
AN XII — 1804.

Figure 1 : Frontispice de l'ouvrage de Peyrard, 1804
(Source : gallica.bnf.fr / BnF)

son traité, *Optica* (Oπτικά) qui en suivra le même style d'exposition. Ignorant la physique de la lumière tout autant que la psychologie de la vision (connaissant néanmoins les philosophes, notamment Aristote), il s'en tient à ce qui peut être traduit géométriquement : partant de quelques postulats : « tout juste nécessaires d'où sortent, par voie déductive et avec une rigueur toute mathématique, une série de théorèmes de forme traditionnelle [...] cette Optique n'est encore qu'un traité de perspective »[1]. Proclus, dans ses *Commentaires*, résume bien le projet de l'optique euclidienne qu'il définit en disant qu'elle :

> [...] fait usage de lignes de vision et des angles que celles-ci établissent. Elle se divise, d'une part, en optique proprement dite qui explique la cause des apparences faussées d'après les choses vues : par exemple la cause de la rencontre des parallèles et celle des carrés contemplés comme étant des cercles ; d'autre part en Catoptrique qui s'occupe tout entière des réflexions des objets ; d'autre part encore de ce qu'on appelle la Scénographie qui enseigne à faire voir dans les images des objets non déformés ni disproportionnés par la distance et la hauteur du dessin[2].

1. Lejeune 1948, p. 174.
2. Ver Eecke 1948.

L'optique proprement dite est l'étude géométrique de la vision *directe*, portée par les rayons visuels émis par l'œil suivant un trajet rectiligne assimilable à un segment de droite ; la catoptrique est l'étude des cas où ce rayon est brisé après avoir heurté un miroir qui le réfléchit ou qu'il pénètre un milieu qui le réfracte. Albert Lejeune, éminent spécialiste de l'optique antique, éditeur et traducteur d'Euclide et de Ptolémée, avance l'idée selon laquelle l'optique tire son origine des techniques de mise en scène[1], la scénographie[2], qui existent depuis longtemps dans le monde antique grec pour les décorations lors des fêtes en l'honneur de Dionysos et développées pour accompagner les représentations d'Eschyle et de Sophocle.

L'*Optique* débute par sept postulats qui règlent tout l'édifice euclidien. Les trois premiers en fixent le cadre géométrique. Selon le premier (postulat 1), en partie d'inspiration platonicienne, la vision procède de rayons visuels issus de l'œil, qui se propagent en lignes droites et divergent de manière à embrasser sous leur angle une grandeur regardée ; pour le deuxième (postulat 2), ces rayons se rassemblent pour former un cône dont le sommet est à l'intérieur de l'œil, la base étant le contour de la grandeur regardée ; enfin, pour le troisième (postulat 3), les grandeurs sont vues ou non vues suivant qu'elles sont ou non touchées par les rayons visuels ; il en découle que, s'écartant les uns des autres en se propageant, les rayons visuels n'exercent pas de vision sur les parties des corps situés dans leurs intervalles. Cette conséquence est erronée, elle découle du caractère supposé discret des rayons visuels, Ptolémée corrigera cette erreur.

Le quatrième postulat, avec les deux suivants, complètent le traitement géométrique, ils établissent une relation entre la grandeur apparente des objets et la grandeur de l'angle visuel, d'où il suit que la taille apparente d'un objet étant définie par la séparation des rayons qui tombent sur ses extrémités et sa position par la localisation des rayons dans le cône par lesquels il est perçu. Enfin le postulat sept pose que les objets vus sous des angles visuels plus nombreux apparaissent plus distinctement.

1. Lejeune 1948, p. 172.

2. Voici ce qu'en dit Vitruve au Iᵉʳ siècle av. J.-C. : Vitruve : « C'est d'abord Agatharque qui, lorsqu'Eschyle faisait connaître la bonne tragédie, faisait des décorations pour le théâtre d'Athènes, et laissa le premier un travail sur cette matière. A son exemple, Démocrite et Anaxagore écrivirent sur le même sujet ; ils ont enseigné comment on pouvait d'un point fixe, donné pour centre, si bien imiter la disposition naturelles des lignes qui sortent des yeux en s'élargissant, qu'on parvenait à faire illusion et à représenter sur la scène de véritables édifices qui, peints sur une surface droite et unie, paraissent les uns près, les autres éloignés » (Vitruve. *L'Architecture*, traduction nouvelle par M. Maufras, Paris, 1874, cité par Ver Eecke 1959, p. x).

Ces postulats sont suivis de 58 propositions dont *quelques-unes sont radicalement fausses, d'autres évidentes, d'autres vraies et démontrées géométriquement.* S'interdisant tout autre procédé qu'axiomatique, procédant, pas à pas, de définitions admises comme évidentes à des propositions démontrées, des théorèmes, il se condamne à la seule considération des données brutes – angles et direction – du cône visuel. Il n'y a aucune élaboration mentale qui pourrait leur donner une signification psychologique ; l'*Optique* d'Euclide fait de la perception visuelle de l'espace une sensation immédiate complète en elle-même, elle : « n'est encore qu'un traité de perspective. Elle ignore systématiquement tout aspect physique ou psychologique du problème de la vision. Elle s'en tient à ce qui peut être traduit géométriquement [...] »[1]. Pourtant Euclide, en dépit d'un effort louable pour s'en tenir au géométrique, ne peut éviter d'entrer dans le domaine de la physique et même de la psychophysiologie : les rayons visuels que l'œil émet doivent être physiques pour pouvoir saisir les objets de la vue. De plus, étant donné la séparation entre les rayons, un objet ne peut être visible d'un seul coup dans sa totalité, en outre, et selon la même logique, il ne sera pas vu s'il est éloigné à une distance telle qu'il tombe entre deux rayons adjacents ; enfin, un objet sera vu avec d'autant plus de netteté qu'il sera intercepté par plus de rayons... Autant d'énoncés qui présupposent un caractère physique aux rayons visuels.

En dépit de ces incursions sur le terrain physique, le choix délibéré d'Euclide est de s'en tenir, autant qu'il est possible, à la seule description géométrique. Ses incursions sont pour lui sans doute légitimes, et donc peu choquantes, car il n'a pas oublié que l'optique, avec l'harmonie et l'astronomie, est la branche la plus physique des mathématiques : « la géométrie étudie la ligne physique, en tant qu'elle n'est pas physique ; au contraire, l'optique étudie la ligne mathématique, non en tant que mathématique, mais en tant que physique »[2]. Explications physiques (ou psychophysiques) et explications mathématiques sont plus complémentaires que contradictoires. En outre, le traitement géométrique a fait pendant des siècles le succès de la théorie de l'émission d'un rayon visuel. Encore au début du XVIe siècle, l'optique, considérée comme le traitement mathématique des lignes et des angles, et la perspective, celui de l'apparence des choses, étaient synonymes.

1. Lejeune 1948, p. 172.
2. Aristote 1926, II, 194a.

Claude Ptolémée

Il faudra attendre Claude Ptolémée au IIe siècle de notre ère pour que l'optique commence à être expérimentale et que les rayons visuels constituant le cône visuel gagnent en réalité physique et forment, à la différence des lignes mathématiques discontinues d'Euclide, un faisceau continu de radiations. Pendant les presque cinq siècles qui séparent Euclide de Ptolémée, très peu d'ouvrages consacrés à l'optique ont survécu[1], mais ce qu'ils contenaient, Ptolémée l'a probablement incorporé dans son *Optique* sans mentionner explicitement ses emprunts, comme il était courant de le faire à cette époque.

On ne connaît que très peu de choses sur la vie de Ptolémée. Né vers la fin du Ier siècle de notre ère, en Haute Égypte, à *Ptolemais Hermiou* (aujourd'hui *El-Manshâh*), on admet qu'il passa sa vie à Alexandrie, sous le règne de l'Empereur Hadrien (117-138) et celui de Marc Aurèle (161-180). Ptolémée, dont le patronyme indique une origine grecque et son prénom, Claude, qu'il possédait la citoyenneté romaine, meurt à Alexandrie en 168.

Son grand ouvrage, très probablement son premier[2], d'abord écrit en grec, est intitulé *Syntaxe mathématique*. Il s'agit d'une compilation de l'astronomie de l'Antiquité, qui circulait sous le nom de *la grande compilation* (ἡ μεγίστη, le mégiste, le plus grand) dont la translittération en arabe est al-majistī qui deviendra en latin médiéval *almajesti* (ou *almajestum*), pour finalement rester sous le nom d'*Almageste*. Plusieurs traductions latines nous sont parvenues, la plus ancienne ayant été faite en Sicile aux alentours de 1160 directement à partir du texte original grec. L'*Almageste* est une encyclopédie des connaissances accumulées depuis la naissance de cette science. L'ouvrage expose, s'appuyant sur la géométrie euclidienne, et sur les travaux de celui dont il fut, dit-on, l'exécuteur testamentaire, Hipparque de Nicée[3], qu'il cite à maintes reprises. Il propose une théorie des mouvements des corps célestes, soleil, lune, Mercure, Vénus, Mars, Jupiter et Saturne, ainsi que ceux des étoiles fixes posées sur une sphère concentrique à la terre. S'appuyant sur un modèle géométrique et des observations bien choisies, il calcule les paramètres numériques permettant de déterminer les mouvements de ces objets célestes. C'est ce modèle géocentrique, certes compliqué, avec son déférent et ses épicycles,

1. A l'exception de certains écrits sur les miroirs ardents, notamment ceux d'Apollonius de Perga (262-190), Anthemius, Dioclès, ou Didyme (voir plus loin).

2. Tonner 1975.

3. Mathématicien du IIe siècle av. J.-C. originaire de Nicée en Bithynie, aujourd'hui Iznik en Turquie. A découvert la précession des équinoxes.

mais relativement efficace dans ses prédictions, qui en assurera l'immense succès jusqu'à ce qu'il soit définitivement détrôné, treize siècles plus tard, par le modèle héliocentrique de Copernic.

L'*Optique* fut un des derniers ouvrages de Ptolémée, écrit probablement entre 160 et sa disparition[1]. Elle n'est pas à proprement parler, comme l'*Almageste* un : « [...] classique. Elle n'en représente pas moins le stade final du développement de l'optique grecque et, à ce titre, est, sans conteste, une source de toute première importance »[2].

L'original grec de l'*Optique* est, semble-t-il, irrémédiablement perdu depuis une date inconnue, antérieure cependant au IXe siècle. A cette époque, il existait des recensions arabes issues du grand mouvement de traductions des chefs-d'œuvre de la science et de la philosophie grecques au temps des califes abbassides de Bagdad (voir chap. 5). De ces recensions, au moins deux circulaient encore au début du XIIe siècle. L'Emir Eugène de Sicile, haut fonctionnaire érudit du Royaume Normand des Deux Siciles, choisit de traduire, sur des critères qu'il ne précise pas, celle qui lui paraissait la meilleure, même si elles étaient l'une et l'autre amputées de la totalité du premier et d'une bonne moitié du cinquième et dernier Livre. Cette traduction, éditée et imprimée pour la première fois à la fin du XIXe siècle en Italie, servit de base à la version critique d'Albert Lejeune publiée en 1956[3], grâce à laquelle nous avons un témoignage fidèle de l'ouvrage authentique de Ptolémée.

Ptolémée retient l'essentiel des bases fondamentales des théories visuelles de l'Antiquité, platoniciennes dans leur essence, de type majoritairement *extramission*, notamment qu'un flux visuel est émis par l'œil produisant sensation et perception visuelle par contact avec un objet coloré imprégné de lumière, il considère que le rayon visuel peut être assimilé à une ligne droite et que l'ensemble des rayons forme un cône dont le sommet est dans l'œil et la base sur l'objet. En ce sens il est l'héritier de toute la tradition grecque de l'optique, mais il marque sa différence en restituant au rayon visuel son caractère qualitatif et physique qu'il n'avait pas avec Euclide. Ce faisant, sa théorie perd en rigueur mathématique, elle clôt en quelque sorte l'histoire de cette tradition purement géométrique[4]. Elle en marque le stade final pour reprendre l'heureuse expression d'Albert Lejeune[5].

1. Voir *supra*, chap. 3, p. 79, n.3.
2. Lejeune 1989, p. 5*.
3. Lejeune 1956, 1989.
4. Les théories *extramissionnistes* persisteront sous une forme psychophysique jusqu'au Xe siècle, dans le monde arabe et même au-delà dans le monde occidental.
5. Lejeune 1948.

Ptolémée énumère tôt dans son *Optique*[1] les objets que la vue connaît : *le corps, la grandeur, la couleur, la forme, la position, le changement et le repos*. On reconnaît dans cette liste l'influence d'Aristote (voir chap. 2) et sa notion de sensible propre, pour la couleur, et de sensibles communs pour les autres visibles. En distinguant les facteurs objectifs des facteurs subjectifs, qui concourent à la saisie visuelle des objets visibles, Ptolémée montre son esprit analytique. Il affirme en effet qu'il y a deux façons de comprendre comment opère la vision des choses visibles (*rei vidende*) : l'une « fonction de la constitution de l'objet physique, l'autre en fonction de la vue »[2]. L'acte perceptif se déroule en trois étapes selon un schéma globalement aristotélicien. Tout d'abord, un moment purement physique, objectif, comprenant l'émission par l'œil d'un flux visuel qui entre en contact physique avec l'objet extérieur. Ce dernier doit être suffisamment dense, pour faire obstacle aux rayons qui le touchent : « pour arrêter le flux visuel, pour que la force qui s'y fixe ne le traverse pas sans effet incident […] mais la densité seule ne suffit pas, il faut encore que […] les objets offerts à la vue (soient) de quelque façon lumineux, ou d'eux-mêmes ou par éclairement extérieur »[3].

Cependant, densité et luminosité ne suffisent toujours pas. Vient alors le moment sensible, mais encore objectif : « ce qui est vu ce sont les couleurs […] la vue connaît les couleurs lumineuses immédiatement […] la couleur doit être le sensible propre de la vue, et c'est pourquoi la couleur est ce qui est vu immédiatement après la lumière »[4]. La couleur est bien l'objet propre de la vision. Le flux visuel subit la coloration de l'objet contacté dès que celui-ci est touché : « le premier objet sensible (est) une propriété de la surface des objets qui sont vus »[5]. Ainsi la couleur est non seulement l'objet propre de la vision mais aussi une qualité inhérente de la surface des objets extérieurs ; par elle nous accédons aux propriétés spatiales de l'objet telles que sa surface les révèle, elle marque les frontières qui séparent l'objet du fond et les différents objets les uns des autres. Si le flux visuel interagit avec la couleur dans le monde extérieur, il est néanmoins purement passif, strictement réceptif, il n'affecte en rien les choses extérieures, il en est au contraire affecté parce qu'il partage avec la lumière quelque chose, il est, comme aurait dit Aristote, du même

1. Dans le Livre II, 2. Le Livre I perdu abordait en détail les questions de la nature de la lumière et du flux visuel, livre reconstruit par al-Haytham, perdu à nouveau, puis reconstruit à nouveau par Lejeune 1948, p. 15 *sq*.

2. Lejeune 1956, II, 3.

3. *Ibib*., II, 4.

4. *Ibid*., II 5, 7 et 13.

5. *Ibid*., II, 12.

genre. « La lumière et la couleur deviennent une manière d'être l'une pour l'autre, le lumineux étant leur genre (commun). La couleur devient lumineuse quand la lumière tombe sur elle, tandis que la lumière, quand elle se colore, change manifestement »[1].

Mais le flux visuel n'est pas seulement une sorte de bras qu'on déplierait pour aller toucher les objets[2] et sentir leur couleur. S'il perçoit directement la couleur, il perçoit également la *distance* à laquelle se trouve la surface de l'objet coloré contacté, en vertu d'une connaissance *quasi* intuitive de la longueur du rayon visuel[3] ; il perçoit également la *taille* de l'objet par les angles que forment les rayons visuels qui l'embrassent. Ce rayon visuel n'est chez Ptolémée qu'une abstraction mathématique, une fiction analytique commode. A la différence d'Euclide chez qui il est discret et dépourvu de tout caractère physique et qualitatif, simple ligne de visée réifiée, il acquiert chez Ptolémée une épaisseur, comme un trait inscrit sur une surface matérielle. Les discontinuités dans le champ de vision sont ainsi évitées. Il permet des constructions géométriques et justifie la distinction de différents trajets au sein du cône visuel, notamment le rayon central des rayons périphériques, sans remettre en cause son caractère continu. En outre, le flux visuel est conçu comme constitué de particules, le rayon se réduisant dès lors à la trajectoire d'une radiation virtuelle et non à une ligne droite discrète mathématique. Ce modèle dynamique s'avérera très utile lorsqu'il s'agira de traiter de la réflexion et de la réfraction. La force du rayon s'affaiblit au fur et à mesure de son éloignement de la source située au vertex du cône que Ptolémée place à l'intérieur de l'œil. L'acuité visuelle diminue donc avec cet affaiblissement progressif. « Lorsqu'un objet très petit n'est pas vu à cause de sa petitesse, cela ne lui arrive pas parce qu'il tombe dans un intervalle entre rayons visuels (comme le pensait Euclide pour qui les rayons étaient discrets), [...] il faut au contraire savoir que la nature du rayonnement visuel, au niveau de la sensation, est nécessairement continue et non discrète »[4]. Cette force, et par conséquent l'acuité visuelle, diminue également avec l'obliquité du rayon, plus il est éloigné de l'axe plus elle est faible. On s'en rend facilement compte en remarquant que lorsqu'on veut voir un objet avec précision, on le balaye du regard pour que chacun des points qui le constituent soit impacté par le rayon central. C'est également ainsi qu'on

1. *Ibid*, , II, 13, Lejeune 1989.

2. Lejeune 1956, II, 67.

3. On peut imaginer une sensibilité de type proprioceptive, analogue à celle qui nous fait percevoir la distance à laquelle s'étend notre bras, même si celui-ci est caché à la vue.

4. *Ibid*. II, 50.

perçoit la concavité ou la convexité d'une surface, un peu à la façon dont on en a la sensation quand on la palpe avec la main[1].

La connaissance immédiate de la distance qui sépare l'œil de l'objet vu et celle de l'écartement des rayons visuel par rapport à l'axe du rayon principal fournit le système de coordonnées dans lequel les objets extérieurs sont définis en termes de localisation, de taille, de forme et de mouvement. Un seul œil suffit pour voir correctement. Pourtant : « [...] Il semble encore que la nature a établi la vue double (c'est-à-dire binoculaire) pour que nous puissions voir mieux et pour que notre vision soit coordonnée et fixée »[2].

La vision binoculaire, dont l'étude semble avoir été négligée dans l'antiquité, à l'exception de la Proposition XXVI des *Éléments* qui énonce : « Si l'écartement des yeux est plus grand que le diamètre de la sphère, on verra plus que l'hémisphère de la sphère »[3]. Euclide reconnaît de la sorte, mais sans en dire davantage, que les champs visuels de chacun des deux yeux ne sont pas strictement superposés et qu'il existe une zone latérale qui n'est vue que par l'œil situé du même côté. Cette zone, que nous connaissons aujourd'hui sous le nom de *croissant temporal*, rend l'objet vu avec les deux yeux plus grand que lorsqu'il n'est vu que par un seul œil. On pourrait dès lors se demander comment avec deux yeux on ne voit qu'un seul objet et non deux, un pour chaque œil, en d'autres termes comment se fait la fusion binoculaire des deux images monoculaires. C'est Ptolémée qui aborde ce problème et le traite avec une méthodologie expérimentale qui n'a rien à envier aux méthodes d'une psychologie expérimentale des plus modernes.

Ptolémée reconnaît en effet que lorsqu'un observateur : « regarde un objet avec les deux yeux, (celui-ci) apparaît en un seul lieu s'il le perçoit avec des rayons correspondants, à savoir qui ont dans les deux cônes visuels une position semblable et égale par rapport à leur axe propre. Cela est réalisé quand les axes des deux cônes se fixent sur un seul et même objet, comme cela se passe quand nous regardons ordinairement les objets et de la manière dont il nous est donné par la nature de fixer soigneusement »[4].

Dans les conditions normales, les deux axes visuels convergeant sur un point donné, les deux cônes tombent alors sur la même base, les images de chaque œil fusionneront parfaitement pour donner une image unifiée (voir Figure 4). Il existe pourtant des circonstances où les deux

1. *Ibid.*, II, 67.
2. *Ibid.*, II, 28.
3. Ver Eecke 1959, p. 19.
4. Lejeune 1989, II, 27.

axes peuvent ne pas converger, « si nous contraignons la vue à sortir de son habitude [...] un même objet sera vu en deux endroits »[1]. Ptolémée décrit ici le phénomène de diplopie : le point fixé avec les deux yeux apparaitra simple, en revanche, ceux situés au-delà ou en deçà paraîtront dédoublés. C'est bien ce qui se passe en permanence et dans les conditions normales : tout ce qui est ou plus loin ou plus proche que le point fixé devrait apparaître double, s'il n'en est rien, c'est que nous *négligeons* activement les images doubles, c'est-à-dire que nous éliminons de notre « scène mentale », ce qui est devant ou derrière ce que nous regardons. Cette diplopie naturelle échappe complètement à notre attention. Dans la vie courante, on ne s'en aperçoit qu'au prix d'un certain effort et après entrainement, ce qui explique sans doute que ce phénomène ait échappé à la plupart des auteurs de l'Antiquité. Il ne serait pas étonnant que les astronomes aient les premiers observé le phénomène. En effet, depuis au moins le IIIe siècle avant J.-C. ils utilisent, pour leurs visées astronomiques ou géodésiques, un instrument de visée, la *dioptra*[2], tube ou réglette munie d'un œilleton à ses deux extrémités.

Il se pourrait qu'oubliant de fermer un œil, l'observateur se trouve dans la situation décrite par Ptolémée dans la première « expérience » que nous allons décrire. Préparons une planchette étroite dont la largeur est approximativement celle de l'écartement entre les deux yeux (E′ œil

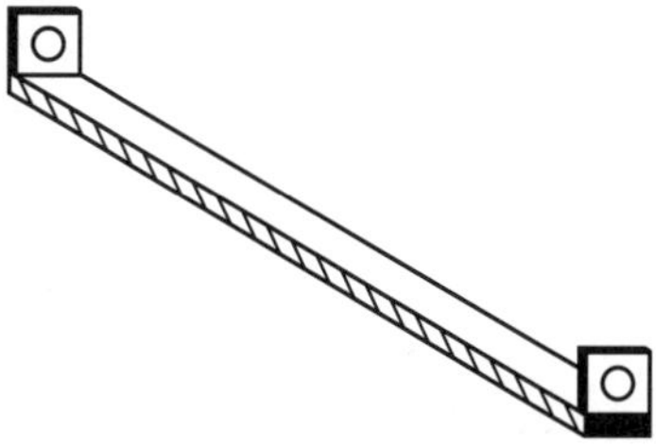

Figure 2 : *Dioptra* simple
(Voir Evans 1998, p. 36)

gauche, E, œil droit), d'une longueur de quelque cinquante centimètres, munie de deux cylindres minces A (peint en blanc) et B (peint en noir), chacun étant plus mince que l'écart entre les deux yeux, et dressés

1. *Ibid.*, II 29.

2. De préférence à *dioptre* pour ne pas le confondre avec la définition courante en optique géométrique, à savoir la surface séparant deux milieux transparents et homogènes d'indice de réfraction différents.

perpendiculairement sur une ligne perpendiculaire reliant les deux yeux, E′ et E[1].

Viennent ensuite les démonstrations expérimentales. Ptolémée nous invite à faire les expériences suivantes : si nous fixons les yeux sur le

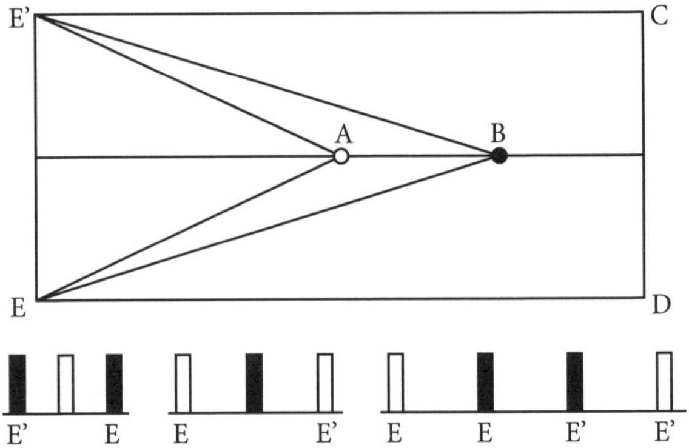

Figure 3 : Démonstration de la diplopie
(Voir Smith 2015, p. 85)

cylindre le plus proche, A, nous le verrons unique, mais l'autre, B, celui qui est plus éloigné, sera vu double. Et quand nous fermerons l'un des yeux, disparaîtra l'image dédoublée du cylindre situé en face de l'œil fermé. Si nous fixons le cylindre le plus éloigné, de nouveau nous le verrons unique et nous verrons le cylindre le plus rapproché en deux endroits. Et si nous fermons l'un des yeux, disparaîtra l'image du cylindre dédoublé qui est située du côté opposé à l'œil fermé. Cette première expérience est un grand classique, elle met en évidence, non comme une observation fortuite mais comme le résultat d'une expérimentation rigoureuse, l'existence d'images doubles de part et d'autre du point de fixation, chacune appartenant à un œil différent, et distingue la diplopie homonyme (quand on fixe le cylindre le plus proche) de la diplopie croisée (quand on fixe le cylindre le plus éloigné). Les axes qui relient chaque œil à un même objet sont dits correspondants, ils permettent la fusion des images, à la différence des rayons situés de part et d'autre de leurs axes respectifs, ou rayons disparates, qui ne permettent pas cette fusion.

Dans cette expérience, le point de fixation est situé à une distance modérée, ce qui exige un effort de convergence ; elle est suivie de quatre autres dans lesquelles le point de fixation est très éloigné, ne requérant

1. Lejeune 1989, II 30.

aucun effort de convergence ce qui a pour conséquence de rendre les axes visuels sensiblement parallèles. Ptolémée décrit avec soin ces différentes expériences qu'il accompagne de schémas portant la position des yeux, les axes correspondants et les rayons disparates. La conclusion générale qu'on peut en tirer est qu'une image simple, fusionnée, n'est obtenue que lorsque les rayons correspondants des cônes visuels issus des deux yeux interceptent un objet unique ou deux objets distincts, alors qu'interceptés par des rayons disparates ils donnent des images dédoublées. L'interprétation du fusionnement binoculaire part des mêmes principes que celle qu'en donnent les théories modernes. Pour Lejeune, Ptolémée :

> [...] s'il avait eu les connaissances mathématiques suffisantes pour en tirer les conclusions générales, [...] aurait pu, sans rien soupçonner du fonctionnement réel de l'œil, aboutir aux mêmes résultats {que ceux que nous connaissons aujourd'hui} exprimés en langage de l'optique grecque[1].

La théorie de la vision binoculaire est le point culminant de l'œuvre optique de Ptolémée, il est d'ailleurs, nous l'avons déjà dit, pratiquement le seul auteur de l'Antiquité à avoir abordé ce sujet. Partant de ses recherches sur la localisation monoculaire des objets, il met en évidence, dans le Livre II de son *Optique*, la diplopie horizontale. Dans le Livre III, il expose une seconde version de sa théorie de la binocularité, sensiblement différente de la première. Insérée entre des expériences sur la réflexion et une théorie des miroirs plans, il commence par des expériences consacrées à la recherche, dans le plan du regard, du lieu des objets ponctuels vus simples pour un point de fixation donné, il détermine ainsi ce que nous connaissons aujourd'hui sous le nom d'horoptère. Dans ces expériences, Ptolémée utilise des dispositifs qui ne diffèrent que très peu de ceux encore utilisés de nos jours. Son ambition est ici de définir une loi générale de l'optique géométrique capable de donner la position exacte de l'image en fonction de la place de l'objet. Il fournit une expression quantitative de la loi du fusionnement binoculaire. Le principe de la vision binoculaire est illustré sur le schéma suivant (Fig. 4).

A partir de deux points sources, A et C, situés respectivement dans l'œil gauche et dans l'œil droit, prennent naissance deux cônes, AD-AE et CD-CE, qui partagent une base commune sur l'objet DE. Les deux axes, AB et CB, convergent en un même point B de l'objet. Au-delà des sommets A et B se trouve le point F dont l'axe FB se projette en B où convergent les axes principaux des deux cônes visuels. Tant que les axes AB, CB et FB convergent sur le même point de l'objet, celui-ci apparaîtra unique.

1. Lejeune 1948, p. 145

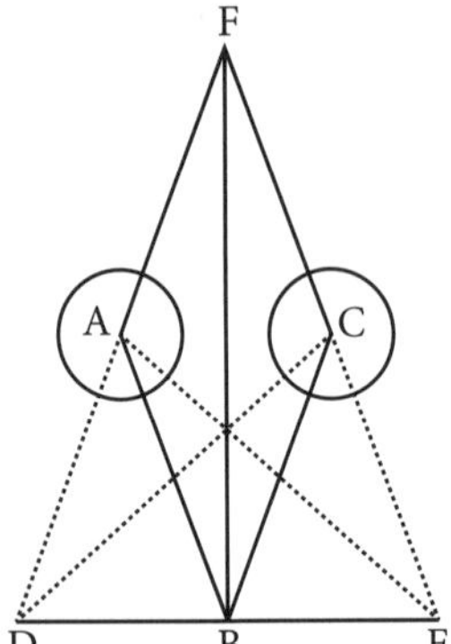

Figure 4 : Principe de la fusion binoculaire selon Ptolémée.

Si on s'en tient à ce schéma, la théorie de la vision binoculaire de Ptolémée est insuffisante. En effet, la fusion des images provient du fait que les deux cônes partagent exactement la même base et que le champ visuel est plan, en doublant les rayons visuels qui convergent sur un même point, doublant de la sorte la force du flux visuel sur ce point, elle ne servirait qu'à améliorer l'acuité visuelle. Or nous voyons plus grand avec les deux yeux qu'avec un seul, comme Euclide l'avait déjà démontré dans sa Proposition XXVI rappelée plus haut, suggérant que ce pouvait être ainsi qu'on apprécie le relief, ce que Ptolémée ne soupçonna à aucun moment. Peut-être était-ce son souci de l'expliquer en termes strictement géométriques qui l'empêcha de considérer la vision binoculaire comme une opération psychologique qui va bien au-delà de la simple addition de deux visions monoculaires[1].

Dans les deux Livres suivant de son *Optique*, Ptolémée étudie les lois de la réflexion. Son analyse de la réflexion n'apporte que très peu à ce que l'on connaissait déjà, notamment par la *Catoptrique*, compilation tardive du IVe siècle après J.-C. que l'on doit probablement à Théon d'Alexandrie sans en être absolument certain et que dans l'incertitude on attribue à un « pseudo-Euclide » et la *Catoptrique* de Héron d'Alexandrie, qui résume l'état de l'art vers la fin du Ier siècle après J.-C.

1. Smith 1999, p. 75.

CHAPITRE 5

L'OPTIQUE DANS L'ANTIQUITÉ TARDIVE

UN DÉCLIN DES SCIENCES DANS L'EMPIRE ROMAIN ?

Ptolémée et Galien, deux contemporains, l'un d'Alexandrie en Égypte, l'autre de Pergame en Anatolie, vécurent au début d'une période historique que les historiens qualifient généralement d'Antiquité tardive, même si cette périodisation prête à discussion[1]. Rome domine en Orient. Du IIe au VIIe siècle un extraordinaire mélange des cultures s'établit autour du bassin méditerranéen. C'est certainement cette *Pax Romana* qui permit à Galien de voyager et, éventuellement, de rencontrer Ptolémée (mais rien n'est moins sûr). La carte suivante montre l'étendue de l'Empire romain vers la fin du IIe siècle.

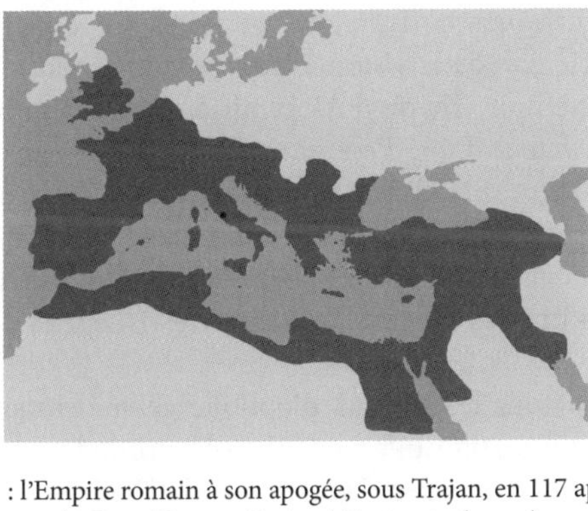

Figure 1 : l'Empire romain à son apogée, sous Trajan, en 117 après J.-C. (© Peter Hermes Furian / Shutterstock.com)

1. Depalma Digeser 2010, chap. 1.

Selon une opinion largement répandue, les siècles qui suivirent Galien et Ptolémée seraient marqués par un déclin de la science dans l'Empire romain[1]. Si le nom de Galien apparaît encore quelquefois chez les commentateurs tardifs d'Aristote quelques décennies après sa disparition, pour inspirer, plus tard, les médecins byzantins et arabes, celui de Ptolémée, en tant qu'auteur de l'*Optique*, n'est cité que de très rares fois. Cet ouvrage est loin d'avoir eu l'impact de l'*Almageste*, même s'il fixe le cadre dans lequel la future optique va devoir se développer à partir notamment du IXe siècle, avec les travaux des savants arabes.

Néanmoins le Museion d'Alexandrie continuera à jouer un rôle important comme centre culturel et scientifique, et sa grande Bibliothèque brillera pendant encore deux siècles après la disparition de Ptolémée. Elle ne subira de très sérieux dommages que plus tard. L'édit de Milan, promulgué en 313 par l'Empereur Constantin, légalise le christianisme qui deviendra rapidement la religion dominante dans l'Empire. Mais ceux qui fréquentent encore le Museion et sa Bibliothèque conservent toujours leurs croyances et leurs pratiques païennes. En 391, l'Empereur Théodose, dernier Empereur à régner sur l'Empire Romain encore unifié, grand pourfendeur des hérétiques et défenseur des thèses exclusives d'une foi catholique trinitaire, proclamée lors du premier Concile de Nicée en 325, ordonne la destruction des temples païens d'Alexandrie. La Bibliothèque est détruite. Les ouvrages qu'elle abritait sont brulés ou dispersés. Quelques savants purent échapper aux massacres d'une foule de moines incultes et fanatiques ; ils amèneront jusqu'à Constantinople, et ailleurs, les rouleaux qu'ils purent sauver. Ces ouvrages, ainsi épargnés du désastre, seront plus tard traduits en arabe. Cependant aucun, si on s'en tient aux sciences de la vision, n'atteindra le niveau de Galien ou de Ptolémée. Par exemple, Théon d'Alexandrie, philosophe Néoplatonicien, mathématicien, auteur d'une *Recension* que nous avons évoqué plus haut, est un commentateur d'Euclide. De même, Damien de Larissa, auteur des *Hypothèses Optiques*, sorte d'introduction scolaire à l'optique euclidienne, affilié à certaines écoles Néoplatoniciennes de l'Alexandrie au IVe siècle, se contentait d'affirmer l'identité de la lumière visuelle et de la lumière du soleil.

Pratiquement tous les travaux d'optique géométrique de l'Antiquité tardive sont d'une qualité inférieure à ceux produits par les anciens, à l'exception notable de ceux qu'Anthémius de Tralles[2] consacra, à la fin

1. Stahl 1962.

2. Mathématicien et architecte byzantin (434-534). Il est notamment l'architecte de la Basilique Sainte Sophie. Voir Rashed 1992.

du Ve et au début du VIe siècle aux *miroirs ardents* et dans lesquels il étudie les propriétés focales de la parabole. Une activité scientifique, avec des intuitions supplémentaires sur la lumière et la vision, continua à Alexandrie jusqu'au VIe siècle. Hypathie, la fille de Théon, première femme mathématicienne, astronome et philosophe, remarquablement douée, éloquente, et, selon de nombreux témoignages, très belle, suscita beaucoup d'hostilité dans le milieu chrétien, bien que vivant en bonne intelligence avec certains d'entre eux, notamment avec Oreste, préfet de l'Empire Romain, rival politique du patriarche chrétien Cyrille. Cette amitié, et le fait qu'elle restait attachée au paganisme qui devenait de plus en plus minoritaire à cette époque, la rendirent suspecte aux yeux de l'Eglise. Sa fin fut tragique. En mars 415, alors qu'elle rentrait chez elle, elle est agressée par une bande de moinillons fanatisés qui la lapident et l'écorchent vive. Son lynchage fut le signal du déclin d'Alexandrie comme centre de recherche philosophique et scientifique, la plupart des intellectuels et savants vont alors émigrer vers des cieux plus cléments. Désormais Alexandrie restera purement chrétienne jusqu'en 642, date de l'arrivée des Arabes.

Après Ptolémée, les sciences de la vision prennent une orientation plus philosophique que géométrique. Elles s'inscrivent dans une théorie de la perception développée par les Néoplatoniciens, notamment le fondateur de cette école, Plotin (205-270), et son disciple Porphyre (234-305). Ce dernier, surtout, s'efforcera de rendre compatible la théorie de la vision exposée dans le *De Anima* d'Aristote avec les enseignements de Platon tels qu'on les trouve dans le *Timée* et dans la *République*. Du troisième siècle à la fin du sixième, la scène philosophique est dominée par des penseurs chrétiens plus préoccupés de questions théologiques que de sciences naturelles ou de mathématiques. Quand ils abordent la perception visuelle c'est essentiellement comme modèle de la connaissance sans trop entrer dans ses mécanismes psychophysiologiques.

La plupart de ces auteurs étaient déjà traduits en langue arabe dès le neuvième siècle. Ils jouèrent ainsi un rôle important sur les savants arabophones[1]. La pensée philosophique grecque avait migré en Perse à la suite de la décision de Justinien de fermer en 529 l'École platonicienne d'Athènes. Contrairement à une idée largement répandue, cette École n'en était pas vraiment une, comme celle fondée par Platon au quatrième siècle avant J.-C. par exemple. Elle consistait en une simple communauté informelle de pensée philosophique. Damascius, le dernier chef de file de ce mouvement, son élève Simplicius, et cinq autres philosophes quittent

1. D'Ancona 2006.

Athènes pour se réfugier en Perse, à la cour de Chosroès Ier, le Roi des rois de l'Empire Sassanide, où ils resteront jusqu'en 532. Après leur départ de Perse, peut-être pour Athènes, ils poursuivront leur activité intellectuelle, car le traité signé par l'Empereur Justinien et le Roi des Perses garantissait leur liberté de pensée. Néanmoins, selon Ilsetraut Hadot, qui adopte une thèse déjà défendue par Michel Tardieu en 1986-1990, ils auraient d'abord séjourné à : « Ḥarrān (Carrahae), ville byzantine de langue gréco-araméenne (le syriaque) où l'hellénisme était resté puissant et actif et qui était située tout près de la frontière perse, à 30 km au SSE d'Edesse »[1]. Cette hypothèse est séduisante, elle indiquerait une continuité entre l'académie platonicienne établie à Ḥarrān au sixième siècle et l'épanouissement de la culture intellectuelle à Bagdad au neuvième. Malheureusement, on ne peut la retenir qu'avec beaucoup de prudence car il n'existe aucune preuve formelle venant l'étayer[2].

LA FIN DE LA ROMANITÉ : DES ÉGLISES CHRÉTIENNES À LA MAISON DE LA SAGESSE

Bien avant la conversion de Constantin Ier[3], un vaste réseau d'églises chrétiennes s'étendait sur tout l'Empire Romain. Ce maillage de noyaux de fidèles a été déchiré par la *Grande Persécution* de l'Empereur Dioclétien à la fin de son règne en 305. En quatre édits, il ordonna non seulement la destruction des lieux de culte et des livres chrétiens, mais l'arrestation du clergé et l'obligation pour tous les chrétiens de se soumettre à l'Empereur.

Nombreux sont ceux qui abjurent, beaucoup finissent en martyrs, les autres émigrent. L'Edit de Milan, édit de tolérance promulgué par Constantin en 313 (voir plus haut), ramène le calme. Pour introduire un peu d'ordre et de cohérence théologique dans le monde chrétien, Constantin convoque à l'été 325 tous les évêques à un concile, le premier d'un genre appelé par la suite « œcuménique », à Nicée[4]. Destiné à examiner les thèses avancées par Arius, ministre de l'église d'Alexandrie, selon lesquelles si

1. Hadot 1987a, p. 192. Voir également Tardieu 1986, 1990.

2. Watts 2005.

3. Selon la tradition, la conversion aurait eu lieu en 312 après la Bataille du Pont Milvius, qui enjambe le Tibre près de Rome, au cours de laquelle une vision de la Croix augurant la victoire sur l'Empereur Maxence serait apparue à Constantin.

4. Aujourd'hui Izmir, ville de Turquie.

Dieu le Père est bien divin, son fils, Jésus Christ est humain, partageant néanmoins avec le Père une part de divinité. Ces thèses sont condamnées et leurs partisans déclarés hérétiques. Le Concile, outre la condamnation pour arianisme de ceux qui suivent Arius, adopte les termes du *credo*, donne une définition dogmatique de la Foi et établit une méthode pour calculer la date de Pâques. D'autres Conciles seront par la suite convoqués ; ils auront à débattre essentiellement de questions théologiques portant sur la nature du Christ. Ceux qui ne suivent pas l'opinion majoritaire sont tous condamnés comme hérétiques : condamnation de Nestorius, à Ephèse en 431 ; condamnation du monophysisme à Chalcédoine en 451 ; d'autres encore, tous destinés à assurer à l'Eglise Chrétienne un ensemble de règles communes et à condamner toute déviation à ces règles.

Dès le quatrième siècle, tout l'Empire Romain est chrétien. Les derniers philosophes païens néoplatoniciens, exerçant à Alexandrie, Athènes ou Antioche, ont formé de grands Saints, les Pères de l'Eglise grecque. Basile, Évêque de Césarée (329-379), Grégoire de Naziance (329-390), Grégoire de Nysse (né entre 331 et 341, mort en 394), Jean Chrysostome (349-407). Même Saint Augustin, Père de l'Eglise latine, a eu une éducation entièrement païenne[1].

La latinité de l'Empire Romain, sa *romanité*, tend progressivement à disparaître ; après le Concile de Nicée, le cœur de l'Empire n'est plus Rome mais Constantinople qui devient la Nouvelle Rome. L'Égypte, la Syrie, l'Arménie ont plus de poids politique que la Gaule, l'Espagne ou l'Afrique ; à la fin du quatrième siècle, la division entre l'Occident chrétien et l'Orient, qui prend dès lors le nom d'Empire Byzantin, est consommée.

L'Empire Byzantin brillera moins par ses sciences que par sa théologie. D'âpres disputes doctrinales agitent les esprits et sont réglées par des conciles où ceux qui n'acceptent pas les thèses majoritaires sont obligés d'émigrer pour former leurs propres églises schismatiques aux confins de Byzance, dans le sud-est de l'Asie mineure, la Syrie, la Mésopotamie, le Perse et l'Égypte. Ainsi, la migration orientale des « nestoriens » les amena jusqu'à Jundishapur (Gundeshapur), ville située en territoire Perse, non loin de Suse, devenue, sous Chosroes un centre culturel et scientifique brillant. Dès le troisième siècle, les élites chrétiennes schismatiques s'intègrent à l'école médicale et à l'hôpital, fondés par le roi Shapur, Ces réfugiés hérétiques traduiront de nombreux textes grecs et syriaques en Pahlavi, système d'écriture en usage dans l'Empire Sassanide. Ils y

1. Brown 2000, p. 26 : « [...] The teachers at Madaura were pagans [...] ». Madaura – aujourd'hui en Algérie - était une colonie romaine de Numidie.

enseigneront également la philosophie grecque, la médecine et les sciences dans des traductions syriaques[1]

Les nombreuses communautés schismatiques qui fuient Byzance parlent le syriaque, langue sémitique issue de l'araméen. Ils ont assimilé les savoirs grecs, notamment les travaux logiques d'Aristote. C'est dans leurs monastères et dans leurs écoles que l'essentiel des travaux savants de cette époque sont menés. L'École d'Edessa[2], fondée au milieu du quatrième siècle, est le plus important foyer doctrinal des chrétiens d'orient. Mais, étant un foyer hérétique, elle dut fermer ses portes et émigrer plus à l'est, à Nisibis notamment, ville située à l'époque en territoire Perse ; elle revient, peu de temps après, à Edessa pour y accueillir à nouveau des philosophes de l'École Platonicienne d'Athènes.

La conquête arabe

La fin du sixième siècle a été pour l'Empire Byzantin une période de violence. Il doit faire face à de sérieux troubles, tant sur ces frontières, attaquées par les Barbares et les Perses, qu'à l'intérieur, par des querelles de pouvoir, notamment après l'assassinat de l'Empereur Maurice, en 602. Certains allèrent jusqu'à penser, mais rien n'est moins sûr, que cet assassinat rendit possible l'émergence de l'Islam, allant jusqu'à prétendre, sans en donner la preuve, que 602 avait engendré 622, année de l'Hégire[3]. Les invasions des Perses sous le règne de Chosroès II Parviz, entre 603 et 628 affaiblirent considérablement l'Empire Byzantin. L'exécution de l'assassin de Maurice, le centurion usurpateur Phocas, par Héraclius, premier Empereur-soldat depuis Théodose (mort en 395), ne réussit que temporairement à redresser la situation. En 626, Constantinople est attaquée par une coalition d'Avars, de Slaves et de Perses. La situation est d'autant plus critique que l'Empereur Héraclius, en campagne dans l'est de l'empire, est absent de la capitale. Les Barbares bloquent la ville au nord, la privant d'eau après avoir détruit l'aqueduc et les réservoirs qui l'alimentent. Les Perses, de leur côté, menacent les côtes asiatiques du Bosphore. Pourtant Constantinople résiste et n'est pas prise. Cette victoire

1. Freely 2015, p. 24.
2. Aujourd'hui en Turquie.
3. Goubert 1951, cité par Kaegi 1992, p. 31 qui considère cependant que rien n'est moins sûr.

est vécue par la population comme un véritable miracle dont le mérite est attribué à la Vierge Marie elle-même, d'où le nom, *Theotokoupolis*, Cité de la Mère de Dieu, qu'elle donna à Constantinople.

Héraclius mène la guerre contre les Perses, avec des succès mitigés ; il doit faire face également aux attaques des Arabes venus de la péninsule arabique. Damas tombe en 634, Héraclius subit une terrible défaite en 636 à la bataille de Yarmuk, sur la rivière qui longe les frontières actuelles de la Syrie avec la Jordanie et la Palestine. Cette bataille, une des plus grandes de l'histoire militaire, accélère les succès arabes : Gaza et Antioche tombent en 637, Jérusalem en 638, l'Égypte en 639. L'Empire Perse n'est pas épargné, Ctésiphon, capitale Sassanide est prise en 637, Takrit, Ninive, Ispahan et Persépolis sont toutes conquises dans les années 640s et de nouvelles places de garnison sont établies à Kufa, Bassora et Mosul pour servir de bases à de nouvelles conquêtes. Après la Perse, les armées arabes prennent la Transoxiane (en gros le Turkestan d'aujourd'hui), le Sind (une province du Pakistan), la Tripolitaine en 647, le Maghreb en 670. Vers l'est Kaboul en Afghanistan, vers l'ouest en Afrique du Nord jusqu'à Kairouan. Ils traversent le détroit de Gibraltar en 711, puis les Pyrénées avant d'être arrêtées à Poitiers en 732.

En une période de temps étonnamment brève, le monde est radicalement changé. Les attaques barbares tout le long des frontières et les guerres contre l'Empire Perse affaiblirent Byzance et les détournèrent des attaques des Arabes. Il ne fallut que soixante-dix ans après la mort du Prophète (632) pour que les Arabes s'étendent de la mer de Chine à l'Océan Atlantique. Les Arabes musulmans remplacent les Perses Zoroastriens, la nouvelle religion envahit les terres de la chrétienté et contrôle la majeure partie du monde connu, dont le sort est désormais radicalement changé. Jusqu'en Europe occidentale : « Sans l'Islam, l'Empire franc n'aurait sans doute jamais existé, et Charlemagne, sans Mahomet. serait inconcevable »[1]. Cette marche « envahissante » ne prendra fin qu'au commencement du VIIIe siècle avec l'échec de la prise de Constantinople et l'arrêt (aujourd'hui contesté), en 732, devant Charles Martel[2].

Avec la conquête, s'accroît aussi le désir de savoir, un vif intérêt intellectuel pour les travaux non seulement des Grecs mais aussi des Syriaques, des Perses ou des Indiens voit le jour. Pour satisfaire ce désir, un travail de traduction en Arabe se met en place. Il s'agit de former des élites, tant scientifique qu'administrative. A l'inverse d'un préjugé

1. Pirenne 1922, p. 86.
2. Pirenne 1939, p. 19.

largement répandu (encore aujourd'hui), ce n'est pas en traduisant que les intellectuels arabes acquirent le goût des sciences, mais au contraire pour satisfaire leur désir de connaissance qu'ils se lancèrent dans un vaste mouvement de traduction. Commencé sous les Omeyyades[1], ce n'est cependant qu'avec le soutien des premiers califes Abbasides, à partir du VIIIe siècle, que va débuter un immense et systématique mouvement de traduction.

De damas à bagdad

L'établissement de la capitale musulmane à Damas en 661 par le premier calife de la dynastie Omeyyade, Muʿāwīyah, et surtout, après la chute de ce premier califat, en 750, lorsque Marwan II, dernier de la dynastie, fut vaincu par les armées de Abū al-ᶜAbbās as-Saffāḥ, qui devint dès lors le premier calife d'une nouvelle dynastie, les Abbassides. Le second calife abbasside, al-Mansūr (754-775), frère du premier, fonde la ville de Bagdad le 30 juillet 762, date choisie sur la recommandation de l'astrologue du Palais dont il suivait fidèlement les avis. Il y installe, pour cinq siècles, le califat. Il en fait, avec les quatre générations qui lui succédèrent, notamment Harun al-Rachid, contemporain de Charlemagne et héros de *Contes des Mille et Une Nuits* (il règne de 786 à 809) et ʿAbd-Allah al-Maʿmun, calife de 813 à 833, le centre culturel le plus brillant de son temps.

C'est alors que commence véritablement la période d'assimilation et d'approfondissement des savoirs étrangers, rendu possible par ce qu'on appellera le *mouvement de traduction*[2]. Même si la postérité en attribue le plus souvent le mérite au septième calife, al-Ma'mūn, c'est bien al-Mansūr qui en fut le premier instigateur. En effet, fin politicien et prudent stratège, il accorde avec beaucoup d'intelligence une place de choix aux Perses Sassanides, conquis au cours du siècle précédent, et les associe étroitement à l'administration de son Empire. Ces derniers joueront un rôle déterminant dans le mouvement de traduction. En 765, souffrant d'une dyspepsie, le calife fait venir près de lui celui qui passait alors pour le meilleur médecin de l'Empire, Ğurğis ibn-Ğibrīl ibn Buḫtīšū, médecin chef de l'hôpital de Ğundisābur (Jundishapur). Satisfait des soins de

1. Première grande dynastie à gouverner l'empire du Califat de 661 à 750.
2. Gutas 1998, p. 1 *sq*.

ce médecin, le calife l'élève au rang de « médecin du Palais ». C'est un moment crucial pour le mouvement de traduction. Une élite médicale accompagne Ibn Buḫtīšū dans son voyage à Bagdad. Ce sont ses élèves, voire ses parents, enfants ou petits-enfants, qui conservent très vivace les anciennes traditions de la médecine enseignée à l'école de médecine de l'hôpital de Gundīsābūr. Cet endroit aurait été, selon certains auteurs, un véritable centre hospitalo-universitaire, un CHU avant la lettre, tel que nous le connaissons aujourd'hui dans notre pays, associant la pratique médicale aux études théoriques. On y enseigne non seulement la médecine proprement dite, mais aussi la philosophie, les mathématiques, l'astrologie et l'astronomie. Ces médecins, pour la plupart chrétiens ou nouvellement convertis à l'Islam, n'ont pas oublié leur grec d'origine, bien qu'ils utilisent dans leurs cours essentiellement le syriaque ; ils sont donc en quelque sorte bilingues, voire trilingues, syriaque, grec, et, pour certains, arabe. Leur grec, leur ancienne langue, est parfois défectueux, à tout le moins insuffisant pour permettre une traduction fidèle de textes philosophiques et scientifiques. Conscients de cette faiblesse, ils n'hésitent pas à approfondir leurs connaissances linguistiques pour pouvoir traduire des textes de l'antiquité grecque classique en syriaque.

Bagdad, dès la seconde moitié du VIIIe siècle, connaîtra un essor spectaculaire de la vie sociale et intellectuelle.

La Maison de la Sagesse

Dès le début de son règne en 754, le calife al-Manṣūr, continuant une tradition Perse, crée une bibliothèque, instance officielle de son administration, dont la fonction principale est l'archivage, la traduction et la préservation de l'histoire et de la culture des Perses sassanides, leur traduction en Arabe ainsi que celle d'un *corpus* de textes pré-islamiste ou rapportant les hauts faits des premiers temps de la conquête musulmane. Cette activité a continué pendant tout le temps des califes de Bagdad.

Créée avec l'aide de Ibn Buḫtīšū, cette bibliothèque prend véritablement de l'importance avec les califes Hārun al-Rashīd (786-809), al-Amīn, qui règne de 809 à 813, et al-Ma'mūn, qui lui succède de 813 à 833. Pendant toute cette longue période, les descendants, fils et petits-fils, de Ibn Buḫtīšū jouèrent un rôle essentiel. Selon un récit, qui pour certains historiens aurait été enjolivé au début du XXe siècle jusqu'à le transformer en légende[1], la bibliothèque du Palais aurait été bien plus qu'une simple bibliothèque.

Connue sous le nom de *Bayt al-Ḥikma*, ou *Maison de la Sagesse*, elle aurait joué le rôle d'une Académie ou d'un véritable Institut de recherche au sein duquel des travaux mathématiques et surtout astronomiques et astrologiques auraient été conduits par des savants, bien rémunérés et résidants dans la Maison. On rapporte qu'un de ses directeurs, d'origine Perse, Salm, aurait organisé une sorte de comité ou consortium, pour mener à bien la traduction de l'ouvrage de Ptolémée "Η Μεγάλη Σύνταξις" (*ē Megálē Súntaxis*), connu depuis lors sous son nom arabisé d'*Almageste* (voir chap. 4). La véracité de cette histoire est douteuse, comme le serait aussi celle selon laquelle des Conférences ou des Séminaires se seraient tenus dans cette *Maison de la Sagesse*. Rien n'autorise véritablement à le croire. La plupart des califes, et al-Maʿmūn ne faisait pas exception, avaient bien en effet l'habitude de réunir des savants, mais ils le faisaient, pour des raisons protocolaires, dans leur propre résidence et en leur présence, et non dans une bibliothèque située au dehors du Palais.

Cependant c'est bien pendant le règne du calife al-Ma'mūn qu'apparaissent des activités qui font immanquablement penser à des activités de type de celles qu'on trouve dans un Institut de recherches. Des hommes aux compétences diverses, pas forcément des bibliothécaires ou des traducteurs, apparaissent alors. C'est ainsi que le mathématicien et astronome al-Khwārazmī, l'astrologue al-Munajjim, dont les talents étaient appréciés et les trois frères mathématiciens de la famille Banū Mūsā font leur apparition comme résidants de la Maison de la Sagesse.

Parmi les médecins nestoriens qui participèrent au développement de ce haut lieu d'études, il en est un, Ḥunayn ibn Isḥāq, qui joua un rôle éminent, non seulement comme médecin, notamment ophtalmologiste, et dont la contribution originale à l'anatomie de l'œil (voir plus bas) a marqué les études de Ibn al-Haytham, mais surtout comme étant celui qui amena à un haut niveau les qualités philologiques et stylistiques des traductions.

Ḥunayn b. Isḥāq

Ḥunayn ibn Isḥāq Al-ʿIbādī, est un Chrétien nestorien issu d'une famille arabe convertie au christianisme bien avant la naissance de l'Islam.

1. Pour Dimitri Gutas (1998, p. 53 *sq.*), la « légende » aurait été créée par O'Leary 1979, suivant Meyerhof 1926.

Né en 808 d'un père pharmacien à Ḥīrā[1], ville chrétienne de la rive droite de l'Euphrate, près de Babylone, il vient à Bagdad pour y étudier la médecine sous l'égide d'un grand médecin de l'époque, Yūḥannā ibn Māsawayh. Mais celui-ci refuse de le prendre comme élève sous prétexte qu'il appartiendrait à une communauté dont la réputation est d'être avant tout de simples marchants, plus intéressés par le commerce que par l'étude[2]. Néanmoins, sous la pression de quelques notables bien en cour, il accepte de le prendre comme disciple.

Yūḥannā ibn Māsawayh est non seulement un grand médecin, il est aussi le traducteur de nombreux ouvrages médicaux grec, et l'auteur de nombreux écrits de médecine, d'anatomie, de pharmacopée et d'un des tout premiers ouvrages d'ophtalmologie. Connu en Occident sous le nom de Jean Mésué, on lui attribua, sans doute à tort (mais cette attribution témoigne par elle-même de son immense renommée) les trois traités de pharmacie qui eurent pendant tout le Moyen Âge Latin jusqu'au XVIIe siècle une influence particulièrement remarquable dans l'histoire de la pharmacie européenne[3].

Cependant Ḥunayn, en élève très zélé, peut-être même un peu trop, finit par mettre en rage son mentor par ses incessantes questions. Celui-ci le chasse. Ḥunayn s'éloigne alors de Bagdad et profite de ces quelque deux années de liberté pour approfondir ses connaissances dans la langue grecque, dans les « terres des Grecs », probablement à Alexandrie ou en terre byzantine. Il traduit Galien et quelques écrits hippocratiques. A son retour à Bagdad, Ibn Buḫtīšū, alors directeur de la Maison de la Sagesse, impressionné par sa maîtrise du grec, lui confit la traduction d'un certain nombre d'ouvrages que le Calife al-Maʿmūn avait recueilli à travers l'Empire Byzantin et rassemblé dans sa bibliothèque. Ce serait sur son intervention que Ḥunyan put se réconcilier avec Ibn Māsawayh, qui l'accepte à nouveau comme disciple ; ils finiront même par collaborer étroitement[4].

Ḥunayn, un grand traducteur

Hunayn met en place de véritables équipes de traducteurs, il enrôle son fils, Isḥāḳ b. Ḥunayn, son neveu Ḥubaysḥ b. al-Ḥasan al-Aʿsam, et divers collaborateurs et les fait travailler en étroite collaboration. Peut-être est-ce

1. Strohmaeir 1986.
2. Saliba 2007, p. 62.
3. Vos 2013, p. 682-683.
4. Iskandar 1978, p. 230-249.

là le premier exemple d'un travail d'équipe, comme nous en connaissons aujourd'hui. Par exemple, l'un traduit d'abord du Grec en Syriaque (il s'agit souvent de Ḥunayn lui-même), puis un autre (parfois son fils ou encore son neveu) traduit à son tour le texte du Syriaque en Arabe. Quant à Ḥunayn, en plus de produire lui-même ses propres traductions, il supervise l'ensemble ; il veille en particulier à rassembler, dans la mesure du possible, le plus grand nombre de manuscrits d'un même ouvrage, pour les comparer entre eux et en éditer un exemplaire amendé qui lui semble le mieux convenir pour garantir la meilleure traduction. On ne fait pas autrement encore aujourd'hui. Il est très exigeant. C'est ainsi qu'au lieu de traduire mot à mot, il préfère d'abord s'assurer qu'il comprend bien le sens de la phrase grecque pour la rendre ensuite en arabe par une phrase de sens équivalent. L'avantage stylistique de cette façon de procéder est évident.

Les traductions de Ḥunayn sont, pour l'essentiel d'ordre médical. Il traduisit ou corrigea quelque quinze travaux hippocratiques, auxquels il faut ajouter trois dialogues de Platon, dont le *Timée*, plusieurs ouvrages d'Aristote, notamment *La Métaphysique*, *De l'âme*, *De la Génération et de la Corruption*, une partie de la *Physique*. Il traduisit également divers travaux de logique, de mathématiques, d'astrologie et rendit en syriaque une version de l'Ancien Testament. Son fils Isḥāq ajouta quant à lui quelques autres ouvrages d'Aristote, les *Éléments* d'Euclide et l'*Almageste* de Ptolémée ; bien d'autres travaux mathématiques et astronomiques furent traduits par les autres collaborateurs de ce véritable *atelier de traduction* que dirigeait Hunayn. Cette activité intense et de grande qualité se poursuivit encore pendant un siècle, et aux environ de l'an 1000, la quasi-totalité des ouvrages grecs de médecine, de philosophie naturelle et des sciences mathématiques est disponible en langue arabe[1].

Un autre cercle de traducteurs : autour d'Al-Kindī, le « premier philosophe des Arabes »

Ce nouvel héritage de la science grecque, allait encore être amplifié, critiqué, corrigé. Al-Kindī (né aux environs de 800, décédé vers 870) est le premier philosophe à entreprendre systématiquement ce programme visant à incorporer, dépasser, bref assimiler, l'héritage grec. Issu d'une famille arabe influente, né à Bassorah, il étudie à Bagdad. Très jeune, sous le règne du calife al-Ma'mūn, il dirige un groupe de traducteur,

1. Lindberg 1992.

contemporain de celui de Ḥunayn ibn Isḥāq dont nous venons de parler. Il sera très actif jusqu'au moment où, victime d'un complot, *suscité par la jalousie*... nous dit-on, il tombe en disgrâce sous le règne du calife al-Mutawakkil. Ici aussi, comme avec Ḥunayn, les traducteurs se regroupent en un groupe de travail, le « cercle d'al-Kindī » comme on l'appelle souvent ; ce groupe traduisit de nombreux ouvrages d'Aristote, la *Métaphysique*, le *De Caelo*, *Les Météorologiques*, des travaux de zoologie, le *Parva naturalia*, un résumé du *De Anima*. On peut citer encore la traduction d'Alexandre d'Aphrodise, une paraphrase des livres IV-VI des *Ennéades* de Plotin, rendus sous le nom des *Éléments de Théologie d'Aristote* une partie des *Éléments de Théologie* de Proclus, une *Introduction à l'Arithmétique* du néopythagoricien Nichomache de Gérase, des paraphrases du *Timée* de Platon[1]. Al-Kindī, ignorait le grec, mais apportait aux traductions faites par ses collaborateurs un soin attentif notamment sur des questions de terminologie philosophique. Nous avons une idée assez précise de la production de al-Kindī par un catalogue (*Fihrist*) compilé par un libraire du Xᵉ siècle, Ibn al-Nadim. Environ 300 titres y sont mentionnés ; une vingtaine sont de philosophie, une dizaine de logique et méthodologie, d'éthique et de politique, beaucoup de mathématiques, de médecine, et d'astrologie. Dans toute cette production, nous nous intéresserons plus particulièrement aux ouvrages d'optique, dont un qui figure sur la liste de Ibn al-Nadīm, mais qui ne nous est parvenu que grâce à sa traduction latine par Gérard de Crémone au XIIᵉ siècle (voir plus bas) sous le nom de *De Aspectibus*. Cet ouvrage est une reprise et un prolongement de l'*Optique* d'Euclide, enrichie de quelques idées empruntées à Théon d'Alexandrie. Il défend en effet quelques-unes des avancées conceptuelles qui seront plus tard défendues par Ibn al-Haytham ; nous aurons donc l'occasion de revenir plus amplement sur ce sujet. Qu'il nous suffise ici d'insister sur le rôle fondamental qu'a tenu al-Kindī dans l'intégration de la philosophie grecque dans la culture, notamment, religieuse de l'Islam des califes de Bagdad

Le Muʿtazilisme

On doit ici évoquer un autre événement qui a marqué la vie sociale et intellectuelle du Bagdad du IXè siècle. Contemporain du mouvement de traduction, un mouvement théologique (*kalām*), le Muʿtazilisme, d'inspiration rationnelle, est apparu au début du siècle précédent à

1. Gutas 1998, p. 145.

Bassorah, avant de fleurir à Bagdad. A tel point que le calife al-Maʿmūn prend en 833 un décret qui en impose les principales croyances, instituant de la sorte une véritable inquisition. Celle-ci, la première dans le monde Islamique (*miḥna*), durera 16 ans, avant que les opinions imposées, notamment sur la création du Coran, le libre arbitre et la prédestination, n'apparaissent comme trop hétérodoxes, voire hérétiques, et ne finissent par scandaliser beaucoup de croyants. Face à ce climat de révolte, le calife al-Mutawakkil l'abroge en 849. Il est fort probable que al-Kindī, en pleine activité à cette époque, ait été influencé dans sa philosophie par le *kalām* Muʿtazilite, sans pour autant y adhérer pleinement. Le philosophe Jean Jolivet, spécialiste de la philosophie arabe médiévale, conclut son ouvrage *L'Intellect selon Kindī* par ce jugement : « Il est le plus théologien des philosophes de l'Islam, et le plus grec des Muʿtazilites : ce qui ne fait pas une synthèse, mais dessine la trace d'un effort, caractérise une personnalité, et reflète – appétit d'universalité que rien n'étonne, ambition spéculative richement nourrie – la vigueur du premier siècle 'abbasside »[1].

La vigueur du premier siècle abbasside

Cette vigueur demeurera vivace pendant encore longtemps. La période qui sépare la fin de la *miḥna* de l'avènement au pouvoir des Bouyides[2], en gros de 850 à 950 – est la période au cours de laquelle toutes les disciplines intellectuelles, philosophiques, scientifiques et médicales, celles apparues avant le mouvement de traduction, autant que celles apparues après, s'organisent rationnellement en termes de contenu et de méthodes[3]. La fin du Xᵉ siècle en marque l'apogée, avec la fondation de l'hôpital ʿAḍudī à Bagdad, avec ses intellectuels affiliés qui poursuivent le travail de traduction du grec en arabe, et qui contribuèrent de façon originale à l'avancement des sciences. Aristote continue à être traduit (la *Métaphysique* livre A et peut être M), de même Euclide ou Théophraste, pour ne citer qu'eux…

Bagdad sous les Bouyides n'a pas ralenti son activité scientifique. Bien avant leur déclin à partir de la seconde moitié du XIᵉ siècle, on trouve les noms du philosophe al-Fārābī († 950), des médecins et philosophes ʿAbbās

1. Jolivet 1971, p. 156.
2. Les Bouyides est le nom d'une dynastie chiite d'origine perse que régna de 932 à 1055.
3. Gutas 1998, p. 124.

al-Maǧūsī (fin du Xᵉ siècle) et Avicenne († 1037), celui des astronomes al-Battānī († 929) et al-Bīrūni († 1048), le pionnier de l'anaclastique Ibn Sahl[1], et bien entendu notre mathématicien, physicien et polymathe[2] du Caire, Ibn al-Haytham.

Nous pouvons comprendre dès lors pourquoi la culture philosophique et scientifique de Ibn al-Haytham pouvait être aussi étendue. A la fin du Xᵉ siècle, le développement intellectuel dans le monde arabe n'a rien à envier à celui du monde Chrétien occidental de la même époque. Pour s'en persuader, il suffit de comparer l'état de la tradition aristotélicienne dans ces deux mondes.

Aristote au Xᵉ siècle

Dès le Xᵉ siècle, le monde arabe a une connaissance d'Aristote qui surpasse de très loin celle que pouvait en avoir à la même époque le monde Latin. Les seuls ouvrages du Stagirite que connaîtront les premiers siècles du Moyen Âge occidental sont en effet les traités de logique qui composent l'*Organon* (les *Catégories*, *De l'interprétation*, *Premiers* et *Seconds Analytiques*, les *Topiques* et les *Réfutations Sophistiques*) que traduisit Boèce, grand humaniste à la fin tragique, auteur de *La Consolation de Philosophie*. Il traduisit l'*Organon* entre 510 et 520, après avoir adapté en Latin, dans les années 500s, les ouvrages qui composent ce qu'il fut le premier à appeler le *quadrivium*, astronomie, géométrie, arithmétique et théorie musicale. Les deux premiers ouvrages sont perdus mais les deux autres ont été édités en des centaines d'exemplaires et ont constitué les manuels de référence jusqu'à la fin du premier millénaire. De l'*Organum*, seuls les *Catégories* et le *De l'interprétation* ont été préservés. Il faudra attendre le grand mouvement de traduction en Latin qui ne commencera qu'au XIIᵉ siècle dans l'Espagne d'al-Andalous et en Sicile, mené par des intellectuels chrétiens désireux d'accéder au savoir grec que les intellectuels arabes avaient traduit en langue Arabe dès le VIIIᵉ siècle.

1. Rashed 1990 ; 1993b ; Bellosta 2002.

2. Rashed 2002. En Français, *polymathe* est un anglicisme, mais rien n'empêche la langue française de l'adopter.

La *translatio studiorum*

Au Xe siècle, le centre et le sud de l'Espagne connaissent, sous la dynastie Omeyyade, une période particulièrement brillante. Cordoue, avec le calife al-Ḥakam II notamment, est un centre culturel parmi les plus prestigieux de l'Europe avec une bibliothèque riche de milliers d'ouvrages. Le prestige scientifique des savants cordouans gagne la Catalogne, où leurs œuvres sont connues et traduites de l'arabe en latin. Le *scriptorium* du monastère bénédictin de Ripoli dans la province de Gérone est particulièrement actif. Il accueille, de 967 à 970, l'abbé Gerbert d'Aurillac, futur pape Sylvestre II, connu comme : le pape de l'an mil[1]. Cependant, il faudra attendre la fin du XIe siècle pour qu'un important mouvement de traduction commence véritablement. Après la reconquête de Tolède par Alfonse VI de Castille et Léon, s'ouvre une seconde période de traductions, connue du nom de *translatio studiorum*, entraînant un épanouissement culturel remarquable dans les centres monastiques, notamment en France, dans les écoles de Chartes, où fleurit le platonisme avec Guillaume de Conches, et de Paris, avec Abélard et Richard de Saint Victor. Ce ne sera qu'à partir de la seconde moitié du XIIe siècle, avec notamment Gérard de Crémone, le plus prolifique des traducteurs tolédan de l'arabe en latin, que l'aristotélisme se développera. Aristote sera enseigné en Sorbonne dès que celle-ci sera reconnue par le pape Innocent III en 1215 avant d'être condamné par l'Eglise en 1270, puis en 1277, à cause (notamment) de la forte influence prise par les *Commentaires* d'Averroès qui contredisent, selon eux, les dogmes de la foi catholique.

En Italie également, particulièrement en Sicile, un important mouvement de traduction voit le jour. Jusqu'en 878, la Sicile faisait partie de l'Empire Byzantin avant de passer sous contrôle arabe de 878 à 902, puis sous celui des comtes Normands entre 1060 et 1090. L'administration et les élites sont trilingues, le grec, l'arabe et le latin. Ce qui fait de ce pays un endroit idéal pour les traductions. En outre, la dynastie Normande est très tolérante du point de vue religieux, ethnique et culturel ; elle encourage et soutient toutes sortes de travaux scientifiques et littéraires. Déjà sous le règne de Roger II, de 1101 à 1154, le souverain s'entoure d'érudits et fait de sa cour un centre intellectuel actif. Cette politique sera poursuivie par son successeur Guillaume Ier, dit Guillaume le Mauvais, né aux environs de 1125, qui régnera de 1154 à 1166, où l'on remarquera notamment

1. Riché 1987.

Henry Aristippus et Eugène de Palerme. Aristippe, est originaire de Calabre, membre influent du clergé de Catania vers 1155, il occupe une position éminente dans l'administration du royaume de Sicile en 1161. C'est un diplomate qui a la confiance du Roi. Celui-ci l'envoie en 1158 à Constantinople en vue de renforcer les bonnes relations entretenues avec l'Empire byzantin. Pour sceller cette entente, il reçoit des mains de l'Empereur Manuel I Comnenus un précieux présent : un exemplaire grec de l'*Almageste*. Aristippe doit ramener à Palerme ce gage de bonne entente. Dans la préface de l'édition sicilienne de l'Almageste, le traducteur raconte qu'un jeune étudiant en médecine de Salerne apprenant l'existence de cette mission et du précieux bagage confié à Aristippe, cherche à le joindre. Pour cela, « il brave les dangers de Charybde et Scylla et les coulées de lave incandescentes de l'Etna », dans le but d'atteindre Catane, où Aristippe était toujours archidiacre. Il le rencontre à Pergus près d'Enna (aujourd'hui Castrogiovanni), un lac où, selon la mythologie, se situe le rapt de Proserpine que décrit Ovide dans *Les Métamorphoses*[1]. Les connaissances astronomiques de notre salernien n'étaient pas suffisantes pour lui permettre d'attaquer directement la traduction du livre qu'il avait si fiévreusement recherché ; il s'appliqua donc à des études préliminaires des *Data*, de l'*Optica* et de la *Catoptrica* d'Euclide et du *De motu* de Proclus. Enfin prêt, il eut la bonne fortune de trouver une aide amicale en la personne de l'émir Eugène : « [...] virum tam grece quam arabice lingue peritissimum, latine quoque non ignarum [...] »[2] selon l'auteur de la préface de la version sicilienne de l'Almageste. S'il en est bien ainsi, la rencontre entre le salernien et Aristippe n'a pu avoir lieu qu'un peu avant 1160. Même si on compte de trois à quatre ans pour mener à bien la traduction, il est clair que celle-ci est achevée une bonne dizaine d'années avant celle de Gérard de Crémone dont la version date de 1175[3].

Mais ces mouvements de traduction, en Espagne ou en Italie, sans parler de ceux, plus dispersés, qui ont pu apparaître sporadiquement dans d'autres pays européens (l'Angleterre, la France, l'Allemagne), sont tardifs, on les observe au XIe et surtout au XIIe siècles même s'ils ont été précédés par des tentatives isolées, celle de Gerbert d'Aurillac par exemple, ils sont

1. Ovide, *Les Métamorphoses*, 5,386.

2. Lejeune 1989, p. 13* : « [...] bon connaisseur du Grec et de l'Arabe, sans être ignorant du Latin [...] » Selon Lejeune la langue maternelle de l'Emir Eugène est très probablement le grec, et il aurait pratiqué l'arabe comme une langue vivante, le latin en revanche ne lui serait pas familier.

3. Haskins 1927 p. 191.

difficilement comparables avec ceux qui ont fleuri dans le monde arabe dès le VIIIe siècle.

Nous aurons l'occasion de revenir sur ces épisodes de traduction de l'Arabe en Latin en Occident lorsque nous aborderons la destinée européenne des sciences de l'optique et de la perception visuelle que Ibn al-Haytham élabore près de la Mosquée al-Azhar du Caire. On ne peut néanmoins apprécier le caractère profondément original et véritablement révolutionnaire de sa théorie de l'optique et de la vision sans avoir discuté auparavant les connaissances disponibles dans le monde arabo-musulman en cette fin du Xe siècles

Al-Haytham, qui disparait vers 1040[1], a écrit son *Livre de l'Optique* vers la fin des années 1020. Cet ouvrage ne fut accessible en latin qu'à la fin du XIIe siècle ou au début du XIIIe[2]. Une copie de la version latine circule en traduction italienne au XIVe siècle[3], avant que Friedrich Risner ne la publie en 1572 sous le nom de *Opticae thesaurus*. Deux siècles vont donc s'écouler avant que le *Livre de L'Optique* ne soit connu et n'ait pu influencer les savants de l'Occident latin. Mais le monde scientifique arabe n'a pas davantage bénéficié immédiatement de l'apport révolutionnaire d'Ibn al-Haytham dans les sciences de la vision ; il est resté en effet méconnu jusqu'à ce que Kamāl al-Dīn al-Fārisī le redécouvre à la fin du XIIIe siècle[4]. Nous aurons l'occasion de revenir sur la destinée du *Kitab al-Manāẓir* dans le chapitre 8. Auparavant, nous examinerons l'état de l'optique dans le monde arabe aux IXe et Xe siècles, c'est-à-dire juste avant que al-Hayham ne s'attelle à son œuvre.

1. Sabra 1989, vol. II, p. XXI.
2. *Ibid.*, p. LXXIV.
3. Vescovini 1990.
4. Sabra 1989, vol. II, p. XI.

CHAPITRE 6

LES SCIENCES ARABES DE LA VISION DU IXe SIÈCLE

Á partir du IXe siècle, les savants arabes disposent d'une vaste littérature sur les sciences de la vision, de l'optique géométrique à l'optique physique et philosophique, ainsi que sur l'ophtalmologie représentée (outre l'ouvrage de Ḥunyan que nous avons déjà rencontré) par un écrit, non retrouvé, sur l'œil de Jibrā'il b. Bakhtīshū'[1], et par Yūḥannā ibn Māsawayh, médecin de quatre Califes[2], auteur, selon Ibn Abi Usabia, l'historien de la médecine du XIIIe siècle que nous connaissons déjà, de deux ouvrages *L'Art de l'ophtalmologie* et *Les maladies de l'œil*[3]. On ne soulignera jamais assez le fait que cette littérature n'est pas uniquement composée de simples traductions littérales d'ouvrages grecs. Elle comprend également des écrits originaux de médecins arabes préoccupés par les pathologies oculaires, fréquentes au Moyen-Orient, et de leur traitement. Quant aux traducteurs, même s'ils peuvent être considérés principalement comme tels, ils jouent toujours un rôle actif en amendant les textes qu'ils traduisent, du grec, du syriaque, ou encore venant de Perse ou de l'Inde. Ils les purgent des erreurs et des contradictions qu'ils contiennent, lèvent les ambiguïtés et précisent les démonstrations mathématiques, en y incorporant des recherches originales. Ces traductions, ainsi enrichies,

1. Mort en 828 et dont nous avons déjà évoqué le rôle dans l'essor scientifique et culturel de Bagdad, voir chap. 5.

2. Al-Ma'mūn, al-Mu`tasim, al-Wāthiq et al-Mutawakkil (voir chap. 5).

3. Ibn Abi Usaibia, *History of Physicians* Online edition, (1971)- chap VIII. *http://www.tertullian.org/fathers/ibn_abi_usaibia_00_eintro.htm.*

concernent l'ensemble des domaines de l'optique hellénistique[1] et mettent à la disposition du savant arabe du IXe siècle un vaste corpus : la traduction de l'*Optique* d'Euclide et de la majeure partie de celle attribuée à Ptolémée, la *Catoptrique* du Pseudo-Euclide, des écrits d'Héron d'Alexandrie, des travaux sur les miroirs ardents de Dioclès, d'Anthémius de Tralles, ou d'un certain Didyme et d'un auteur non encore identifié, connu du nom de « Dirüms ». Ce savant a également à sa disposition le *De anima* et *Les météorologiques* d'Aristote, les travaux de Galien et bien d'autres travaux comme par exemple ceux d'Alexandre d'Aphrodise sur les couleurs[2].

Qusṭā b. Lūqā, chrétien melkite[3], originaire de Baalbek, passa néanmoins la majeure partie de sa vie à Bagdad. Contemporain de Ḥunayn b. Isḥāq et de al-Kindī, il est l'auteur d'un des tout premiers traités de catoptrique, dans lequel il tente, sinon une véritable synthèse, qui ne viendra que plus tard avec Ibn al-Haytham (voir Chapitre 7), du moins une coordination entre l'optique géométrique et une physique ou physiologie de la vision. Il conçoit l'optique comme : « la science de la diversité des perspectives »[4], le grec ἡ ὀπτιχή étant rendu en langue arabe par *al-manāzir* qui sera à son tour traduit en Latin, dès le XIIe siècle, par *aspectibus* ou par *perspectiva*, d'où le nom de *perspectivistes* qui sera donné à partir du XIIIe siècle, à la suite notamment de Robert Grosseteste (Chapitre 8), à ceux qui étudient la vision. Le traité de Ibn Lūqā porte sur la réflexion par les miroirs plans, sphériques convexes et concaves, et sur la diversité des images selon la position de l'objet visible par rapport au miroir, de sa distance, etc. Dès l'introduction il expose son programme scientifique : « Des sciences démonstratives, la meilleure est celle à laquelle participent la science physique et la science géométrique, car de la science physique elle emprunte la perception sensorielle et de la science géométrique les démonstrations géométriques. Je n'ai rien trouvé où se réunissent ces deux arts de plus beau ni de plus parfait que la science des rayons, surtout ceux qui sont réfléchis sur les miroirs »[5]. Qusṭā b. Lūqā

1. Rappelons que l'optique hellénistique connue des Arabes au IXe siècle est composée de optique proprement dite ou étude géométrique de la perspective et des illusions optiques qui l'accompagnent, de la catoptrique ou étude géométrique de la réflexion des rayons visuels sur les miroirs, des miroirs ardents ou convergence des rayons du soleil sur des miroirs et, enfin, des phénomènes atmosphériques : halo, arc-en-ciel ; voir *Enumération des sciences* de al-Fārābī. Voir Rashed 1996, p. 644.

2. Rashed & Morelon 1997, vol. 2, p. 294.

3. *Melkite* désigne l'une des nombreuses églises chrétiennes byzantines du Moyen-Orient.

4. Rashed & Morelon 1997, vol. 2, p. 296.

5. Rashed 1997, appendice II, p. 572.

emprunte à la fois à Euclide et à Galien : il emprunte à Euclide le fait que : « Le rayon visuel se disperse à partir de l'œil sous la forme de la figure d'un cône dont le sommet est du côté de l'œil voyant, et dont la base est du côté du visible sur lequel elle tombe. Ainsi, ce sur quoi tombe la base du cône radiant est perçu par l'œil, et, ce sur quoi ne tombe pas le rayon visuel, le sens de la vue ne le perçoit pas. Ce cône visuel s'étend à partir de l'œil voyant, suivant des lignes droites, sans courbure ; et il a un angle limité par deux côtés du cône, et cet angle est du côté du visible ; il emprunte à Galien l'idée que : « ce rayon visuel se disperse à partir de l'esprit psychique qui émerge du cerveau jusqu'à la pupille à travers les deux nerfs creux qui traversent le cerveau jusqu'aux deux yeux (il s'agit des nerfs optiques), et se disperse de l'œil dans l'air jusqu'aux visibles pour être comme l'organe de l'homme »[1]. Pour percevoir les objets, plus exactement, pour qu'ils soient « visibles », le rayon visuel seul ne suffit pas, il faut que des rayons, du soleil ou de feu, lui viennent en aide, chacun d'eux « imprègne dans l'air une luminosité sans laquelle il n'y a pas de vision et dans laquelle celle-ci a lieu »[2]. La place éminente occupée par Galien dans l'œuvre de Qusṭā b. Lūqā a sans aucun doute été possible grâce à l'important travail de Ḥunayn b. Ishāq.

ḤUNAYN B. ISḤĀQ, L'OPHTALMOLOGISTE

Ḥunayn b. Isḥāq, dont nous avons vu dans le chapitre précédent le rôle éminent qu'il tint en tant que traducteur, est aussi l'auteur de plusieurs ouvrages sur la vision. Sa théorie est fondamentalement galénique. Il suit en effet de très près Galien, souvent au mot à mot, en particulier le livre 10 du *De usu partum*, pour son anatomie de l'œil, et le livre 7 du *De placitis Hippocratis et Platonis*, pour sa théorie générale de la vision.

Cette théorie n'est ni mécanique ni causale, elle s'inscrit dans une tradition, qualifiée de micro-cosmologique[3], qui va d'Aristote à Galien *via* les Stoïciens, caractérisée par son *fonctionnalisme téléologique*. Tout organe, ou chacun de ses éléments constitutifs, a une *nature*[4] qui, selon

1. *Ibid.*, p. 583.
2. *Ibid.*, p. 583.
3. Eastwood 1982.
4. Et non une *fonction*, au sens plein du terme, qui renvoie à une forme de causalité efficiente.

Aristote, est le terme ultime d'une explication. Par example, c'est dans la *nature* de l'œil de voir. Mais dans l'œil, la vision n'est véritablement réalisée que par un seul élément, le cristallin, c'est lui dont la *nature* est visuelle, les autres ne sont là que pour le servir, le nourrir, le soutenir et assurer une connexion avec le nerf optique et, au-delà, le cerveau. Si sa description de l'anatomie oculaire est essentiellement galénique, il s'en écarte cependant par la localisation du cristallin qu'il place au centre de l'œil alors que Galien, en excellent anatomiste, le plaçait correctement en avant. Cette *erreur* est probablement idéologique : le cristallin *doit* occuper la place centrale, non seulement parce qu'il peut de la sorte être protégé et nourri par les autres humeurs oculaires (vitrée et aqueuse), mais surtout parce qu'il est le siège de la capacité visuelle[1]. Dans le *Livre des Dix Traités*[2], Ḥunayn reprend l'énumération des différentes tuniques, enveloppes membranaires, et des deux compartiments, l'antérieur rempli d'humeur aqueuse et le postérieur d'humeur vitrée. Il y a quelques différences dans le nombre de ces tuniques selon les éditions, différences que l'on retrouvera jusque chez les *perspectivistes* du Moyen Âge latin[3]

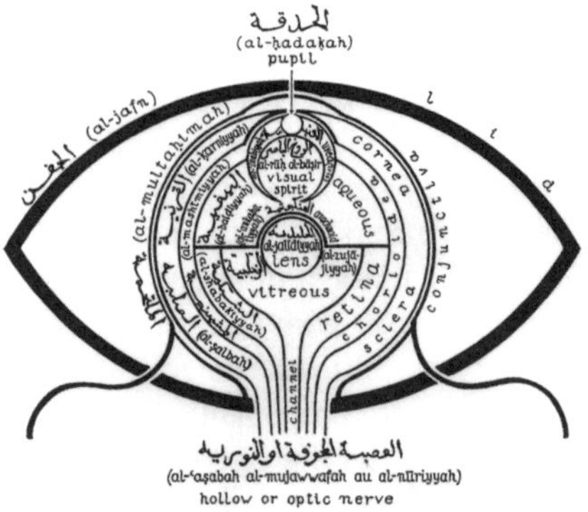

Figure 1a : Diagramme de l'œil s elon Ḥunayn ibn Isḥāq

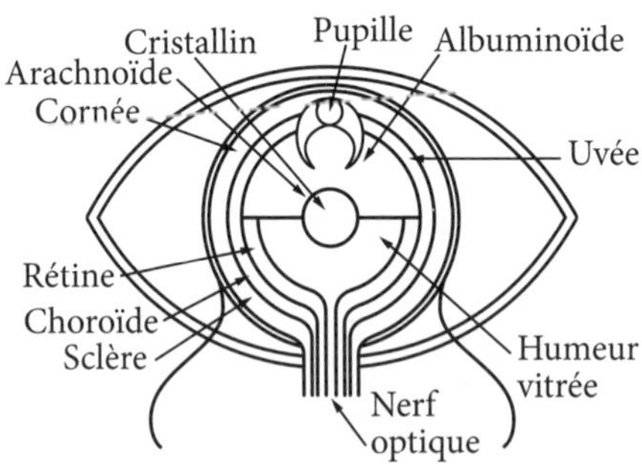

Figure 1b : Schéma réalisé, à partir de la figure 1a, par Lindberg et modifié par nos soins.

1. Eastwood 1982, p. 6 *sq*.
2. Meyerhof 1928 ; Sbath & Meyerhof 1938.
3. Lindberg 1970, p. 249.

Dans le troisième des *Dix Traités*, Ḥunayn aborde la description des nerfs optiques. Ils prennent leur origine à : « l'arrière des ventricules antérieurs » (*ventricules latéraux* dans la terminologie moderne), se réunissent au niveau du chiasma optique, et se dirigent directement aux yeux opposés à leur origine cérébrale ; ils sont creux de telle sorte qu'ils peuvent conduire l'esprit visuel du cerveau à l'œil. Pour justifier le croisement chiasmatique, Ḥunayn reprend une explication ancienne, que nous connaissons déjà : si un œil est fermé il empêche l'esprit visuel de sortir, et l'oblige, arrivé au niveau de la jonction, à emprunter la branche du nerf destinée à l'œil ouvert, renforçant de la sorte la vue assurée par cet œil : l'objet vu par ce dernier sera ainsi plus contrasté et plus net. La raison en est que la capacité totale de la vue, divisée par deux au niveau du chiasma, ne peut entrer que dans un seul œil pour en sortir en direction de l'objet. Pour preuve : quand un œil est fermé, la pupille de l'autre s'agrandit, parce que l'uvée de l'œil non fermé est distendue par une quantité accrue d'esprit visuel. Cette explication se trouve déjà chez Galien. L'autre fonction de la jonction chiasmatique est de produire une impression unique (unifiée) dans la vision binoculaire. Un objet sera vu unique si et seulement si les rayons provenant des deux yeux ont une origine commune à partir de laquelle ils sont tirés en ligne droite depuis le nerf optique et la pupille jusqu'à l'objet ; en outre, ils doivent tomber ensemble sur ce dernier. Le point commun d'origine est situé à la jonction des nerfs optiques ; l'unicité de l'objet sera assuré : « si les regards (des deux yeux) procèdent de cette unique origine sortent des pupilles et regardent l'objet perçu, elles l'atteignent en un seul point et le voient unique »[1]. Cependant si l'un des deux yeux est déplacé de sa position naturelle, l'objet visible apparaîtra double. Cette explication est loin d'être satisfaisante, il n'est en effet pas possible que deux rayons visuels rectilignes empruntant les deux branches adjacentes des nerfs optiques à partir d'un même point au centre du chiasma puissent converger sur un même point. Selon Lindberg[2], beaucoup d'ingéniosité sera déployée en vain par la suite pour surmonter cette impossibilité.

Comme il le fit pour l'anatomie oculaire, Ḥunayn fait sienne la thèse de Galien sur la perception visuelle. Il n'y a pas d'émission d'une substance ni de l'objet vers l'œil, ni de l'œil vers l'objet : l'air qui occupe l'espace entre l'objet et l'observateur est l'instrument de la transmission. Cette solution n'est autre que celle déjà proposée par Aristote. Pour cela, deux conditions

1. Meyerhof1928., p. 26 ; voir aussi dans Galien & Daremberg 1854-1856.

2. Lindberg 1976, p. 37. Dans la suite de ce chapitre, nous suivons de près Lindberg, p. 38 à 42.

doivent être remplies : a) l'air doit être transformé par la lumière solaire (comme chez Aristote et non comme chez Galien), b) l'air est transformé dès que touché par l'esprit visuel qui vient de l'œil (comme chez Galien et non comme chez Aristote). Ce n'est pas l'esprit visuel qui est lui-même propagé jusqu'à l'objet, mais la transformation que l'esprit visuel provoque dans le milieu : l'esprit visuel émerge de l'œil et dès sa sortie transforme l'air, sans s'étendre au-delà.

Ḥunayn ne dit rien de précis sur la nature de la transformation de l'air produite par l'esprit visuel, ce qu'il en dit se résume à cela : dès qu'il frappe l'air, il provoque un choc de collision, qui le transforme pour le rendre tout du long semblable à lui-même (doit-on comprendre ceci comme une propagation d'onde ? Doit-on y voir une influence stoïcienne ?). L'air devient : « pour un temps l'organe homogène et cohérent de la vision jusqu'à ce qu'il touche l'objet coloré »[1]. Ici Ḥunayn utilise l'analogie bien connue depuis l'Antiquité de la canne de l'aveugle. L'air ébranlé serait la canne que l'aveugle utilise pour sentir les obstacles (voir Galien, Chapitre 3). L'analogie est trompeuse. Elle suggère un mécanisme de type cartésien selon laquelle l'air serait passif et *retournerait* la pression de l'objet à l'œil comme la canne renvoie la solidité de l'obstacle qu'il heurte à la main qui la tient. Pour Ḥunayn – comme pour Galien – la relation du cerveau à l'œil par le nerf optique est exactement la même que celle de l'œil à l'air environnant : la faculté visuelle est communiquée à l'objet et non transportée de l'objet (ou de sa représentation) à l'œil. Il s'agit bien d'extramission et non d'intromission.

Comment l'esprit visuel, conduit de la sorte à l'objet, perçoit-il ses différentes qualités ? Ainsi formulée, cette question ne se pose pas pour les *psychologues* de l'Antiquité ou du Moyen Âge. Elle n'a pas de sens. Le problème de savoir comment l'esprit visuel entre en contact avec l'objet vu est de la plus haute importance, mais non celle de savoir comment ce contact mène à la sensation, même si Galien et Ḥunayn ont proposé des analyses mathématiques pour rendre compte de la taille et de la position des objets. L'analogie vue-toucher semble satisfaire tout le monde, on s'en tient là. Nul besoin d'explications supplémentaires. Ḥunayn affirme que la vue saisit la taille, la forme et la couleur des corps simplement parce qu'elle en a la capacité, telle est sa *nature* comme aurait pu le dire Aristote. Pour la couleur Ḥunayn ajoute qu'elle produit un autre type de transmutation de l'air, l'instrument de la vison, ce qui fait en tout trois transmutations :

1. Ḥunayn dans ses *Dix Traités*, cité par Lindberg 1976, p. 39.

« de la même façon que l'air est entièrement transformé par la lumière du soleil jusqu'à ce qu'il devienne lumineux… il est aussi instantanément transformé par les couleurs, et de la même façon qu'il est transformé par les couleurs, il est également transformé avec la plus extrême rapidité par l'esprit lumineux »[1]. Comme illustration de ce fait, Ḥunayn dit que si un homme se tient sous les branches d'un arbre, ses habits prendront la couleur de l'arbre. Galien utilisa le même l'exemple, que semblera découvrir Buffon au XVIIIᵉ siècle[2].

Le processus visuel n'est pas terminé quand l'air, instrument de la vue, a saisi la forme, la taille et la couleur d'un objet, car les perceptions doivent revenir à l'œil et de là au siège de la conscience dans le cerveau. Ḥunayn ne dit rien d'explicite sur ce point ; il se contente encore une fois de suivre Galien pour qui les impressions visuelles doivent d'abord être envoyées à l'humeur cristalline par un processus dont on peut supposer qu'il est optique : puisque le medium est l'air, un processus de radiation semble être le seul mode possible de transmission. Que le cristallin reçoive les impressions semble évident après la remarque de Ḥunayn selon laquelle il est aplati : « ce qui lui permet de recevoir les impressions des objets de meilleure façon que s'il était parfaitement arrondi ». Des remarques semblables avaient déjà été faites par Galien qui affirmait en outre que les objets visibles produisaient des altérations du cristallin[3]. La cataracte, qui en le rendant opaque empêche la vision, en apporte une preuve supplémentaire.

Si la transmission des impressions visuelles de l'objet visible au cristallin suit bien les règles de l'optique géométrique, qu'elle sera la nature de la transmission du cristallin au cerveau ? Toujours à la suite de Galien, Ḥunayn considère que le cristallin est fixé à la rétine qui n'est rien d'autre qu'une expansion du nerf optique ; le cristallin peut donc lui transmettre directement les modifications qu'il reçoit, et, à son tour, la rétine les transmettra au cerveau *via* son extension, le nerf optique. Cette interprétation, David Lindberg la qualifie de *neurophysiologique*, voulant sans doute dire par là qu'elle fait appel à des modifications matérielles

1. Ḥunayn, *Dix Traités*, cité par Lindberg 1976, p. 39.

2. Dans le *De Placitis*, 7.7. Buffon reprendra le même exemple dans sa description des ombres colorée : « je remarquai que les ombres des arbres qui tombaient sur une muraille blanche étaient vertes » (Buffon 1853, p. 287).

3. Ḥunayn, *Dix Traités*, cité par Lindberg 1976, p. 39.

(biologiques) au sein du tissu nerveux[1]. Je ne pense pas cependant que l'on puisse ainsi qualifier cette théorie de neurophysiologique ou simplement de physiologique, cette interprétation serait bien trop mécanique.

Ce que Ḥunayn apporte à la théorie déjà développée par Galien est relativement modeste, sans doute un ton plus pédagogique[2], des illustrations précises et une systématisation qui fera des *Dix Traités* l'ouvrage de référence pour les siècles à venir. Très tôt connu non seulement dans le monde arabe mais également dans l'Occident chrétien sous le nom de *Johannitus*, Ḥunayn est l'auteur-traducteur de ce grand ouvrage d'ophtalmologie qui circulera en latin sous deux titres : le *Liber oculis Constanini Africani*, traduit au début du XIe siècle par Constantin l'Africain, qui fut souvent considéré comme en étant l'auteur, et le *Galeni de oculis liber a Demetrio translatus* que le traducteur Démétrius attribue faussement à Galien, édité plusieurs fois à Venise entre 1541 et 1625.

AL-KINDĪ, LE PREMIER DES PHILOSOPHES

Al-Kindī, l'autre chef de file d'un des deux cercles de traductions à la cour abbaside du IXe siècle, est d'abord un philosophe, ne l'appelle-t-on pas « le premier philosophe des Arabes », et un savant aux nombreux domaines de compétences, mathématicien, astronome, géologue, opticien. Issu d'une branche noble d'une tribu influente du Yemen d'où il tire son nom (la tribu *Kinda*), al-Kindī est né en 801 à Kūfa, ville prospère et brillante située sur les bords de l'Euphrate à moins de 200 km au sud-est de Bagdad. Dans cette capitale, où il est venu parfaire son éducation, il attire l'attention du Calife al-Ma'mūn qui l'accueille à la *Maison de la Sagesse* (voir chap. 4) avec pour mission d'améliorer les traductions du Grec en Arabe. Le Calife al-Mu'taṣim, son successeur, le conforte dans cette position privilégiée et lui confie même l'éducation de son fils, Aḥmad. A la mort d'al-Mu'taṣim, son statut au sein de la cour se dégrade, jusqu'à tomber en disgrâce sous le règne de d'al-Mutawakkil, probablement en raison de la jalousie qu'éprouvent les frères mathématiciens Banū Mūsā ou l'astrologue de cour Abū Ma'har, plus vraisemblablement encore à cause de ses sympathies pour le mouvement des Mu'tazilites qui, à cette

1. Lindberg 1976, p. 40.
2. Eastwood 1982, p. 57.

époque, étaient persécutés par al-Mutawakkil. Il restera isolé jusqu'à la fin de vie vers 866[1].

On ne saurait trop insister sur son rôle de *passeur* de la culture grecque à la culture arabe : bien qu'il ne fût jamais lui-même un traducteur au sens propre du terme, il supervisa la traduction d'un vaste corpus d'œuvres aristotéliciennes, les *Parva naturalia*, une paraphrase du *De l'Âme*, ainsi qu'une grande partie des *Enneades* de Plotin qu'il produisit sous le titre de *la Théologie d'Aristote*, enfin les *Éléments de Théologie* de Proclus également attribués à tort à Aristote. A ces œuvres, il faut ajouter des dialogues de Platon, le *Timée* et le *Phèdre* notamment, enfin l'*Optique* d'Euclide.

Sa contribution aux sciences de la vision fut considérable. Son livre, connu sous le nom de *De aspectibus*, est la traduction latine d'un ouvrage en arabe perdu pendant longtemps. Traduit en latin par Gérard de Crémone dans la deuxième moitié du XIIe siècle[2], il a été abondamment cité et étudié à partir du XIIIe siècle, notamment par Roger Bacon, Albert le Grand, Léonard de Vinci ou Jérôme Cardan[3].

Jusqu'à récemment, le *De aspectibus* était le seul ouvrage d'al-Kindī permettant d'accéder à sa théorie optique de la vision. Récemment, la connaissance de celle-ci a été considérablement enrichie. En effet, « un commentaire extensif et exhaustif » d'Euclide, rédigé vraisemblablement après le *De aspectibus*, connu sous le nom abrégé de *Rectification*[4], ainsi qu'un opuscule sur *les grandeurs immergées dans l'eau*, et un fragment sur les miroirs concaves, ont été découverts et publiés par Roshdi Rashed dans les années 1990s. On possède désormais une vue relativement complète de l'œuvre optique d'al-Kindī, qui fut, nous le verrons plus loin, tellement importante pour l'histoire des théories visuelles au Moyen Âge.

La philosophie de la nature que développe al-Kindī ne pouvait en aucun cas s'accommoder d'une conception purement géométrique du rayon visuel telle que la concevait Euclide[5]. En effet, selon le *De radiis stellarum*[6], tout ce qui existe dans l'univers, les corps célestes et les corps naturels, émet des rayons dans toutes les directions, lesquelles remplissent la totalité du monde, formant de la sorte un vaste réseau d'influences qui « installe l'ensemble des êtres vivants dans une sorte d'harmonie

1. Jolivet & Rashed 1978, p. 261-267.
2. Voir « La *Translatio studiorum* », chap. 5, p. 112.
3. Vescovini 2003, p. 49.
4. Rashed 1997, vol. 1.
5. *Ibid.*, p. 74.
6. *Ibid.*, Voir *Sur les rayons solaires.*

universelle »[1]. Ce traité est davantage un traité d'astrologie et une analyse du *pouvoir des mots*[2] qu'un traité des sciences de la vue, même s'il détermine le programme de révision de l'*Optique* d'Euclide.

La *rectification* que mentionne le titre de l'ouvrage d'al-Kindī porte en effet essentiellement sur la nature du rayon visuel. Celui-ci est une radiation au même titre que celles qui lient de façon efficace tous les objets du monde ; pour cette raison, il est un rayonnement pourvu d'une réalité *physique* garante de son efficacité, et non un segment de droite mathématique comme chez Euclide. Ainsi, l'optique a-t-elle une signification particulière chez al-Kindī du fait notable qu'elle traite du plus fondamental de tous les phénomènes naturels, les radiations d'énergie. Les lois qui les régissent sont des lois de la nature et l'optique est en conséquence un prérequis à toutes les autres études.

Le *De aspectibus* d'al-Kindī se présente, comme l'*Optique* d'Euclide, sous la forme d'une série de démonstrations géométriques basées sur un ensemble d'axiomes. La grande différence est que là où Euclide se contente d'une simple affirmation, par exemple que les rayons issus de l'œil se propagent en lignes droites, al-Kindī consacre les premières propositions de son ouvrage à une démonstration qu'il base sur l'observation des ombres portées : une ligne droite relie la source lumineuse au bord de l'ombre projetée sur une surface par un obstacle interposé. Al-Kindī adopte sans réserve la conception selon laquelle la vision procède d'un cône de rayons visuels émis par l'œil[3]. Ce cône visuel est néanmoins différent de celui d'Euclide sur au moins deux points essentiels. Tout d'abord, les rayons visuels ne sont pas seulement, comme nous le savons déjà (voir plus haut), des lignes mathématiques, longueurs sans largeur ; s'il en était ainsi elles ne contacteraient la surface d'un objet qu'en un point *sans extension* et ne pourraient donc pas le voir. On pourrait objecter qu'il existe une droite (visuelle) entre l'œil et chacun des points de l'objet, il y aurait ainsi une infinité de rayons visuels discrets issus de l'œil.

Les rayons visuels issus de l'œil forment un cône de radiations continues dont l'apex est à la *surface* de l'œil, la cornée, notamment au niveau de la pupille, et non à l'intérieur du globe comme chez Euclide. En outre tout *point* sur la surface de la pupille émet des rayons dans *toutes*

1. D'Alverny & Hudry 1974, p. 141-142.

2. C'est par sa défense du déterminisme astral qu'il sera condamné par Thomas d'Aquin dans le *Contra Gentilles* (III, 104-105) des années 1259-1265 et subira les condamnations parisiennes de 1277 pour devenir une référence interdite dans les débats scolastiques. Voir Delaurenti 2012, p. 62.

3. Rashed 1997, vol. 1, p. 86.

les directions[1]. Ce qui permet à al-Kindī d'expliquer pourquoi la sensibilité visuelle, variant en fonction de la position de l'objet vu dans le cône visuel, est meilleure si ce qui est vu est situé au centre de la base du cône. On peut voir sur la figure 2 que l'arc central ca´ est illuminé par les rayons issus des trois points A, B et D, alors que les arcs bc, a´b´ et ab, c´b´ ne le sont que par deux ou un seul : « la plus forte visibilité a lieu au voisinage du centre du cercle de base du cône visuel »[2]. C'est le nombre de rayons visuels et non leur longueur qui compte ; ne voit-on pas mieux avec trois bougies qu'avec une seule ou même avec deux ? Dès le début de la *Rectification* al-Kindī précise que le cône agit comme le membre d'un être vivant permettant à la pupille de palper les corps qu'elle touche. Nous avons déjà rencontré cette analogie entre la vision et la sensibilité tactile qui perdure depuis l'Antiquité.

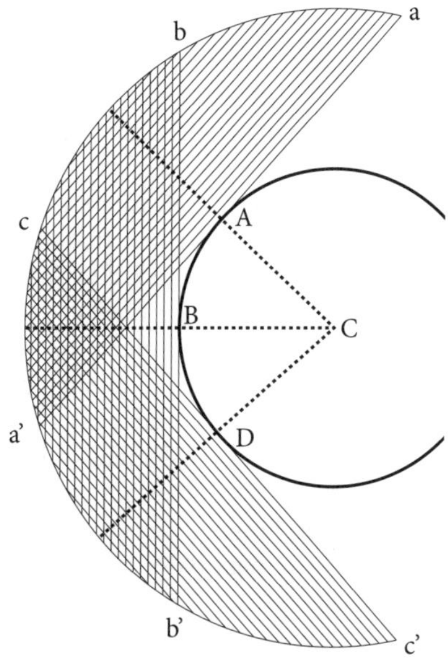

Figure 2 : Radiations omnidirectionnelles selon al-Kindī (Smith 2015)

Al-Kindī reste fidèle à la tradition de l'optique ancienne ; il adopte résolument la théorie de l'émission, et comme le dit Roshdi Rashed : « il est encore *ancien* par sa conception du *voir, c'est éclairer*, déjà *moderne* dès lors qu'il s'agira du contenu physique (du rayon visuel) et de la propagation de la lumière »[3]. Le rayon visuel, doté d'une réalité physique, possède une *puissance* dont l'intensité détermine pour une part la clarté de la chose vue qui, en outre, est fonction de sa position à la base du cône visuel. Le voisinage autour du point que touche le rayon visuel dirigé sur l'objet visé est celui qui reçoit le plus de rayons (CB sur la figure 2) dont les

1. Il anticipe en cela al-Haytham, voir chap. 7.
2. Rashed 1997, p. 89.
3. Rashed 1997, p. 96.

puissances s'ajoutent rendant ainsi sa clarté maximum : la netteté de la vue est associée à la position de l'objet dans le cône visuel et non à la distance qui le sépare de l'œil.

Fervent défenseur de la théorie de l'extramission, al-Kindī ne peut avoir beaucoup de sympathie pour la théorie de la vision d'Aristote selon laquelle il y aurait *assimilation* de la forme sans la matière (voir Chapitre 2), ce qui suppose l'intromission. Il lui emprunte néanmoins, en la modifiant profondément, sa conception du diaphane ou transparent. Chez Aristote, le transparent réside dans *tous* les corps, l'eau et l'air notamment, qui ne sont transparents que potentiellement. En puissance le transparent est *obscurité*, en acte il est *lumière*, la lumière, non visible par elle-même, a pour fonction de le faire passer de la puissance à l'acte, elle est incorporelle, ce que ne peut admettre la philosophe naturelle d'al-Kindī. Selon ce dernier, dans les deux ouvrages qu'il consacre à la vision des couleurs[1], plus un objet est transparent, moins il est visible : il ne peut être vu que s'il fait obstacle à la lumière, celle émise par l'œil au premier chef, mais également celle émanant des corps célestes ou d'un feu. On ne voit un objet que lorsque celui-ci est simultanément frappé par un rayon lumineux et par un rayon visuel. Des quatre éléments, seul l'élément *terre* peut bloquer la lumière, les trois autres, y compris le feu, sont transparents. La présence de *terre* dans sa composition fait qu'un objet est non seulement visible mais qu'il apparaîtra coloré et l'on voit différentes couleurs selon les proportions des différentes composantes de l'élément *terre*. Mais si l'on voit les couleurs du fait de la présence de *terre* dans l'objet visible, pourquoi le ciel paraîtra-t-il bleu alors qu'il n'y a pas de terre dans le ciel ? Le ciel semble bleu parce que des particules non transparentes flottent dans l'air, quand ces particules sont frappées par les rayons lumineux ou les rayons visuels, on peut voir des couleurs selon une gradation des teintes qui va de la pure lumière au noir de l'obscurité totale[2].

Si Al-Kindī reste fidèle à la tradition antique selon laquelle *voir, c'est éclairer*, il s'en écarte cependant dès lors qu'il aborde le contenu physique du rayon visuel ou la propagation de la lumière : « Tout en étant une rénovation de l'optique, la recherche d'l-Kindī est demeurée dans le sillage

1. *Sur le corps qui porte par sa nature la couleur parmi les quatre éléments et qui est la cause de la couleurs des autres* et *Sur la cause de la couleur azur que l'on voit dans l'atmosphère du côté du ciel et dont on croit que c'est la couleur du ciel.* Voir Rashed 1997, vol. 1, Introduction.

2. Le même raisonnement vaut pour la couleur de la flamme. Voir Adamson 2006, p. 226.

des Anciens ; mais sans doute est-ce cette situation, qui lui a conféré sa plénitude universelle, au sens de son temps, avant la venue d'Ibn al-Haytham »[1].

Quelques philosophes et savants s'éloignent pourtant déjà de cette tradition antique de la *vision éclairante*. A la différence de Ḥunayn et d'al-Kindī, des penseurs comme al-Fārābī (972-950) et surtout Avicenne (980-1037) optent pour une théorie intramissionniste. Al-Fārābī, peut-être le plus célèbre commentateur d'Aristote du début du Moyen Âge arabe, connu dans l'Occident latin sous le nom de Alpharabius, commence, dans son *Catalogue des Sciences*[2], par défendre une théorie euclidienne de la vision, pour ensuite adopter une conception aristotélicienne dans son *Modèle de l'État*[3]. Il y affirme notamment, dans une veine aristotélicienne, que la lumière du soleil participe activement à la vision, assignant à l'œil un rôle purement passif[4]. Mais c'est surtout Avicenne qui sera sans ambiguïté le premier défenseur de la thèse intramissionniste.

Ībn Sina, Avicenne dans le monde latin

Ībn Sina[5], connu dans le monde latin sous le nom d'Avicenne, est né, aux alentours de 980, dans le village d'Afshana, près de Boukhara à l'ouest de l'actuel Ouzbékistan. Son père, d'origine ismaélienne, est, sous la dynastie Samanide[6], le gouverneur d'une ville voisine (Kharmaytan). Issu d'une famille fortunée, cet enfant surdoué reçoit une excellente éducation. Boulimique de savoir, il maîtrise les sciences grecques connues dans le monde arabe de cette époque, l'arithmétique, la géométrie, la logique ou l'astronomie. Il étudie aussi la philosophie et la médecine. C'est d'ailleurs comme médecin qu'il commence sa carrière dès l'âge de 17 ans, au service du prince Samanide Nūḥ b. Manṣūr (qui régna de 976 à 997) ; quelques

1. Rashed 1997, vol. I, p. 96.
2. González Palencia 1953.
3. Walzer 1985.
4. Lindberg 976, p. 42-43.
5. Abu Ali al-Hussein ibn-Abdullah Ibn-Sina.
6. La dynastie Samanide gouverne la Transoxiane et le Khurasan, avec Boukhara comme capitale, entre 819 et 1005. Boukhara, ville florissante, sur la route de la soie, est situé entre Samarkande et Marw. L'ismaélisme est une branche du Chiisme, dont l'apogée se situe pendant le califat des Fatimides entre 910 et 1171.

années plus tard, après le décès de son père, il occupera, pour subvenir à ses besoins, plusieurs postes administratifs importants. Dès lors et durant toute sa vie, Avicenne partagera son temps entre l'exercice de la médecine, où il excelle, l'action politique et administrative, où il suscitera beaucoup de jalousie et la philosophie, les mathématiques, l'astronomie… rien n'échappe à son appétit de savoirs. Ces succès et la renommée qui l'accompagne expliquent sans doute les « difficultés » qu'il mentionne dans son autobiographie[1] : poursuivi, emprisonné, ridiculisé, accusé d'hérésie, il doit constamment changer de résidence et connaît ainsi un exil permanent à travers toute l'Asie centrale, notamment l'Ouzbekistan, le Tadjikistan, l'Azerbadgian d'aujourd'hui. Pas étonnant que plusieurs pays, notamment l'Iran, la Turquie, l'Afghanistan le revendiquent et l'honorent. En 1023, il se réfugie auprès de l'émir d'Ispahan, qui l'accueille avec le « respect et l'estime qu'il mérite » selon les termes de son disciple, biographe et fidèle compagnon, Abū ʿUbayd Jūzjānī. Dans cette ville, située au centre de l'Iran, il trouvera une paix relative pendant les quatorze dernières années de sa vie qui s'achève lors d'un déplacement à Hamadan où il meurt en 1037 d'une crise intestinale qu'il n'a pas réussi à soigner.

Il faut reconnaître à Avicenne une puissance de travail exceptionnelle pour qu'en dépit de toutes les vicissitudes ininterrompues de sa vie il ait réussi à produire une œuvre aussi imposante. On lui doit de nombreux ouvrages[2], notamment le *Canon de Médecine*, peut-être le plus célèbre d'entre eux, traduit en Latin par Gérard de Crémone entre 1150 et 1171 et dont l'influence sur la médecine européenne persistera jusqu'au XVIe siècle. Mais c'est sans doute *Le Livre de la Guérison de l'âme* (*Kitāb al-Shifāʾ*), probablement rédigé aux alentours de 1021 alors qu'il séjournait à Hamaḍān, traduit en latin dans la seconde moitié du XIIe siècle à Tolède par Avendauth[3] et Dominicus Gundissalinus. Cet ouvrage encyclopédique est, pour notre propos, le plus important. Il se présente comme une immense compilation couvrant logique, mathématiques, métaphysique et philosophie naturelle dont une section importante circule sous le nom de *De anima*. Ce *De anima*, qui contient l'exposé le plus complet de sa théorie de la vision, est un véritable *best-seller* au XIIIe siècle[4]. Dans son introduction, Avicenne considère : « qu'un chapitre sur ce sujet doit

1. Voir Gutas 1987.

2. Ce nombre oscille autour de 200.

3. Nom probable du philosophe juif Abraham Ibn Daud (1110-1180) ; Dominicus Gundissalinus (1110-1190), probablement d'origine juive également, fut archevêque dans le Diocèse de Ségovie.

4. Hasse 2000, p. 8.

avoir deux parties. La première portera sur la lumière, le transparent et la couleur, le second sur la relation entre celui qui perçoit et l'objet perçu par la vue »[1].

Avicenne distingue deux modalités de lumière : *ḍaw'*, lumière lumineuse, naturelle, propriété intrinsèque de certains objets, le soleil par exemple ou encore le feu, visibles par eux-mêmes, et *nūr*, lumière irradiante ou effet d'une radiation lumineuse sur des objets opaques, la couleur étant la propriété formelle inhérente des objets opaques qui les rend potentiellement visibles. Gundissalinus et Avendauth ont traduit ces deux acceptions par respectivement *lux* (daw') et *lumen* (nūr), traduction heureuse qui, en tout cas, aura une longue vie, car aujourd'hui encore lux et lumen sont toujours utilisés, dans un contexte et avec une signification toute différente, pour désigner les unités d'éclairement d'une surface et de puissance d'une source lumineuse.

Le mélange d'une lumière naturelle et de la couleur potentielle d'un objet constitue un rayon lumineux (pour le distinguer du rayon visuel issu de l'œil) que cet objet réfléchit et qui devient de ce fait *visible* ; c'est seulement quand la lumière afférente se mélange à la couleur de l'objet le rendant de la sorte capable d'irradier sa forme à travers les media transparents : « lumière et couleur lumineuse sont ainsi visibles *per se* »[2]. La lumière est ainsi définie non par rapport au *medium*, comme chez Aristote (voir chap. 2), mais par rapport à des corps qui ne sont pas transparents. Ce changement théorique est très important, même si l'autorité d'Aristote a longtemps empêché d'en comprendre la portée[3]

Dans le *De anima*, Avicenne, fort de sa conception de la lumière, s'en prend systématiquement (et énergiquement) à toutes les versions des théories de l'extramission, qu'elles soient strictement euclidienne ou galénique[4]. Si le cône visuel est composé de rayons visuels discrets, alors la vue de l'objet devrait être *pointilliste*, mais s'il est au contraire continu, alors voir le ciel étoilé demanderait une quantité inconcevable du flux visuel. Dans tous les cas, si plusieurs observateurs regardent en même temps un même objet, la somme des intensités des illuminations individuelles devrait s'ajouter et rendre cet objet plus lumineux et plus distinct que lorsqu'il n'est vu que par un seul observateur ; en outre, si après avoir contacté les objets extérieurs, les impressions qui en résultent

1. *Ibid.*, p. 107.
2. Smith 2015, p. 161.
3. Hasse 2000, p. 115.
4. Lindberg 1976, p. 43-53 ; Hasse 2000, p. 120.

doivent, pour être efficace, être transmises en retour à l'œil de l'observateur, pourquoi postuler en tel aller-retour, les seuls rayons lumineux réfléchis par l'objet ne devraient-ils pas suffire ? Ces objections se trouvaient déjà dans le commentaire du *De anima* de Philipon et l'on sait qu'Avicenne le connaissait[1].

A la suite de Galien, Avicenne localise le site de l'impression visuelle dans le cristallin chargé par l'esprit visuel qu'il reçoit du cerveau *via* le canal central du nerf optique. Le cristallin saisit les impressions colorées lumineuses organisées selon un cône de radiations dont l'orientation est la même que chez Euclide : le vertex étant au niveau de l'œil, cette fois à l'intérieur du cristallin, et la base couvrant la surface de l'objet visible. De la sorte la couleur de l'objet irradie la forme de celui-ci jusqu'à l'œil par le cône pour faire impression dans la portion du cristallin qu'il intercepte. Avicenne utilise l'analogie bien connue du sceau et de la cire pour décrire cette impression. Mais le cristallin ne peut être le site initial de la sensation, en effet, dans ce cas la vision devrait être double parce qu'il y a deux images, une dans chaque œil. Il faut les combiner pour n'en faire qu'une et assurer une vision binoculaire simple. Les impressions reçues par les deux yeux circulent dans l'espace creux de l'intérieur des nerfs optiques, fusionnent au niveau du chiasma. Cette image unifiée passe dans la portion antérieure du ventricule cérébral antérieur (ventricule latéral) où s'effectueront les diverses étapes du processus perceptif.

La forme qui résulte de la fusion des images saisies par chaque cristallin est reçue par le sens commun (*ḥiss muštarak*), le premier des sens internes[2], situé dans la moitié antérieure du ventricule antérieur (latéral). Il reçoit aussi les formes sensibles des autres sens externes et effectue une synthèse perceptive de ces diverses formes. Cette synthèse unificatrice transforme la *sensation*, simple réception *passive* par les organes sensoriels, en perception, processus mental *actif*[3]. Cette image composite est adressée *à l'imagination rétentive* (*al-muṣawwira*), située à l'arrière de ce même ventricule, où l'image de l'objet ainsi élaborée est séparée de la matière qui la compose. De la sorte l'objet peut être *perçu* même en son absence. Il n'est cependant pas entièrement dépouillé de toute matière ; c'est la trace qu'il en garde qui permettra son rappel. Il n'est pas clair que sens commun et imagination *rétentive* soient deux facultés

1. Gutas 2004, p. 83 : « Philoponus should be considered seriously as a source for major aspects of the psychology of Avicenna ». Cité par Smith 2015, p. 161.

2. *Interiores, quia intra cranium susistat.*

3. Sebti 2005, p. 117. C'est la première distinction *explicite* de sensation/perception. Sur la dualité passivité-activité, voir Ben Zeev 1984a et 1984b.

distinctes[1] (*fantasia*, translittération du grec φαντασία, est le terme souvent utilisé par les scolastiques pour désigner le sens commun) ; quoi qu'il en soit, Avicenne tient le sens commun pour le *récepteur* de l'image et l'imagination pour son *dépositaire* : « l'imagination rétentive et le sens commun sont comme les deux faces d'une même instance. L'une est tournée vers l'extérieur, l'autre vers l'intérieur ; l'une produit les images, l'autre les conserve »[2]. Toujours véhiculée par l'esprit ou pneuma visuel, cette représentation perceptuelle est transmise à l'imagination, appelée composante (chez l'animal) et cogitative (chez l'homme) – *al-mutaḥayyila*. Cette instance, située dans la moitié antérieure du IIIe ventricule, examine l'image, en dissocie les fragments pour les ré-arranger et produire ainsi des représentations plus abstraites qui seront, à leur tour, les objets propres d'une instance supérieure : la faculté estimative (*wahm – vis aestimativa*).

Cette faculté estimative, localisée à l'arrière du IIIe ventricule, est l'instance où ces représentations subissent une abstraction plus poussée, encore plus *dématérialisante*, jusqu'à devenir des représentations conceptuelles. En outre, cette faculté estimative saisit directement des aspects non sensibles des choses, ce que les traducteurs latins ont rendu par intentions (*intentiones – ma'āni*)[3]. Celles-ci, bien qu'immatérielles, adhérent *accidentellement*, pour parler en aristotélicien, à l'objet sensible[4]. Avicenne donne l'exemple du mouton qui, en présence d'un loup, saisit directement le *danger*. Le danger n'est pourtant ni une couleur, ni une forme, ni une odeur propres au loup, il se donne à voir directement – ce danger non sensible ne peut être reçu par aucun des sens externes, il ne peut l'être que par un sens interne[5]. Parmi ces *ma'āni*, Avicenne cite également, l'espace, le mouvement, le temps, le fait que certaines choses sont bonnes et utiles ou mauvaises et nuisibles, et qu'il faut en conséquence approcher ou éviter. Hasse propose de traduire *ma'nā* par : « attribut de connotation », ce qui est sans doute un peu lourd mais plus approprié qu'intention[6]. En effet, la théorie selon laquelle le sens de l'estimation (*wahm*), a pour objet les *ma'ānī – intentiones*, est probablement une des théories d'Avicenne les plus commentées, et des plus diversement appréciées. Certains auteurs ont

1. Sebti 2005, p. 118.
2. *Ibid.* p. 121.
3. Ibn al-Haytham utilise aussi une notion exprimée par le mot *ma'nā* que les traducteurs en Latin ont rendu par intentions, mais il ne faut pas confondre les doctrines de ces deux auteurs. Voir Sabra 1989, vol. II, p. 72.
4. Hasse 2000, p. 127, 131.
5. Voir Wolfson 1935, pour l'histoire de la notion de sens interne.
6. Hasse 2000, p. 132 ; Sabra traduira *ma'ānī* chez Ibn al-Haytam par intentions visibles.

considéré le *wahm* comme l'équivalent de la sagacité, de la prudence ou de la prévoyance qu'Aristote accordait déjà aux animaux, d'autres ont pris, un peu hâtivement *maʿānī* comme l'ancêtre des intentions telles qu'elles apparaissent dans les théories modernes de l'intentionnalité[1]. C'est un contresens total, *les intentiones-maʿānī* d'Avicenne sont *objectives*, elles sont présentes dans les représentations perceptuelles, tout comme *Venise est dans un Canaletto* : dès que le mouton voit le loup, *il saisit* ses intentions hostiles et prend la fuite[2].

Dans chacune des étapes de ce processus inductif d'abstraction qui va de la représentation sensorielle dans le cristallin à la représentation conceptuelle dans les ventricules occipitaux, Avicenne prend soin de bien distinguer ce qui n'est que simple saisie passive de ce qui est élaboration active. Par exemple, deux phases distinctes caractérisent sa notion de faculté estimative : d'une part elle doit être réceptive aux attributs de connotations objectivement portés par les représentations perceptibles ; d'autre part, elle doit inférer les conséquences de ces *intentiones* sur la base d'une capacité innée de type judicatoire. On doit dire : « quelque fois nous portons des jugements sur des objets perceptibles au sujet de leurs attributs de connotations », formulation qui permet d'éviter d'introduire un élément subjectif dans la notion de faculté estimative[3]. La relation entre la vue du loup, avec sa forme sensible *et avec* sa dangerosité immatérielle ne déclenche pas la fuite du mouton selon une réaction strictement réflexe, automatique, elle est au contraire l'expression d'un comportement organisé et instinctif[4].

Les produits de l'instance estimative sont les objets propres du cinquième et dernier sens interne, la faculté remémorative (*al-ḥāfiẓa*, située dans l'arrière du ventricule postérieur (IVe ventricule, derrière le vermis), sorte de mémoire à long terme, où elles sont stockées pour être rappelées quand nécessaire. Elles servent de représentations formelles ou *images* des Universaux qui seront saisis à la fin du processus cognitif. Ces représentations sont proches des concepts, elles en diffèrent cependant en ce qu'elles ne sont pas totalement dépourvues de matérialité puisqu'on les trouve localisées à l'arrière du ventricule occipital. Comment

1. Hasse 2000, p. 127. Ces interprétations sont certes suggestives mais trompeuses ; elles montrent surtout qu'il est difficile, même à des historiens aussi respectables que Harry Wolson ou Herbert Spiegelberg, qu'invoque Hasse, d'éviter les séductions d'une interprétation anachronique.

2. Smith 2015, p. 163.

3. Hasse 2000, p. 133.

4. *Ibid.*, p. 136

peuvent-elles servir à connaître les Universaux ? Avicenne en appelle à sa métaphysique *émanationniste* et à l'*intellect agent* grâce auquel ils sont intuitivement intelligibles ; cet intellect est la forme inférieure des dix intelligences cosmiques dont l'action permet l'émergence de l'universel à partir des images particulières. Ce recours à un intellect agent n'a rien de bien nouveau, il remonte à Aristote, en passant par al-Kindī et al-Fārābī[1], et joue un rôle éminent dans la métaphysique avicennienne dont l'examen dépasserait largement le cadre de cette étude[2].

Avicenne élabore la première grande synthèse d'une psychologie théorique nourrie de Platon, d'Aristote, des Néoplatoniciens[3] et de la tradition médicale issue de Galien. Il nous offre ce qu'on peut appeler, au risque d'un anachronisme assumé, une véritable architecture fonctionnelle de la cognition visuelle dans laquelle sont décortiquées les différentes étapes d'un processus d'abstraction qui préside à l'élaboration perceptuelle. Son originalité réside dans son insistance sur la nature inductive de la perception, la réduisant en termes quasiment mécaniques en plusieurs étapes, chacune localisée dans des zones bien définies du cerveau et reposant sur un substrat matériel qu'il désigne comme esprit (pneuma) cérébral.

L'influence d'Avicenne fut considérable. Sa conception de la lumière et des rayons lumineux et sa réfutation vigoureuse du regard éclairant ouvrirent la voie, dès le XIIIe siècle dans le monde savant occidental, à l'acceptation, basée sur des arguments physiologiques, des théories intramissionnistes.

Contemporain d'Avicenne, mais séparé dans l'espace par plus de 6000 km., n'ayant probablement jamais été en contact direct avec lui, un immense savant arabe que nous avons rencontré (voir Prologue) sera le véritable artisan d'une révolution radicale, une vaste synthèse de l'optique, construite non pas autour d'une psychologie des facultés comme chez Avicenne, mais solidement *établie par des expériences considérées comme normes de la preuve*. Cette synthèse incorpore non seulement une théorie de la lumière avec sa géométrie et sa physique, mais aussi une théorie de la vision, physiologique et psychologique[4]

1. Smith 2015, p. 164.

2. Pour une première approche de la métaphysique de l'émanation d'Avicenne, on peut consulter Davidson 1992, chap. 4, et D'Ancona 2008.

3. Rahman 1987, p. 83 : « la psychologie d'Avicenne a une base aristotélicienne sur une forte charpente platonicienne ».

4. Rashed 2002, p. 773.

CHAPITRE 7

UNE GRANDE SYNTHÈSE DANS LES SCIENCES DE LA VISION : IBN AL-HAYTHAM

Un éminent psychologue d'aujourd'hui[1] n'a-t-il pas récemment déclaré : « Ibn al-Haytham était le Helmholtz de son temps » ? C'est parfaitement exact. Ibn al-Haytham est certainement le plus grand savant du Moyen Âge arabe, mathématicien, physicien, opticien, ingénieur, à vrai dire, un polymathe[2]. Auteur fécond, on lui connaît une centaine de titres, surtout en mathématiques, mais aussi en physique et métaphysique (voir Prologue). Comme on ne prête qu'aux riches, Pierre Duhem et, à sa suite, de nombreux historiens des sciences[3], attribua à Ibn al-Hatham un ouvrage : *The Configuration of the universe*[4]. Cependant, Roshdi Rashed soutint, avec de très solides arguments, qu'il n'est pas notre auteur, le mathématicien, al-Ḥasan ibn al-Hatham, mais un homonyme, Muḥammad ibn al-Haytham, philosophe et médecin, peut-être un parent, comme lui originaire du sud de l'Irak, mais où il demeura sa vie durant[5] contrairement à al-Ḥasan exilé en Égypte, où il passera les trois dernières décennies de sa vie. Il n'empêche, notre auteur, appelé en son temps *Le Second Ptolémée*, est le plus éminent et le plus prolifique savant du monde arabe médiéval.

Ce sera durant son séjour au Caire qu'Ibn al-Haytham rédigera son grand œuvre, le *Kitāb al Manāẓir*, le *Livre de l'Optique*. Le terme *manāẓir*

1. Cavanagh 2011.
2. Rashed 2002.
3. Jusqu'à Sabra 1998.
4. D'abord édité par Langermann, sous le titre *Ibn al-Haytham's On the configuration of the world* (New York/London, Garland Publishing Inc., 1990).
5. Rashed 2007.

a déjà été utilisé pour traduire *optika* (οπτικά) dans les versions arabes de l'*Optique* d'Euclide, qui circulait dès le neuvième siècle à Bagdad. En revanche, l'*Optique* de Ptolémée restera inconnue de pratiquement tous les savants arabes qui, jusqu'à Ibn al-Haytham, ne la connaissaient qu'indirectement, au travers notamment les œuvres de Galien, à l'exception notable de Ibn Sahl qui le premier se réfère explicitement à Ptolémée dans son travail sur les miroirs ardents et les lentilles, mais il n'étudiait pas la perception visuelle[1]. Ils adhéraient tous, à quelques différences près, à la conception dominante de toute l'Antiquité d'une *vision éclairante*. Les rayons visuels s'échappent de l'œil, forment un cône continu, instrument essentiel de la vision ; la couleur est l'objet propre de la vision, c'est elle qui affecte l'organe sensoriel de telle sorte qu'elle donne accès à celui qui perçoit à un certain nombre des caractéristiques de l'objet, sa forme, sa taille, sa distance, son éventuel mouvement[2].

Ibn al-Haytham abandonnera complètement, et combattra sans relâche, cette conception. Après avoir distingué deux approches principales dans les sciences de la vision, celle adoptée par les *physiciens* (les philosophes naturalistes, surtout Aristote, qu'il connaissait bien, et les Stoïciens, qu'il connaissait également, au moins indirectement) et celle des *mathématiciens*. Les premiers abordent la perception visuelle comme la réception dans l'œil de *formes*[3], les seconds s'attachent à l'apparence des objets expliquée par les règles géométriques qui régissent les rayons visuels issus de l'œil. Pour Ibn al-Haytham aucune de ces approches n'est satisfaisante par elle-même, même si elles contiennent chacune une part de vérité. Il est convaincu que ce n'est qu'en combinant physique et mathématique qu'il sera possible d'offrir une théorie satisfaisante.

Convaincu que les mathématiques sont seules suffisamment rigoureuses pour assurer la vérité d'une théorie, mais, en même temps, admettant que les conceptions de la philosophie naturelle, quoiqu'incertaines, recèlent un grand nombre d'observations pertinentes, il se propose de combiner ces deux approches. Il définit son programme dans la Préface au Livre I de son *Kitāb al-Manāẓir*[4] : il veut soumettre les propriétés de la vision et les caractéristiques de la lumière à un examen minutieux pour les rassembler

1. Voir Rashed 1990, 1993.
2. Voir chapitre 4.
3. Nous discuterons plus bas en détail ce que *forme* veut dire.
4. Cette préface est absente de la version latine publiée par Risner en 1572, re-éditée avec une traduction en anglais par David Lindberg en1972 ; mais elle se trouve en anglais dans l'édition de Sabra 1989.

dans une nouvelle synthèse dont la nouveauté radicale résidera dans une défense rigoureuse et sans concession d'une théorie de l'intromission.[1]

Si la vision d'un objet résulte d'une émission que l'objet produit et qui pénètre à l'intérieur de l'œil (intromission), qu'est-ce, exactement, qui est amené à l'œil et pourquoi l'objet est-il *vu* à l'extérieur, en dehors de et face à l'organe de la vision ? A la première question, Ibn al-Haytham répond qu'il s'agit de la *lumière*, sa réponse à la seconde est qu'il n'y a pas de vision au sens plein du terme sans l'aide d'une *faculté de jugement* qui exécute une sorte de raisonnement à partir des impressions produites dans l'œil et transportées ensuite au cerveau *via* le nerf optique. Il ne peut donc y avoir d'explication de la vision sans une théorie psychologique de la perception, impliquant l'inférence des propriétés visibles autres que celle des seuls effets de la lumière et de la couleur. C'est la raison pour laquelle les considérations psychologiques occupent une telle place dans l'*Optique*, inaugurant une nouvelle méthodologie dans les sciences de la vision.

La lumière

Le Discours de la lumière[2], rédigé après le *Kitāb al-Manāẓir*, est une exposition succincte de la théorie de la lumière développée dans le chapitre 3 du Livre 1 de son grand Traité. Ibn al-Haytham distingue deux types de recherches sur la lumière. D'une part, celles qui portent sur l'essence ou nature de la lumière, elles relèvent des sciences naturelles, c'est-à-dire de la physique, d'autre part, celles qui s'intéressent à la forme des rayons ou à la manière dont les rayons s'étendent d'eux-mêmes dans les corps transparents, elles relèvent dès lors des sciences mathématiques. Il est donc nécessaire de combiner mathématique et physique dans l'étude de l'optique.

Ibn al-Haytham retient la distinction traditionnelle des philosophes entre deux formes de lumière, la lumière *primaire* (ou *essentielle*) inhérente à un corps lumineux, les astres, le feu, et la lumière *accidentelle*, qui irradie à partir de n'importe quel corps illuminé. Cette distinction concerne moins la nature de la lumière elle-même que son comportement selon

1. Avicenne partage avec Ibn al-Haytham son rejet catégorique de toute concession aux théories extramissionnistes, mais rien ne prouve que ces deux grands savants, contemporains mais séparés par 2500 kilomètres, se connaissaient. Voir chap. 6.

2. Rashed 1968.

le milieu qu'elle atteint, qu'elle traverse ou sur lequel elle bute. En effet, la lumière passe tout à fait librement au travers d'un milieu transparent qui n'oppose aucune résistance et n'est donc pas *impressionné*. Mais la transparence n'est qu'une abstraction théorique, aucun corps n'est tout à fait transparent, ils ont tous une certaine *opacité*, même réduite, qui les rend aptes à capter la lumière.

Ainsi, tous les corps naturels, opaques ou transparents, ont la capacité de recevoir la lumière ; les corps transparents la laissent passer plus ou moins librement, les corps opaques la « fixent »[1] et la renvoient chargée de couleur. En effet, une fois illuminé, l'objet devient à son tour source de radiations lumineuses, or tous les objets sont colorés de façon inhérente et la lumière se mélange à la couleur de telle sorte que ce qui irradie de la surface d'un objet visible est une lumière *colorée* et non une lumière *pure* qui n'est qu'une abstraction théorique : la lumière n'est pas visible en elle-même, son rôle premier est de rendre la couleur visible.

Que la lumière se propage en ligne droite, Ibn al-Haytham l'établit en partant d'observations sur les ombres portées et d'expérimentations qu'il effectue à l'aide d'une de ses inventions, la chambre noire, *camera obscura* (*al-Bayt al-Muzlim*)[2]. Un observateur se tenant dans une pièce

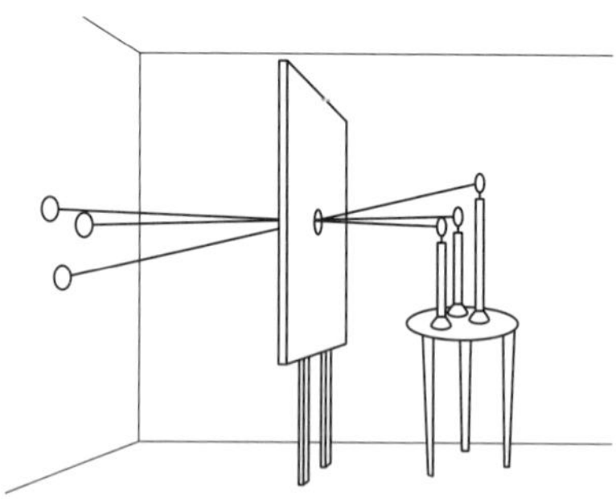

Figure 1 : Expérience de la chambre obscure (d'après Steffens 2007).

obscure munie d'une petite ouverture dans l'une de ses parois verra, sur la paroi opposée, une image inversée et plus petite d'un objet extérieur. Si l'ouverture est suffisamment petite, il pourra voir un fin pinceau rectiligne

1. Le terme latin que l'on trouve dans le *De aspectibus* est *figere* qui signifie fixer, (im)planter. Voir Smith 2001, vol. II, p. 409, n. 95.

2. Un modèle a été construit à l'Université de Francfort sur le Main, voir Belting 2011, p. 95.

de lumière, ou plus exactement, la lumière, comme nous venons de la voir, n'étant pas visible par elle-même, il verra sa rencontre avec les fines particules de poussière, suspendues dans l'air, qu'elle éclaire. Qui plus est, les lumières émises par plusieurs sources ne se mélangent pas dans l'air :

> la preuve que les lumières et les couleurs ne se mélangent pas dans l'air ou dans les corps transparents est la suivante. Positionnons (voir Figure 1) plusieurs bougies en plusieurs endroits distincts dans une même zone face à une ouverture dans une cloison opaque à l'intérieur d'une chambre obscure. Les lumières de ces bougies apparaissent sur le mur opposé selon les trajets en lignes droites joignant les bougies et chacune des ouvertures. Si une bougie est couverte d'un cache, seule la lumière sur le trajet de cette bougie est éteinte, si le cache est retiré, la lumière revient [...] En conclusion, les lumières des diverses bougies ne se sont pas mélangées, et s'étendent chacune selon des lignes droites[1].

Cette observation n'est qu'un exemple parmi beaucoup d'autres qu'Ibn al-Haytham décrit avec beaucoup de détails dans le Livre I de son *Optique*. Dans le *Discours de la Lumière*[2], il examine les conditions de propagation de la lumière, et soutient notamment que la lumière existe indépendamment de, et extérieurement à, la vision, elle a la propriété de se propager en ligne droite dans le milieu transparent, dans toutes les directions. Ces droites virtuelles forment avec la lumière le *rayon*, mais aucune des conditions de propagation ne concerne la vision. Cette séparation entre les conditions de la propagation des rayons lumineux et les conditions de la vision constitue une rupture fondamentale avec l'optique traditionnelle. Comme le dit Roshdi Rashed : « la propagation relève de principes où le sujet de la vision n'a plus de place »[3].

Théorie de la vision directe

Ibn al-Haytham, avons-nous déjà dit, est résolument opposée à toutes les formes d'extramission telles qu'on les trouve dans la majorité des théories optiques qui ont dominé jusqu'alors. Il remarque qu'une lumière forte peut être douloureuse et qu'à la suite d'une exposition à une lumière

1. Sabra 1989, vol. I, p. 90. *Ma traduction remaniée*. L'image est extraite de Steffens 2007, p. 72.
2. Rashed 1968.
3. Rashed 1978, p. 26.

intense, une image persiste lorsqu'on déplace son regard sur une zone plus sombre (on appelle aujourd'hui cette image *consécutive*). Tout ceci est bien la preuve que la lumière produit un effet sur l'œil

Comment la lumière colorée émise par les objets éclairés donne-t-elle à *voir* l'objet ? Ibn al-Haytham s'inspire ici d'une idée d'al-Kindī (voir supra,

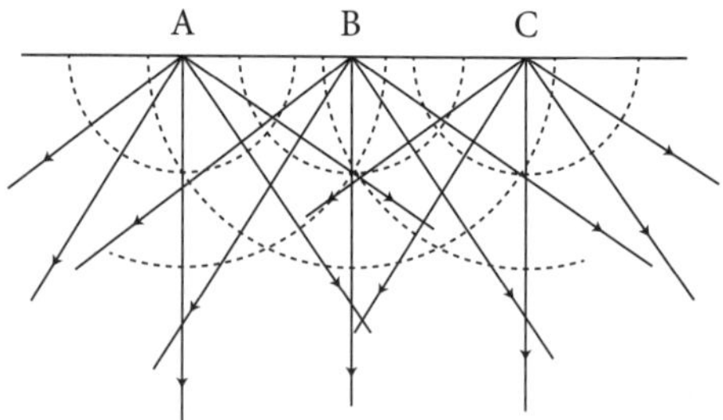

Figure 2 : Chaque point sur la surfac est source de radiations. Voir texte pour détail (d'après Smith 1998, p. 22).

chap. 6, p. 124 *sq.*) qu'il s'approprie en la transformant substantiellement. Chaque point de la surface d'un objet lumineux, A, B, C sur la Figure 2 est une source indépendante de radiations de lumière accidentelle. Ibn al-Haytham utilise indifféremment les mots *daw* ou *nur* que les traducteurs en Latin ont rendus par *lux* et *lumen* ; il les tient quant à lui pour synonymes contrairement à Avicenne qui les distingue soigneusement (voir *supra*, chap. 6, p. 129). Ces radiations se propagent dans toutes les directions dans le milieu transparent selon des lignes droites. Il en résulte une sphère de propagation dont chaque rayon est une trajectoire rectiligne suivit par la lumière réfléchie.

Ces rayons le long desquels la lumière se propage sont des abstractions mathématiques, virtuels et non réels, de même que les *points* qui désignent en fait de minuscules surfaces recouvrant les objets. Les rayons réfléchis par ces *points* sont continus et forment une sphère physique de radiations dont le front entre en contact avec tous les corps qui lui font face. Chaque rayon de cette sphère est une trajectoire rectiligne le long de laquelle la représentation formelle du *point* illuminé de l'objet, son *point-forme*, se propage comme une copie auto-dupliquée. Elle se propage notamment jusqu'à l'œil de celui qui perçoit.

On peut distinguer deux significations du terme forme[1]. D'une part, l'image des objets comme simple distribution des *points* de lumière et de couleur à la surface d'un objet, seuls susceptibles d'être transportés à

1. Sabra 1989, vol. II, p. 68 *sq.*

travers le milieu transparent jusqu'à l'œil de celui qui perçoit, D'autre part, l'apparence visible *totale* d'un objet. Dans le premier cas, la forme d'un objet visible n'est autre que sa surface considérée comme une mosaïque de petites taches lumineuses et colorées, sa peinture pointilliste, en quelque sorte, un peu à la manière des personnages et des objets sur une toile de Seurat. Dans le second cas, elle consiste en bien davantage que cette simple peinture pointilliste de l'objet, elle contient également toutes les propriétés apparentes qu'on leur accorde plus ou moins spontanément, leur taille, leur configuration, leur texture, leur place, etc..

Pour Ibn al-Haytham, la forme apparente totale visible d'un objet doit être *inférée* de la distribution des points lumineux et colorés qui couvrent sa surface. C'est par l'examen mental des indices présents dans cette distribution, par un travail de déduction, que ce dernier s'appui sur l'expérience passée ou sur des modalités particulières de cette réception, que la perception véridique de l'objet sera atteinte. Le rôle des processus cognitifs, comme nous le dirions aujourd'hui, de l'apprentissage, notamment celui qui opère au cours du développement précoce, ou du contexte sensori-moteur dans lequel s'inscrit l'acte perceptif, est au cœur de sa théorie de la perception visuelle, et cela dès les premières étapes perceptives. Nous reviendrons plus loin sur cette question cruciale de la synthèse de Ibn al-Haytham.

Mais tout d'abord, Ibn al-Haytham doit faire face aux objections faites aux versions antérieures des théories de l'intromission, celle d'Aristote et de son *diaphane* (voir *supra*, chap. 2) et celle des atomistes et de leurs *idoles* (voir *supra*, premier chapitre). Aucune ne rend compte de façon satisfaisante de la transmission des qualités sensible des objets à l'œil de l'observateur. Pour Aristote, les corps colorés produisent des changements qualitatifs à la totalité du diaphane avec lequel ils sont en contact direct. Dans ces conditions, l'œil devrait être affecté par la couleur de chaque objet dans le champ visuel et par celle de chacune des parties de ces objets. Le résultat ne peut être qu'une confusion totale. Comment l'observateur pourrait-il distinguer des formes individuelles, situer un objet sur sa droite, un autre sur sa gauche, ou droit devant ? En d'autres termes, si l'œil *assimile* l'objet, lequel, parmi ceux présents dans son champ, assimile-il ? Cette théorie échoue à expliquer les caractéristiques spatiales de la perception visuelle, elle ne satisfait pas aux critères géométriques de l'approche euclidienne avec son cône visuel. Pour les atomistes également les difficultés ne sont pas moindres. Les idoles doivent s'échapper de chaque objet, rétrécir de diverses manières, pour entrer simultanément dans l'œil d'une multitude d'observateurs situés en divers endroits. Pour de nombreux critiques, cette conception est totalement invraisemblable. Les réductions de taille doivent respecter les lois de la perspective pour pouvoir rendre compte des aspects spatiaux de la perception. Et si tant est qu'elles puissent rétrécir, comme pourra-t-on connaître la taille véritable des objets dont elles émanent ? Cette théorie échoue sur tous les plans, aussi bien sur les aspects physiques que sur les aspects mathématiques d'une théorie de la vision.

Une nouvelle forme d'intromission, basée sur l'analyse punctiforme de l'objet visible, échappe aux objections soulevées par de très nombreux savants, notamment Ḥunayn et al-Kindī (voir *supra*, chap. 6), et constitue une découverte fondamentale d'Ibn al-Hatham. Un obstacle demeure cependant : si chaque point de l'objet visible émet dans toutes les directions, alors chaque point dans l'œil sera affecté par la lumière et la couleur de tous les points du champ visuel. Le résultat sera la plus complète confusion. Sachant que chacun des points de la surface d'un objet réfléchie des rayons dans toutes les directions (Fig. 2), la cornée

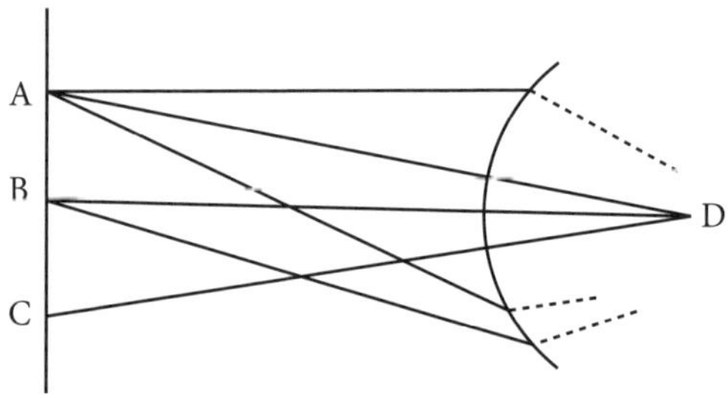

Figure 3 : Les rayons AD, BD et CD, orthogonaux à la surface du cristallin, ne sont pas déviés et convergent dn D; Tous les autres sonr réfractés (d'après Smith 1998, p. 26).

et le cristallin reçoivent de la sorte une multitude de rayons visuels que l'œil doit sélectionner et organiser pour en faire une image cohérente. La solution adoptée par Ibn al-Haytham est simple et élégante : seuls les rayons qui arrivent sur la cornée, (et par conséquent sur le cristallin, qui lui est concentrique, voir plus bas) selon une orientation orthogonale à sa surface seront suffisamment forts pour évoquer une sensation, tous les autres seront ignorés parce que trop faibles (en pointillé sur la figure 3). Les rayons orthogonaux traversent sans déviation et convergent sur le centre de l'œil. Ils forment un cône dont l'apex est au centre de l'œil et la base sur la surface de l'objet renvoyant la lumière. Ce cône est mathématiquement équivalent à celui de l'optique euclidienne et ptolémaïque, il en a les avantages géométriques qui ont fait leur succès, mais surtout il assure une représentation punctiforme de la surface de l'objet irradiant sur la face avant du cristallin. Le cristallin étant le siège de la sensation (Ibn al-Haytham s'inscrit ici dans la tradition galénique), il est essentiel que cette

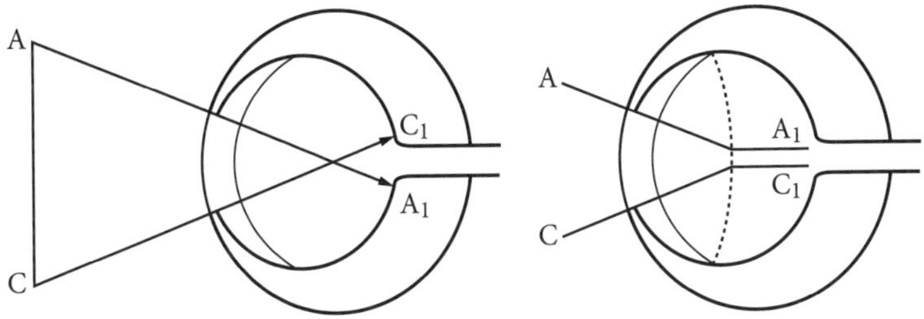

Figure 4 : A gauche, les rayons orthogonaux A-A1 et C-C1 ne sont pas déviés, se croisent au centre de l'œil et forment sur le fond une image inversée A1-C1
A droite, les rayons orthogonaux issus de l'objet AC à la surface de l'œil sont réfractés au niveau de l'inteface entre le cristalin et l'humeur vitrée 'pointillés) de telle sorte que l'image A1-C1 sur le fond n'est pas inversée.
(d'après Smith 1998, p. 27).

image sensorielle puisse être transmise sans déformation aux régions du cerveau qui en feront l'analyse perceptuelle.

Mais les rayons qui se croisent au centre de l'œil, s'ils poursuivent leur trajet rectiligne, dessineront une image inversée sur son fond, voir C1-A1, sur le schéma de gauche de la Figure 4. Cette image sensorielle va devoir emprunter la lumière du nerf optique pour être traitée par le cerveau ; ce traitement, pour être pertinent, véridique et efficace, requiert que l'image soit redressée[1]. L'interface entre le cristallin et l'humeur vitrée va se charger de ce redressement, il faut pour cela que deux conditions soient remplies 1) que l'indice de réfraction de l'humeur vitrée soit plus élevé que celui du cristallin et 2) que la courbure de la face postérieure de ce dernier soit moins forte que celle de sa face antérieure. Dans ces conditions, l'image ainsi redressée peut emprunter la lumière du nerf optique pour atteindre le cerveau (Figure 4, schéma de droite). Mais auparavant, les images de chacun des deux yeux fusionnent au niveau du chiasma optique ; ce sera cette image composite unifiée qui sera transmise à l'*ultimum sentiens*, siège central (cérébral) des processus perceptuels, où elle recevra un traitement plus élaboré (voir plus bas).

Ibn al-Haytham admet ce que tous ses contemporains tiennent pour établi, au moins depuis Galien, que le cristallin est l'organe, sinon de la

1. Une image inversée dans l'œil constituera un scandale jusqu'à Képler et Descartes.

sensibilité visuelle, du moins celui à partir duquel la vision commence. Les rayons visuels qui frappent le cristallin évoquent une sensation apparentée à la sensation tactile, ce qui n'est jamais que la façon la plus courante, depuis l'Antiquité, d'envisager la sensation visuelle : le *voir* comme un *toucher* est quasiment un lieu commun. L'impact des rayons visuels sur le cristallin peut être tel qu'il évoque, dans les cas extrêmes, une douleur, dans les autres cas il éveille notre attention.

La nouvelle théorie de l'intromission, formulée par Ibn al-Haytham, avec, notamment, son analyse de la réception de l'image punctiforme par le cristallin, sa réduction des rayons efficaces à ceux orthogonaux à la

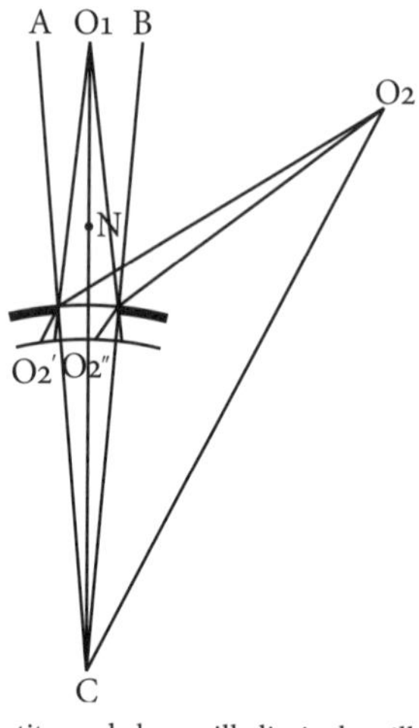

Figure 5 : La relative petitesse de la pupille limite la taille du cône visuel ACB. L'objet O_1, à l'intérieur du cône, sera « vu », l'objet O_2 situé en déhors, ne devrait pas l'être, pourtant il l'est (d'après Smith 2015, p. 216).

cornée, le redressement de l'image à l'interface cristallin-humeur vitrée, est une véritable révolution qui sera sensiblement révisée vers la fin de son *Optique*. Dans cette conception, la position précise du cristallin, en particulier sa face antérieure qui est sa partie sensible, est cruciale.

Dans le Livre 7 du *Kitāb*, Ibn al-Haytham remarque[1] que la base du cône de vision est sévèrement limitée par l'étroitesse de l'ouverture pupillaire (voir Figure 5). Pourtant, il établit expérimentalement qu'il est possible de voir des objets situés en dehors du cône de vision. Pour cela, il approche une petite sonde à proximité du coin externe d'un œil (l'autre œil

1. Dans son *De aspectibus*, chapitre 6 ; livre 7.

étant fermé) : la sonde est visible bien que située en dehors des limites du cône géométrique (ACB) définies par l'ouverture de la pupille. La lumière issue de l'extrémité de la sonde (point O_2) touche le cristallin selon des rayons qui interceptent tous la limite externe du cône BC, (O_2O_2', O_2O_2''). Atteignant le cristallin de façon oblique, ils ne seraient pas sélectionnés, et l'extrémité de la sonde en O_2, ne pourrait être vue. Pourtant l'expérience montre qu'elle est bel et bien vue. Pourquoi ?

L'interprétation d'Ibn al-Haytham[1] est que l'ensemble des rayons obliques issus de O_2, tous réfractés à la surface du cristallin, doivent être conçus comme formant une seule impression provenant du rayon *virtuel* O_2C orthogonal à la surface de l'œil, et donc orthogonal à la surface du cristallin. Les objets dont les points-images sont situés en dehors de cône pourront donc être appréhendés par ces rayons virtuels perpendiculaires à la surface du cristallin, qui jouissent de capacités analogues à celles des rayons réels. Le point remarquable ici est qu'il en va de même de la plupart des rayons issus de points situés à l'intérieur même du cône ABC ; en effet, à l'exception du rayon central, tous les autres sont inclinés et donc réfractés. Ces rayons obliques renforcent les impressions faites par les rayons centraux. Cette théorie a l'avantage d'expliquer la diminution continue de l'acuité visuelle en fonction de la distance par rapport au rayon lumineux central, sachant que pour Ibn al-Haytham la force avec laquelle la lumière frappe une surface varie en fonction inverse de l'obliquité du rayon qui la porte : à la périphérie du champ visuel les rayons sont très inclinés, donc très faibles, et l'impression produite négligeable. Mais cette théorie a l'inconvénient de rendre très difficile l'interprétation correcte des impressions visuelles. Les rayons issus de points situés en dehors du cône visuel vont se mélanger avec ceux issus de points intérieurs ; ils peuvent susciter beaucoup de confusions par la superposition des images d'objets situés au centre de la vision avec ceux situés dans la périphérie, et créer de la sorte des illusions visuelles.

Anatomie de l'œil

Ibn al-Haytham ne prétend pas offrir une description radicalement nouvelle de l'anatomie de l'œil, son intention n'est pas de fournir de

1. Je reprends ici la démonstration résumée par Smith 2015, p. 216.

nouveaux résultats, mais de proposer une géométrie de l'œil qui s'accorde à la nouvelle théorie de la vision qu'il propose en aménageant les données acquises par les auteurs qui l'ont précédé, Galien, Rufus d'Ephèse et Ḥunain ibn Isḥāq (voir *supra*, chap. 3 et 5).

Sa description occupe principalement le chapitre 6 du Livre I de son *Optique*[1]. Elle n'est pas fondamentalement différente de celle de Galien ou de Ḥunayn. Les deux nerfs optiques prennent naissance à la base antérieure du cerveau. Ils ont la forme de deux fins tuyaux, dont la gaine extérieure est le prolongement de la dure-mère et l'intérieure celui de la pie-mère. Ces deux nerfs se réunissent et fusionnent au niveau du chiasma pour former le *nervus communis*, divergent ensuite en direction des orbites dans lesquelles ils pénètrent pour s'y déployer et former deux tuniques qui englobent les deux globes oculaires. La tunique extérieure n'est autre que la sclérotique (*consolidativa, epipephykō chitōn*), dont la partie antérieure est transparente pour former la cornée.

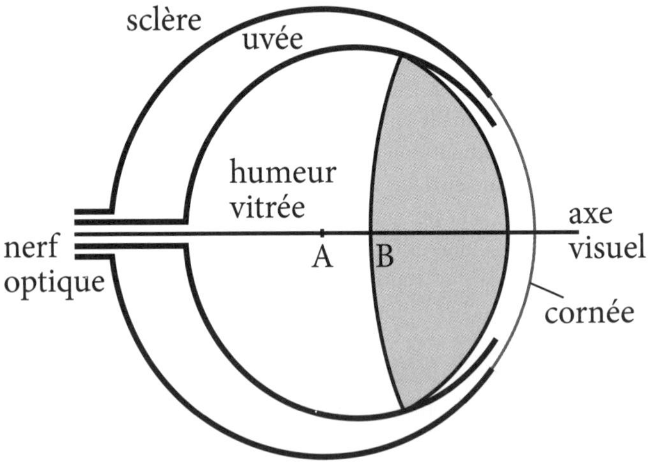

Figure 6 : Anatomie de l'œil d'après Alhazen
(d'après Smith 1998).

La membrane intérieure (Figure 6) devient la membrane uvéale (uvée), le *chiton chorœides* de Galien (voir chap. 4). Cette membrane englobe une sphère, plus petite que le globe oculaire et dont la partie antérieure est occupée par le cristallin (*krystallœides* de Galien), la partie postérieure par

1. Nous utiliserons la version éditée par Lindberg, *Opticae Thesaurus Alhazeni*, 1972

l'humeur vitrée (*hyalœides* de Galien) ; l'espace située entre le cristallin et la cornée est rempli de ce que nous connaissons aujourd'hui sous le nom d'humeur aqueuse (*oœides* de Galien). Le cristallin est enveloppé d'une fine membrane, la membrane arachnoïde, parce qu'elle ressemble à une toile d'araignée. Elle maintient sa forme et l'isole des structures oculaires environnantes. C'est par le conduit des nerfs optiques que le cerveau communique avec les yeux et que le pneuma visuel, dont, à la différence de Galien et Ḥunain il ne dit rien sur sa production, atteint finalement le cristallin. Comme bon nombre de ses prédécesseurs, nous l'avons dit plus haut, Ibn al-Haytham en fait le siège de la sensibilité visuelle.

C'est sur la structure géométrique de l'œil qu'Ibn al-Haytham est le plus novateur[1]. Pour lui le globe oculaire est parfaitement sphérique, la cornée est en continuité avec la sclérotique, elle ne fait pas saillie comme chez Galien ; la sphère uvéale est en avant de la sphère sclérale, mais sa face antérieure est légèrement aplatie de telle sorte que sa courbure est parfaitement parallèle à celle de la cornée. La droite qui relie les deux centres, A et B des deux cercles, scléral et uvéal, passe par le centre de la pupille à l'avant et se prolonge dans la lumière du nerf optique à l'arrière. De la sorte, toutes les droites orthogonales à la surface de la cornée convergent sur le centre de l'œil. Cette géométrie oculaire est fondamentalement différente de celle de Galien ou du Ḥunain ; en effet, Ibn al-Haytham ne tient pas compte du fait, bien connu de ses prédécesseurs, et qui sans doute ne lui avait pas échappé non plus, que la cornée fait une légère saillie. S'il ignore cette protrusion c'est probablement pour des raisons théoriques, il lui faut en effet pour bâtir sa géométrie de la vision que les rayons lumineux convergent sur le centre du globe oculaire. Nous avons vu qu'Ḥunain plaçait le cristallin au centre de l'œil, tout en sachant pertinemment qu'il n'en était rien, pour des raisons, cette fois, moins théoriques que pratiques (voir *supra*, chap. 6, p. 118).

La perception simple

Nous venons de voir que la lumière colorée des rayons que réfléchissent (ponctuellement) les objets affecte le cristallin. Ces rayons sont généralement appréhendés comme de simples événements, comme

1. Nous utiliserons la description résumée par Smith 2015, p. 187.

faits bruts et non comme des qualités inhérentes à quelque chose d'autre, notamment à l'objet qui les envoie. L'œil ne porte aucun *jugement* sur ce que représente cette lumière colorée. Il *pâtit*, un point c'est tout. Cette réception, dénuée de toute interprétation, se réduit à la création d'une mosaïque de points colorés, le tableau à la Seurat dont nous avons parlé plus haut – et à la transmettre à travers l'œil jusqu'à la lumière du nerf optique, de là à un module sensible capable d'analyser cette sorte d'image visuelle. Mais Ibn al-Haytham nous dit aussi qu'un sujet *voit* jusqu'à vingt-deux caractéristiques visibles, qu'il appelle *maʿānī*, que les traducteurs latins rendent par *intentiones visibiles*, intentions visibles, portées par les objets[1]. De cet ensemble, seul la lumière et la couleur, sont, pour parler comme Aristote, des visibles *per se*, elles sont les objets propres de la vision. Les vingt autres sont dérivées de la saisie première, *solo sensu*, il s'agit de la distance, *remotio*, de la disposition spatiale, *situs*, de la corporéité, *corporeitas*, de la forme, *figura*, de la taille, *magnitudino*, de la continuité, *continuita*, de la discontinuité ou séparation, *discretio vel separatio*, du nombre, *numerus*, du mouvement, *motus*, du repos, *quies*, de la rugosité, *asperita*, de l'aspect lisse, *lenita*, de la transparence, *diafonitas*, de l'opacité, *spissitudo*, de l'ombrage, *umbra*, de l'obscurité, *obscuritas*, de la beauté, *pulcritudo*, de la laideur, *turpitudo*, de la similarité, *consimilitudo*, de la différence, *diversitas*[2].

Ces vingt dernières qualités ne sont pas directement visibles, elles sont implicites dans les représentations formelles que les rayons lumineux colorés dressent sur le cristallin. Elles doivent être inférées par la faculté discriminative[3] (*virtus distinctiva*) portée par l'analyseur final (pour traduire l'*ultimum sentiens* du *De aspectibus*), analogue à la *virtus regitiva* de Polémée[4]. Cet analyseur final est traditionnellement localisé à l'avant des deux ventricules latéraux. Il est chargé de l'analyse de cette représentation punctiforme en mettant en œuvre jugement, comparaison et inférence, opérations mentales, cognitives dirions-nous qui, agissant de concert, seront à la base de tous les autres actes visuels.

1. Il ne faut pas confondre les *maʿānī* d'Ibn al-Haytham avec celles d'Avicenne. Voir *supra*, chap. 6, p. 131.

2. Smith 2001, vol. II, p. 438-439. Cette liste rappelle celle de Ptolémée avec ses sept propriétés visibles, *res vidende* (corporéité, taille couleur, forme, place, activité et repos), qui dérivent elle-même des « communs sensibles » d'Aristote. Voir *supra*, chap. 4.

3. Smith 2001, vol. II, p. 431.

4. *Ibid*, p. 410, n. 98.

Cette mise en œuvre s'appuie sur l'apprentissage : à chaque exposition d'une qualité particulière, celle-ci s'inscrit dans l'âme, s'y installe confortablement comme le dit Alhazen[1] (*quieverunt in anima*), pour être, à l'occasion, rappelée dans l'imagination[2], entrepôt des formes apprises, et permettre sa reconnaissance quand elle est à nouveau rencontrée. Après avoir plusieurs fois saisi des visibles de forme triangulaire, la « triangularité » s'installe et permet de reconnaître de nouvelles choses triangulaires[3].

Les modalités de la vision

Il existe deux modes principaux de vision. Tour d'abord un mode immédiat, par simple « coup d'œil », *visio in primo aspectu – comprehensio per aspectum*[4], qui ne donne à voir que les traits saillants de l'objet. Ce coup d'œil peut suffire à la reconnaissance d'un objet préalablement connu de l'observateur, sans qu'il y ait nécessairement inspection attentive ; un seul indice peut même suffire à faire surgir l'objet visible sur la scène mentale. Néanmoins, ce coup d'œil ne peut révéler ce qu'est véritablement un objet inconnu ni ne peut servir à vérifier les hypothèses que l'on ne manque pas de faire sur ce qu'il est en réalité. Seule l'observation attentive d'un objet non préalablement vu permet d'accéder à son identification. C'est le second mode de perception visuelle, la *comprehensio per intuitionem*, la *contemplation*. Les objets familiers seront reconnus d'autant plus rapidement, après une brève inspection, qu'ils auront été vus plus souvent. Scruter toutes les propriétés visibles prend du temps.

La précision de l'examen attentif dépend de plusieurs facteurs, au premier chef l'acuité visuelle, d'autant meilleure que située sur l'axe du cône visuel. En outre, comme la vision est généralement binoculaire et que les yeux bougent de concert, la vision la plus claire et la mieux définie sera, dans les conditions normales, celle dirigée au point de la surface de l'objet visé où les deux axes visuels convergent. En outre, il faut que l'objet soit directement en face des yeux de telle sorte que l'axe du regard ou

1. Alhazen (parfois orthographié Alhacen) est le nom sous lequel Ibn al-Haytham sera connu dans le monde latin occidental.

2. Smith 2001, vol. II, p. 516-517.

3. *Ibid.*, p. 436-437.

4. *Ibid.*, p. 513, 521, 528.

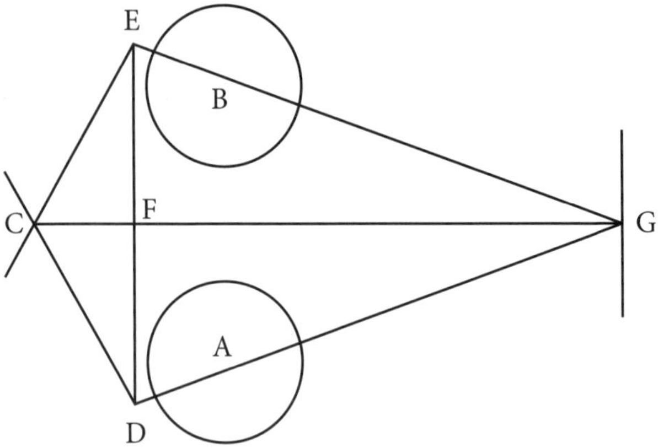

Figure 7 : Convergence des axes visuels et de l'axe commun. Voir texte (d'après Smith 2001, vol. II, p. 631).

axe commun qu'Alhazen définit comme la perpendiculaire au centre du segment qui relie les deux trous au fond des globes oculaires (foramen optique selon la terminologie actuelle) par où passent les nerfs optiques (ligne CFG sur la Figure 7).

Les deux axes visuels et l'axe commun (BG, AG et FG) doivent converger au point central de la surface de l'objet visible pour que celui-ci soit visible *le plus clairement possible et avec la meilleure acuité*. Cette situation est remplie en tournant la tête et en fixant l'objet du regard.

Dans ces conditions, seule une petite zone de la surface de l'objet sera perçue de la meilleure façon ; à l'entour, en revanche, la vision est plus floue et la saisie plus globale. Il faudra donc déplacer son regard et balayer toute la surface de l'objet observé pour l'examiner avec précision. A chaque pause du regard, la représentation colorée, saisie par chacun des deux yeux, emprunte la lumière du nerf optique pour être dirigée vers le chiasma optique où ces deux images seront fusionnées avant d'être adressée à l'analyseur final qui permettra d'accéder aux aspects visuels, les *maʿānī* ou *intentiones visibiles*, non directement visibles au niveau du cristallin. Ce jugement inférentiel est tellement rapide qu'il passe totalement inaperçu[1]. Bien entendu Ibn al-Haytham n'utilise pas l'expression *d'inférence inconsciente*, mais ce concept est bien présent avant que Helmholtz ne l'exprime en 1867, ce qui en fera sa fortune.

1. *Ibid.*, II, 3.26.

La diplopie

On devrait normalement toujours voir double. Toute vision binoculaire est, en effet, jusqu'à un certain point, *diplopique*. Sur la Figure 8, les cercles A et B représentent les deux globes oculaires ; Y et X sont les *foramina* optiques ; les lignes YBF et XAF sont les axes visuels qui convergent en F situé au milieu de l'objet vu, la ligne ZF est l'axe commun. Dans ces

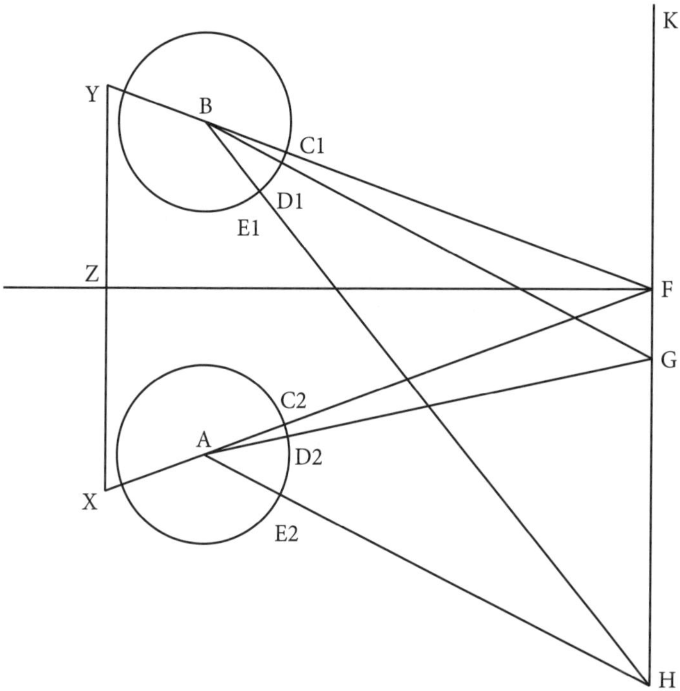

Figure 8 : Toute vision est *diplopique*. Voir texte (d'après Smith 2001, vol. II, p. 632).

conditions, le point F sera *vu* en C1 et en C2 qui correspondent aux centres des cornées des deux yeux, et seront parfaitement fusionnés au niveau du chiasma optique ; en revanche le point G sera *vu* respectivement en D1 et D2, ces deux points ne sont pas *correspondants* sur les deux cornées, en conséquence, ils ne seront pas fusionnés correctement. Néanmoins, le point G, n'est pas à proprement parler un point, au sens mathématique du terme, mais davantage deux petites surfaces cornéennes en D1 et D2 qui se recouvreront, au moins partiellement, au niveau du chiasma optique, ce qui donnera une image tout au plus légèrement floue. Il n'en va pas de même du point H dont les projections en E1 et E2 sont différemment éloignées de D1 et D2 pour n'avoir aucun recouvrement dans le chiasma et seront en conséquence dédoublée[1].

Pourtant, dans les conditions normales, nous ne voyons pas double ! Ibn al-Haytham invoque plusieurs raisons à cela. Généralement, la surface sur laquelle porte notre regard est suffisamment petite pour que son image soit correctement fusionnée et apparaisse unique. Les objets situés à la limite de notre champ visuel ne sont vus que d'un œil et si faiblement qu'ils passent inaperçus ; en outre, étant donné que nous parcourons continuellement du regard la surface du visible, nous avons tendance à en avoir une perception plus unifiée que celle acquise d'un simple coup d'œil[2]. Ibn al-Haytham se souvient sans doute de Ptolémée lorsqu'il décrit les différentes formes de diplopie et qu'il propose un dispositif expérimental pour l'étudier[3], dispositif plus sophistiqué que celui de Ptolémée, mais qui, sur le principe, n'en diffère pas fondamentalement.

Estimation de la distance

Abdelhamid Sabra insiste sur le fait que les recherches d'Ibn al-Haytham relèvent d'une psychologie scientifique[4], que nous qualifierions aujourd'hui de cognitive[5]. Un bon exemple est donné par son traitement de l'estimation de la distance et de la taille d'un objet éloigné.

Ibn al-Haytham réfute expérimentalement l'idée de Ptolémée selon laquelle nous percevons la distance qui nous sépare d'un objet sur la base de l'idée innée que nous avons de la longueur du rayon visuel (voir *supra*, chap. 4, p. 91). Pour son expérience, il aménage une chambre obscure à l'intérieur de laquelle deux murs verticaux, modérément distants l'un de l'autre, seront vus à la même distance s'il n'y a aucun repère au sol. Une conséquence du rejet de l'idée ptolémaïque d'une connaissance

1. Smith 2001, vol. II, p. 565-568.
2. *Ibid.*, p. 570-572.
3. Voir chap. 4, p. 94.
4. Sabra 1989, vol. II, p. 103-104.
5. Patrick Cavanagh (2011), dans l'article cité plus haut, estime que Ibn al-Haytham est le précurseur de ce que nous appelons aujourd'hui « cognition visuelle ».

intuitive de la longueur du rayon sera que la perception spatiale ne peut plus être immédiate. Pour être en mesure de déterminer la distance d'un objet éloigné, et à la condition que cette distance ne soit pas trop grande, il doit y avoir un certain nombre d'objets interposés, des balises en quelque sorte, dont on connaît la taille et qui serviront de référence. Par raisonnement, comparaison et déduction on arrive à une estimation acceptable dans la plupart des cas. Pour les objets très éloignés et sans référence familière les erreurs sont courantes, ainsi, la taille de la lune au zénith sera-t-elle sous estimée, mais surestimée quand elle passe au-dessus des arbres qu'on peut voir à l'horizon. De la même façon, on ne sait quelle est la taille ni à quelle distance sont les nuages en plein ciel ; ce qui n'est pas le cas lorsqu'ils coiffent le sommet d'une colline[1]. De même, plus un objet est éloigné, moins vive sera sa couleur, de sorte que l'appréciation de la vivacité de la couleur d'un objet servira également, mais avec une fiabilité faible, à déterminer sa distance relative, de même la diminution d'acuité fera disparaître leurs détails ou subdivisions ce qui donnera encore une idée de leur éloignement[2]. L'estimation de la taille de divers objets disposés en divers endroits est réalisée par la comparaison des angles visuels sous-tendant chacun de ces objets, sachant que le terrain intermédiaire lui-même, que le sol soit nu ou meublé d'objets visibles, est estimé en comparant la distance des zones les plus éloignées à celles des zones les plus proches par la connaissance pratique acquise et accumulée depuis l'enfance. Les grandeurs des parties les plus proches *de notre corps*, la main, la longueur du bras ou celle d'un pas, servent de références. La distance de mon œil à un point sur le sol proche de mon pied, par exemple, est comparée intuitivement à la taille de mon bras, alors que les autres régions sur le sol proches de ce point seront mesurées chaque fois que je fais un pas – ne serait-ce que mental – dans leur direction[3].

Constance de la taille des objets et l'inférence inconsciente

Ibn al-Haytham est bien conscient que :

> la vue ne peut saisir les tailles des objets visibles par la seule estimation basée sur la taille des angles que ces objets sous-tendent au centre de l'œil.

1. Smith 2001, vol. II, p. 453.
2. *Ibid.*, p. 486.
3. Sabra 1989, vol. II, p. 81.

> Car un même objet ne semble pas différent en taille quand sa distance est modérément changée. Ainsi quand un objet proche est légèrement éloigné iln'apparaît pas plus petit, mais garde la taille qu'il avait quand il était proche à condition que la seconde distance ne soit pas trop différente de la première. Tous les objets familiers conservent leur taille alors que leurs distances varient dans des limites modérées[1].

Ibn al-Haytham exprime ici une loi de la psychologie expérimentale que nous connaissons aujourd'hui sous le nom de *constance perceptive de la taille* » également attribuée à Helmholtz déjà abusivement accrédité de la théorie de l'inférence inconsciente. Faut-il se réjouir de cette anticipation ou envisager que Helmholtz connaissait Ibn al-Haytham, sans l'admettre explicitement, mais le citant presque mot pour mot[2].

A l'exception de la lumière et de la couleur, toutes les autres caractéristiques visibles de ce que les psychologues appellent aujourd'hui le *percept* ne sont accessibles qu'au terme d'opérations cognitives, comparaison, discernement et inférence, accomplies par la faculté de jugement dont la localisation est cérébrale. L'exemple préféré d'Alhazen est celui de la perception de la similitude (ou de la différence) entre deux objets, perception saisie comme celle de la similitude (ou de la différence) entre les *formes* de ces deux objets, c'est-à-dire dans la distribution des point-images, lumineux et colorés, qui composent la mosaïque des objets, qui sont saisies, quant à eux, par *pure sensation*. On pourrait comprendre que les *formes*, en plus de la lumière et de la couleur, seraient perçues par *pure sensation*. Il n'en est rien : « la vision n'a pas la capacité de discernement, c'est la faculté de jugement qui la possède. Mais la discrimination réalisée par la faculté de jugement ne peut avoir lieu sans la médiation de la sensation visuelle »[3]. En effet, si les *formes* sont bien présentes dans l'œil sous l'aspect d'une simple distribution de taches colorées, une fois amenées au cerveau par le nerf optique, elles seront soumises au jugement par la faculté discriminative qui les identifiera comme un *motif* organisé de points colorés, bien ordonné et dont les contours seront visibles. Il convient ici de remarquer la polysémie du terme de forme. Dans l'œil, elle est l'objet d'une théorie physique (optique), dans le cerveau elle relève de la psychologie. Le matériau visuel brut est saisi par l'œil comme pure sensation de lumière et couleur, mais la configuration

1. Sabra 1989, vol. I, p. 174.
2. Cavanagh 2011.
3. Alhazen, *Optics*, II, 3, cité par Sabra 1978, p. 172.

qui atteint le cerveau est perçue comme un objet, situé là-bas, au dehors, doté de toutes ses propriétés visibles, aspect, taille, position, etc. Percevoir un objet n'est donc pas le simple résultat d'une réception cérébrale passive de l'empreinte des points colorés distribués dans le cristallin, elle est le résultat d'activités cognitives éminemment actives, qui portent sur le matériau envoyé des objets et reçu comme pure sensation, répétons-le : voir n'est plus l'affaire de l'œil.

La perception par reconnaissance

Ibn al-Haytham distingue et décrit encore une catégorie spéciale de perception qu'il appelle « perception par reconnaissance »[1] : on reconnaît un individu quand on peut le situer comme membre d'une certaine espèce, ou comme étant le même individu que celui qu'on a préalablement connu. Ici la mémoire joue un rôle essentiel. Avec la répétition, une *forme universelle* est établie dans l'imagination. Elle est le résultat de perceptions répétées d'individus différents appartenant à la même catégorie et partageant certaines propriétés visibles, de certaines *maʿānī* que Sabra traduit par *propriétés visibles* mais que les traducteurs tolédans avaient traduit par *intentiones visibiles*, entretenant une sorte de confusion dans les esprits des lecteurs d'aujourd'hui étant donné la signification complexe que le terme intention a acquis. La *forme universelle* n'est autre que l'ensemble des propriétés visuelles que ces individus ont en commun. Chaque fois que la sensation visuelle saisit un objet particulier, la forme universelle qu'il porte est automatiquement reçue. Reconnaître ce qu'est cet objet, sa *quiddité* dans le parler scolastique, revient à identifier la forme universelle qu'il porte en la comparant à la forme universelle déjà conservée dans l'imagination. Cette reconnaissance a lieu sans qu'il soit nécessaire d'inspecter individuellement chacune des propriétés visibles, ce qui explique sa très grande rapidité : on reconnaît un mot écrit sans avoir à déchiffrer une à une les lettres qui le composent, peut-être la première et la dernière suffiront pour y accéder, ou encore en saisissant la *configuration* globale du mot.

1. Sabra 1978, p. 174.

> La perception des nombreux objets visuels qui sont perçus par discernement et inférence prend place en un temps extrêmement court, et la plupart des cas il n'est pas évident que leur perception se fasse par discernement et inférence à cause de la vitesse avec laquelle ces objets sont perçus […] Car la forme ou la taille d'un corps, ou la transparence d'un corps transparent, et autres propriétés visibles du même genre, sont dans la plupart des cas perçus extrêmement vite, et non immédiatement, puisqu'elles sont perçues par inférence et discernement […] La rapidité de la perception de ces propriétés par inférence est seulement due à la manifestation de leurs prémisses et du fait que la faculté de jugement a été accoutumée à discerner ces propriétés […] Et de la même façon avec tous les objets de la vision qui sont perçus par inférence, quand la faculté de vision les perçoit de façon répétée, leur perception devient perception par reconnaissance sans avoir à refaire l'inférence par laquelle leur identité a été perçue en premier lieu[1].

Dans ce passage, Ibn al-Haytham distingue bien le résultat d'une perception de la manière dont cette perception est réalisée : une inférence de plus haut niveau sera requise pour identifier les inférences que la faculté de jugement réalise sans se préoccuper de la manière dont elles sont produites.

> L'ordre des mots qui constitue un syllogisme n'est qu'une description de la manière par laquelle la faculté de juger atteint la conclusion, mais la faculté de perception d'une conclusion par jugement n'a besoin ni d'une description de la manière dont cette conclusion est atteinte ni de l'ordre du déroulement de la perception. Autrement dit, la faculté de jugement n'a pas besoin d'être consciente des formes d'inférence que nous employons dans notre description, ni des mots que nous employons pour les faire[2].

Révolution dans les sciences de la vision

L'*Optique* d'Ibn al-Haytham marque une rupture radicale qu'on peut qualifier comme le fait Roshdi Rashed, de « révolution copernicienne » en ce sens qu'il ne sera plus jamais possible de penser la vision comme on l'avait pensée jusqu'alors et cela depuis plus de quinze siècles. En effet, nous savons que depuis l'Antiquité la perception visuelle se ramenait, peu

1. Sabra 1989, vol. I, p. 214 *sq*.
2. Sabra 1978, p. 177.

ou prou, au pouvoir éclairant du regard. Ibn al-Haytham met fin à cette conception : la lumière ne sort pas de l'œil pour aller palper les objets, au contraire, elle y pénètre après avoir été réfléchie par chacun des points éclairés de leur surface. Elle forme, dans le cristallin, une image pointilliste des objets extérieurs, que le pneuma visuel, amené jusqu'à l'œil par les nerfs optiques, accompagnera jusque dans les régions antérieures du cerveau pour y être traitée par des mécanismes cognitifs.

Cette image n'a rien à voir avec les simulacres des Atomistes, elle est pure lumière-couleur émise par des surfaces opaques, réfractée par l'optique oculaire, organisée en une représentation fidèle du monde extérieur et des objets qui le peuplent. Elle est la seule donnée optique sur laquelle porteront les activités mentales de reconnaissance, de comparaison, de discernement, de jugement, d'inférence qui constituent l'acte de perception. Voir, n'est plus l'affaire de l'œil, c'est un processus mental.

A la base de cette optique profondément réformée, se trouve la distinction fondamentale entre les conditions de la propagation de la lumière et les conditions de visibilité des objets. Cette réforme a d'une part fourni une base physique aux règles de propagation, en s'appuyant notamment sur une analogie mécanique entre le mouvement d'une balle solide jetée contre un obstacle et le mouvement similaire de la lumière. Elle a, d'autre part, entraîné l'utilisation de procédures géométriques et d'une expérimentation qui va au-delà d'une observation attentive. L'optique n'est plus, comme chez les Grecs, une géométrie de la perception visuelle, elle est devenue une *théorie psycho-physiologique de la vision*, et une *théorie de la lumière*, dans laquelle l'optique géométrique est étroitement liée à l'optique physique[1].

Le mot d'ordre plusieurs fois répété de *composer sciences mathématiques et sciences physiques* se trouve au début non seulement de l'*Optique*, mais aussi *Du halo et de l'arc-en-ciel* et du *Discours de la lumière*. Certains historiens des sciences dégagent la thèse selon laquelle la composition des mathématiques et de la physique est une synthèse des deux doctrines qui se partageaient l'optique avant Ibn al-Haytham, celle des géomètres Euclide et Ptolémée, et celle des philosophes aristotéliciens. Il n'en est rien. Loin d'être une simple juxtaposition de deux ensembles de doctrines, la thèse cruciale de Ibn al-Haytham est que son système présente une cohérence interne et exhibe le pouvoir de rendre compte des données immédiates

1. Rashed 1999, p. 145 *sq*.

de l'expérience[1]. Pour Aristote l'optique fait partie des mathématiques au même titre que l'astronomie, l'harmonique ou la mécanique, c'est-à-dire les sciences qui forment la partie la plus physique de mathématiques[2] ; pour les philosophes arabes, notamment al-Fārābī et Avicenne, l'optique reste une partie des mathématiques. On pourrait donc s'attendre à ce qu'il en soit de même pour Ibn al-Haytham. Il n'en est rien. Quand il parle de « toutes les espèces des sciences mathématiques », on trouve, outre l'arithmétique et la géométrie, l'astronomie et l'harmonique, mais on chercherait en vain l'optique et la mécanique, cette absence n'est pas l'effet du hasard, elle est délibérée. Comme le dit Roshdi Rashed : « Le moins que l'on puisse dire est que si synthèse il y eut, elle fut révolutionnaire au point de réformer, et les critères de la connaissance, et le statut de la discipline »[3].

1. Rashed 1978, p. 21.
2. Aristote 2012, II, 194a.
3. Rashed 1978, p. 22.

CHAPITRE 8

LA POSTÉRITÉ DU *KITĀB AL-MANĀẒIR*

La connaissance de la théorie de la vision élaborée par Ibn al-Haytham ne fut accessible aux savants du monde oriental et occidental que très tardivement. Très curieusement, la « révolution copernicienne » initiée par le *Kitāb al-Manāẓir* devra attendre plus longtemps en Orient qu'en Occident.

En Orient, cet ouvrage, bien que probablement connue de quelques savants de langue arabe qui vivaient entre la fin du XIe siècle et la fin du XIIIe, resta néanmoins dans l'obscurité complète encore longtemps. Dans une compilation *Lumière des yeux*, écrite vers 1296 par un ophtalmologiste syrien, Salāḥ al-Dīn[1], on trouve une liste importante d'auteurs ayant écrit sur les sciences de la vision s'étendant du neuvième à la fin du douzième siècle et couvrant l'essentiel de l'espace de culture arabe de l'Espagne à l'Asie. Cette liste énumère quatre-vingt quatorze médecins ophtalmologistes et cite trente et un ouvrages scientifiques, dont le *Kitāb al-Manāẓir*, que Salāḥ al-Dīn n'a probablement pas lu ou, s'il l'a lu n'en a pas compris l'importance, parce qu'il reste encore attaché à la *vision éclairante*, comme si la révolution que le *Kitāb* avait instituée n'avait jamais eu lieu[2]. La première mention témoignant de la pleine reconnaissance de son caractère révolutionnaire se trouvera en Azerbaijan. Très exactement dans le fameux observatoire de Maragha[3], alors dirigé par Quṭub al-Din

1. Folkerts & Lorch 2007.

2. Sabra (1989, vol. II, p. LXVI), qui a consulté un manuscrit conservé à la Bibliothèque Nationale de France (MS Paris) et les traductions en allemand réalisées par Hirschberg et ses collaborateurs au début du XXe siècle, ne trouve aucune mention de Ibn al-Haytham ou de son *Kitāb*.

3. Fondé en 1259 par le conquérant Mongol Houlagou Khan, après la prise de Bagdad et la chute de la dynastie abbasside.

al-Shīrāzī, grand savant perse du XIIIe siècle. Lorsqu'un de ses élèves, Kamāl al-Dīn al-Fārisī, brillant mathématicien, intéressé dans l'optique, mais peu satisfait des explications que donnaient de la réfraction et de certains phénomènes météorologiques les ouvrages dont il disposait, lui demande conseil. Al-Shīrāzī se souvint alors avoir consulté « dans sa jeunesse [...] et vu sans le lire, dans une bibliothèque de Perse » (dans la province de *Fars*) un gros livre en deux volumes qui pourrait répondre à ses attentes ; il se propose de le rechercher ; l'ayant trouvé, « dans une contrée lointaine » (l'Égypte ?), il le confie à Kamāl al-Dīn[1]. On ne sait pas ce qu'est devenu cet exemplaire, disparu peut-être à jamais ; on suppose seulement qu'il était d'une excellente qualité, peut-être même écrit de la main d'Ibn al-Haytham, ce dont on n'a malheureusement aucune preuve. Kamāl al-Dīn fut tellement impressionné par ce manuscrit qu'il décida d'en écrire un *commentaire*, le *Tanqīḥ al-Manāẓir*, dans le style savant et libre de cette époque, à la fois résumé fidèle et examen critique, comprenant de larges extraits dans lesquels il incorpore ses propres recherches, notamment sur la réfraction et sa théorie de la couleur de l'arc-en-ciel. Il propose de cet événement météorologique[2], qui intrigue depuis l'Antiquité et résiste aux explications, une analyse basée sur la structure géométrique de la double réfraction et des réflexions des rayons de lumière qui traversent les gouttelettes de pluie. Il simule ce phénomène à l'aide d'un récipient sphérique transparent rempli d'eau, qu'il prend comme *modèle* d'une goutte d'eau[3]. Soumis à des rayons passant par des ouvertures d'une chambre obscure, il analyse la trajectoire de la lumière traversant le récipient, ce qui lui permit d'offrir une explication de la nature de la couleur qui *rectifie*, c'est-à-dire corrige, la séparation entre illumination et coloration proposée par Ibn al-Haytham (voir chapitre 7). Kamāl al-Dīn al-Fārisī lève les *doutes* qu'Ibn al-Hayham pouvait encore avoir quant à cette séparation en montrant que le spectre de couleur n'est rien d'autre qu'une des formes que prend la lumière selon les conditions spécifiques de réfraction et de réflexion. Cette explication ne serait-elle pas proche[4] de celle que proposera Newton de la décomposition et recomposition de la lumière par un prisme ?

C'est essentiellement par l'intermédiaire de ce grand commentaire que la synthèse optique de Ibn al-Haytham sera connue dans le monde savant

1. Cité dans Sabra 2007, p. 121.
2. Blay 2005.
3. Rashed 1970.
4. hypothèse *anachronique*, que nous assumons.

arabe. En effet, jusqu'à la fin du XIIIe siècle, ce sont surtout ses travaux en mathématiques et en astronomie qui circulent, son *Optique* semble être très largement ignorée.

Alors que al-Shīrāzī doit aller dans une *contrée lointaine* pour trouver une copie du *Kitāb al-Manāẓir*, cet ouvrage avait déjà fait son entrée en Europe latine sous le nom de *Perspectiva* ou *De aspectibus*. On ne connaît toujours pas avec certitude l'auteur de cette traduction. Gérard de Crémone a souvent été invoqué, mais rien ne vient étayer cette hypothèse, encore que l'atelier tolédan qu'il fréquentait soit un bon candidat[1].

Dans la deuxième moitié du XIIe siècle, deux régions, l'Espagne et l'Italie, virent fleurir des centres intellectuels dans lesquels une intense activité de diffusion de la pensée grecque et arabe au monde occidental chrétien, dont la langue vernaculaire des élites savantes était le Latin. Même si elle est difficilement comparable aux mouvements qui ont marqué le monde abbasside du VIIIe au IXe siècle, cette intense activité intellectuelle permit de qualifier cette époque de *renaissance du XIIe siècle* (à la suite notamment des travaux de Charles H. Haskins, le premier médiéviste américain des années 1930s, qualification adoptée depuis par la plupart des historiens[2]). Jusqu'alors, en Occident, l'optique géométrique, celle d'Euclide puis de Ptolémée, la philosophie aristotélicienne de la vision, ni la dioptrique arabe du Xe siècle, n'existaient véritablement avant le XIIIe siècle. La première référence explicite à la traduction latine du *Kitāb al-Manāẓir* dans l'Europe chrétienne, son *terminus a quo*, se trouve dans le *Liber de triangulis* d'un certain Jordanus de Nemore[3], mathématicien dont on ne sait que très peu de choses sur sa vie, sinon que ses travaux, publiés au début du XIIIe siècle, constituent une ressource exceptionnelle sur les travaux mathématiques hérités des Arabes[4]. Mais il faudra encore une cinquantaine d'années pour que cette traduction soit étudiée par des penseurs occidentaux et incorporée à leurs propres travaux.

Les *intellectuels*[5] latins du Moyen Âge ont été profondément influencés par des réflexions philosophiques, platoniciennes ou aristotélo-néoplatoniciennes, davantage que par des considérations mathématiques ou psychologiques sur la vision et la lumière. Jusqu'au milieu du XIIIe siècle,

1. Aujourd'hui on compte une vingtaine de manuscrits, écrits entre le XIIIe et le XVIe siècle, conservés dans des bibliothèques belges, britanniques, italiennes, autrichiennes et françaises.

2. Haskins 1927.

3. Clagettt 1964, p. 674 ; cité par Lindberg 1972.

4. Folkerts & Lorch 2007.

5. Selon le bel anachronisme assumé de Jacques Le Goff.

Platon, les Néoplatoniciens, Aristote, Avicenne, Averroès, Ḥunayn ou al-Fārābī, sont au cœur de leurs réflexions. L'*Optique* de Ptolémée ou le *Kitāb al-Manāẓir*, dans leurs versions latines, ne sont pas encore suffisamment diffusées pour les influencer profondément. Robert Grosseteste (1168-1253) est un bon exemple.

Robert Grosseteste

Philosophe et théologien, influencé par Platon, celui du moins dont il pouvait avoir connaissance, notamment par ses idées sur la relation entre mathématiques et sciences de la nature, influencé aussi par Aristote des *Seconds analytiques*, récemment accessibles, brillant théologien, traducteur et homme d'Eglise. Familier d'Euclide et du *De aspectibus* d'al-Kindī, un historien de sciences contemporain, et non des moindres, Alistair C. Crombie, qui lui consacra tout un livre dans lequel il le considère, en gonflant un peu sa démonstration (à mon avis), comme l'initiateur de la science expérimentale moderne[1]. Outre les auteurs cités plus haut, Robert Grosseteste connaît bien Saint Augustin, dont les influences sont évidentes dans sa réflexion sur la *lumière*. En revanche, il n'a pas connu l'*Optique* de Ptolémée ou le *De aspectibus* de Ibn al-Haytham, deux traductions *quasiment* contemporaines de l'époque où, Évêque de Lincoln[2] dans les Midlands de l'est de l'Angleterre, il élaborait sa propre production théologico-savante, c'est-à-dire le début de la deuxième moitié du XIIIᵉ siècle. A cette date, la traduction du *Kitāb al-Manāẓir* n'a peut-être pas encore diffusé au-delà de l'Espagne et du Sud de la France, Toulouse en particulier, où Jordanus de Nemore, semble-t-il[3], l'étudia. Robert Grosseteste n'a jamais été ni l'observateur avisé ni l'expérimentateur habile tel qu'on le présente parfois. Il conçoit l'expérience, non dans le but explicite de tester une hypothèse, mais dans le souci de suivre fidèlement des principes métaphysiques. Selon son épistémologie, qu'il tient de Dominicus Gundissalinus[4], le traducteur tolédan d'Avicenne, il distingue deux facultés dans l'âme rationnelle, la *contemplative* qui

1. Voir Crombie 1953, mais voir aussi Koyré 1956.
2. Dales 1961.
3. Thomson 1974.
4. Dominicus Gundissalinus, Archevêque de Ségovie, traducteur notamment d'Avicenne, d'al-Ghazālī et d'al-Fārābī, au milieu du XIIᵉ siècle.

mène à la *sapientia*, vérité ultime, et l'*active* qui conduit à la *scientia*, ou connaissance externe et contingente. L'intellect, partie active de l'âme rationnelle, acquiert la connaissance au moyen de la perception sensible, alors que la compréhension véritable de ce qui est ainsi acquis dérivera en fin de compte de la lumière divine. Si la connaissance sensorielle est nécessaire, elle n'est pas insuffisante. Grosseteste, dans son *Commentaire des Seconds analytiques* (*Organon IV*) adopte le schéma aristotélicien de l'acquisition des connaissances par l'induction suivie de la déduction auquel il ajoute curieusement vérification et falsification par l'expérience. Curieusement, car l'usage qu'il fait de l'expérimentation est très éloigné de ce qu'on peut attendre d'une expérimentation au sens moderne du terme, puisque, en effet, seule la lumière divine peut garantir la véracité d'une connaissance. A l'expérience, il préférera toujours le recours à des principes métaphysiques *naturels*, le principe d'économie, selon lequel la nature n'agit jamais en vain, et le principe d'uniformité, pour lequel un phénomène apparaît toujours de la même façon. C'est l'application de ces principes qui lui permettra d'établir la *loi* selon laquelle l'angle de réfraction serait égal à la moitié de celui d'incidence. C'est là un bon exemple d'une loi qu'on peut qualifier, au mieux, de *qualitative*, mais surtout pas de *quantitative*[1]. Il semble n'avoir jamais observé soigneusement, encore moins abordé expérimentalement, la réfraction. Il adhère pleinement à la conception de la *vision éclairante* et développe l'analyse géométrique de la lumière[2]. Il reste un représentant de l'optique antique. De la philosophie néoplatonicienne, celle notamment des *Ennéades* de Plotin, il adopte la doctrine de l'émanation : de toutes les choses émanent des puissances, par analogie avec l'émanation de rayons de lumière du soleil qui diffuse dans tout l'univers *inférieur*. Grosseteste développe cette idée dans sa thèse de la « multiplication des espèces », les espèces étant le nom qu'il donne à la puissance émise et propagées dans toutes les directions. Chaque objet actif (*in actione*) émet une puissance (*virtutem*) qui se propage aux autres objets (*patiens*), qu'il s'agisse des sens ou de n'importe quelle chose matérielle. Il nomme cette puissance « espèce », parce qu'elle est, jusqu'à un certain point, analogue à l'action de l'agent émetteur. Elles sont en quelque sorte des représentations formelles des actions produites par les objets actifs. Ainsi un objet chaud émet une *espèce* qui produit de la chaleur dans l'objet récepteur, un corps lumineux, que cette lumière lui soit propre (*lux*) ou

1. Eastwood 1967, 1968.
2. Notamment le *De Iride* et le *De lineis, angulis, et figuris*.

réfléchie (*lumen*), illumine l'œil de celui qui voit. La propagation de la lumière est décrite comme « multiplication des espèces ».[1]

Grosseteste exercera une influence considérable sur les savants du XIIIe siècle, notamment sur Roger Bacon, véritable initiateur des profondes transformations qui toucheront les sciences de la vision.

Le perspectivisme

On assiste dans la deuxième moitié du XIIIe siècle, à une floraison remarquable d'études sur les sciences de la vision et sur l'optique, sous la dénomination générique de *perspectiva*, nom qu'on retrouvera fréquemment pour désigner l'optique géométrique et la perception visuelle de l'espace. Des copies (au moins une dizaine) du *De aspectibus* d'Alhazen, sous ce titre ou sous celui de *Perspectiva*, circulent désormais en Europe latine. Cet ouvrage va inspirer directement plusieurs savants : Roger Bacon (1214/20-1292) qui publiera un ouvrage, *Perspectiva*, directement inspiré d'Alhazen, mais encore influencé par Robert Grosseteste, et son arrière-plan néoplatonicien, Vitelo (1230-1275), auteur d'une vaste *Perspectiva* (1275) et John Pecham, également auteur d'une *Perspectiva communis* (1278/9). Il n'est pas étonnant que ces quatre ouvrages, ayant chacun *perspectiva* dans leur titre, aient inauguré une tradition connue du nom de *perspectivisme* qui restera dominante jusqu'au début du XVIIe siècle.

Roger Bacon

Roger Bacon, est né à Oxford entre 1214 et 1220, il y commence ses études, va à Paris pour enseigner comme Maître des Arts, entre 1240 et 1248 ; peut-être a-t-il participé à la période dite du premier Averroïsme, qui finira, à terme, par déclencher une crise majeure dans l'Université de Paris entre 1266 et 1277. Il est un des premiers à avoir enseigné la philosophie naturelle et la métaphysique d'Aristote. Ensuite, devenu enseignant indépendant de l'Université, Il se consacre à des problèmes de linguistique et de sciences expérimentales. Maîtrisant le Grec et l'Arabe, il connaît tous les travaux disponibles traitant de l'optique et des

1. Grosseteste, cité par Crombie 1953, p. 110. Multiplication voulant dire ici auto-duplication.

sciences visuelles. Il publie trois ouvrages importants sur ces sujets. Le *De multiplicatione specierum* au début des années 1260, élaboration du *De lineis* de Robert Grosseteste augmenté d'éléments empruntés au *De aspectibus* d'Alhazen, qui servira de base à son propre *Pespectiva*, terminé en 1267, enfin le *De speculis comburentibus*, écrit entre 1263 et 1274[1]. A cette époque, il réside alternativement à Oxford et à Paris. Après avoir rejoint l'ordre des Franciscains en 1256, il retourne à Oxford pour y mourir en 1292. En tant qu'auteur indépendant, il avait pour patron le Cardinal Guy le Gros de Foulque, futur Pape Clément IV (1265-1268) qui, le 22 juin 1266, lui *commande* un texte introductif à une réforme de l'enseignement de la philosophie et de la théologie. Ce travail deviendra l'*Opus maïus* suivi dans la foulée, par l'*Opus minus* et *le Tractatus de radiis*. La cinquième partie de l'*Opus majus* forme la *Perspectiva*. Ces ouvrages, Bacon doit les transmettre au pape de la façon la plus secrète, « parce que le décret du chapitre général de l'ordre des franciscains de 1258 (Narbonne) interdisait toute publication en dehors de l'ordre et toute communication directe avec la cour papale »[2]. Le pape lui-même voulait que l'envoi restât secret, ce qui explique que leur diffusion restera limitée, à ces débuts, aux milieux de la cour papale en plus du couvent franciscain d'Oxford.

Roger Bacon dérive son anatomie de l'œil de la tradition galénique, héritée des traductions de Constantin l'Africain[3], de Ḥunayn, d'Avicenne et surtout d'Alhazen. Le *De aspectibus*, récemment accessible, constitue le cœur de sa théorie de la perception visuelle. Mais il n'ajoute rien à Alhazen. Au contraire, pourrait-on dire, il dénature son œuvre par des considérations néoplatoniciennes qui viennent brouiller son message. Notamment sa défense de l'*illumination divine* qui joue selon lui un rôle crucial dans sa conception de la connaissance humaine[4]. Comme sa théorie repose essentiellement sur celle d'Alhazen, il suffira ici de la résumer. Un cône de radiations, dont la base s'applique sur l'objet visible, est formé de rayons atteignant l'œil selon une orientation perpendiculaire à la cornée et la face antérieure du cristallin. Une correspondance point

1. Lindberg 1983, 1996.

2. Paravicini Bagliani 1975, p. 439.

3. Constantin l'Africain. Né à Carthage entre 1010 et 1020, voyage près de quarante ans dans les pays arabes, notamment étudie la médecine à Bagdad, exerce une médecine itinérante (dans la tradition des médecins grecs *périodeutes*), passe par Salerne avant de se retirer à l'abbaye du Mont Cassin où il écrit jusqu'à sa mort en 1087. Ses traductions contribuèrent grandement à la gloire de l'École de médecine de Salerne.

4. Raizman-Kedar 2009.

par point dresse dans le cristallin une « image »[1] de l'objet visible. Cette image sera l'objet propre de la sensation. Les rayons, issus de chacun des points de cette image, sont réfractés au niveau de l'interface entre la face interne du cristallin et l'humeur vitrée pour atteindre le fond de l'œil, sans inversion, selon l'ordre qu'ils avaient à la surface de l'objet. Ils empruntent la lumière du nerf optique pour atteindre le chiasma optique, ou « nerf commun », où la vision sera *achevée*. En outre, bien que défendant la thèse de l'intromission il admet une part d'extramission qu'il justifie par le rôle actif qu'elle jouerait dans divers phénomènes optiques.

En dépit des réserves que suscite cette part d'extramission, reste de sa culture néoplatonicienne, il faut accorder à Roger Bacon le grand mérite d'avoir élevé les sciences de l'optique à un haut niveau de géométrisation. Sa *Perspectiva*, par exemple, contient un grand nombre de diagrammes géométriques bien plus précis que ceux, plus rares, connus jusqu'alors. Commandé par le Pape Clément IV l'*Opus majus*, dont la *Perspectiva* constitue un chapitre, est conservé à Viterbe où siège la Curie, ce qui limite son accès et sa diffusion. Ils seront néanmoins connus de Witelo et John Pecham.

Witelo

Witelo (parfois orthographié Vitelo ou encore Vitellonis) est un religieux polonais, né en Silésie (nord-ouest de la Pologne) aux environs de 1220 (date approximativement estimée ainsi que celle de sa mort en 1278). Fils d'un résident de Thuringe et d'une noble polonaise selon la lettre dédicace qu'il adresse à Guillaume de Moerbeke[2], il réside à Paris en 1253 pour étudier la philosophie et les Arts libéraux, retourne en Silésie puis à Padoue, entre 1262 et 1268, pour poursuivre ses études de droit canon. Il rejoint la curie romaine de Viterbe à la fin de 1268[3]. Le pape Clément IV vient de mourir. Commence alors un très long processus qui s'étend sur près de trois ans pour désigner son successeur, jusqu'à ce que les habitants de Viterbe, exacerbés par cette lenteur, forcent les cardinaux à

1. Image dans le sens d'une représentation point par point et non dans celui, plus analogique, de peinture que lui donnera Kepler en 1604.

2. *Thuringorum et Polonium filius* cité par Lindberg 1972, p. x. Guillaume de Moerbeke, moine dominicain, grand érudit, traducteur de Héron d'Alexandrie, d'Archimède et de Proclus, confesseur du Pape Clément IV.

3. Lindberg 1972, p. x. Mais Paravicini Bagliani (1975, p. 440, n. 1) estime : « qu'il n'est pas du tout sûr que l'on puisse faire remonter aussi loin dans le temps le séjour curial de Witelo », qu'il situe pour sa part après 1269.

prendre une décision[1]. Ce conclave, le premier en son genre, se terminera en 1271 avec l'élection de Grégoire X. Entre-temps, Witelo venait d'arriver à Viterbe, il y retrouve Guillaume de Moerbeke, arrivé depuis novembre 1267, avec lequel il se lie d'amitié.

Guillaume de Moerbeke, moine dominicain, d'origine flamande, occupait la charge de pénitencier apostolique (confesseur) et aumônier du pape Clément IV. Il conservera cette responsabilité importante auprès des cinq papes qui succédèrent à Clément mort en 1268. Homme érudit, correspondant de Thomas d'Aquin à l'instigation duquel il retraduisit de nombreux textes d'Aristote, selon une méthode littérale et précise qui demeurera un modèle classique. Il traduisit également d'autres philosophes, notamment Proclus, des mathématiciens et des astronomes grecs, Archimède, Eutocius d'Ascalon, Héron d'Alexandrie et Ptolémée ; il transcrivit également une traduction arabo-latine du *De speculis comburentibus* d'Alhazen, dont il connaissait déjà la *Perspectiva*.

Guillaume, le plus savant des résidents à la curie, a été vraisemblablement un des premiers lecteurs des travaux que Roger Bacon avait secrètement adressés au pape Clément IV (voir plus haut). Aussi, connaissant l'intérêt que Witelo portait à l'optique, lui conseilla-t-il de lire ces travaux et l'encouragea-t-il à composer sa propre *Perspectiva*. C'est la tâche à laquelle Witelo se consacra entre 1270 et début 1278[2].

Même si Witelo ne cite jamais explicitement Alhazen, il ne fait aucun doute qu'il connaît parfaitement et utilise amplement sa *Perspectiva* pour écrire sa propre encyclopédie de la science optique. Au point qu'on en vient à se demander s'il est encore utile de le commenter[3]. D'abord imprimé en 1535 puis en 1551, ce ne sera que la version éditée par Risner en 1572 (voir plus loin) qui sera définitive et servira de traité de référence pendant la fin du Moyen Âge et le début de la Renaissance. Witelo utilise d'autres sources que la seule *Perspectiva* d'Alhazen, notamment la *Catoptrique* d'Euclide et l'*Optique* de Ptolémée, le *De aspectibus* d'al-Kindī et la *Catoptrique* de Héron d'Alexandrie que Guillaume de Moerbeke vient de traduire à sa demande en 1269. Avec ses élaborations, la *Perspectiva* de Vitelo comporte dix livres, dont le premier établit les bases mathématiques nécessaires à

1. On rapporte que les habitants, lassés par la longueur des délibérations pour l'élection du nouveau pape, enfermèrent les cardinaux, avec seulement du pain et de l'eau, dans une tour dont ils avaient enlevé le toit : « afin de permettre aux influences divines de descendre plus librement sur leurs délibérations ». On comprend qu'u tel régime ait pu stimuler leur ardeur.

2. Paravicini Bagliani 1975, p. 447, n. 2.

3. Smith 2015, p. 273.

l'étude de la lumière et de la vision laquelle formera le sujet des neuf livres suivants. En effet, Witelo est un excellent mathématicien, qui entretient une solide amitié avec Campano de Novare, grand mathématicien et astronome, commentateur d'Euclide, connaisseur des savants arabes, résidant également à la curie de Viterbe en même temps que lui.

La *Perspectiva* de Witelo s'étend sur un nombre de pages largement supérieur à celle d'Alhazen, mais n'ajoutera rien d'essentiel à la révolution que ce dernier a enclenchée plus de deux siècles auparavant. Moins élégant et moins systématique que l'ouvrage d'Alhazen, il servira pourtant d'autorité et fournira le Traité de référence le plus utilisé dans l'enseignement le long du Moyen Âge tardif et la Renaissance. En outre, dans sa longue introduction il propose une validation théologique à l'étude de l'optique, un peu à la manière de Grosseteste : on peut dire qu'elle *christianise* le *De aspectibus* d'Alhazen pour le rendre acceptable à un public latin accordé aux impératifs religieux[1].

John Pecham

Entré dans l'ordre des franciscains à Oxford entre 1257 et 1259, John Pecham étudie à Paris où, après avoir obtenu un doctorat en théologie, il enseigne la théologie dans le couvent franciscain de cette ville. C'est durant son séjour à Paris qu'il atteint sa maturité intellectuelle et fera sienne une philosophie typiquement franciscaine, marquée par l'illumination divine de l'intellect, l'hylémorphisme total, et l'indépendance du corps et de l'âme.

Il quitte Paris vers 1271-1272 pour revenir à Oxford, puis assure en 1275 une charge de ministre provincial des franciscains. Il est nommé maître en théologie à l'université pontificale de Viterbe ente 1277 et 1278 ; il y rencontra Witelo, et cette période est probablement celle pendant laquelle il compose la *Perspectiva communis*[2]. Consacré Archevêque de Cantorbéry en 1279, il est un adversaire déterminé des nouveautés philosophiques du XIIIe siècle tardif, notamment du thomisme. Il meurt le 8 décembre 1292.

Son intérêt pour les sciences, très vif comme en témoignent les titres de nombre de ses écrits (*Perspectiva communis*, *Theorica planetarum*, *Tractatus de numeris* (arithmétique et numérologie), *Tractatus de anima*), a été éveillé par sa fréquentation de l'Université d'Oxford où une vigoureuse

1. Smith 2015, p. 275.
2. Lindberg 1970, p. 17.

tradition d'études scientifiques qui avait été instaurée par Grosseteste[1]. S'il ne peut y avoir eu de relation directe entre Grosseteste et Pecham (il n'était pas encore né quand Grosseteste disparut), celle avec Roger Bacon est en revanche attestée[2]. En effet, Bacon et Pecham fréquentent le même couvent franciscain à Paris aux débuts des années 1260s, période durant laquelle Bacon étudie l'optique et il est vraisemblable qu'ils aient entretenu des échanges sur ce sujet dès cette époque. Quant aux liens avec Witelo, sans être absolument établis, ils sont fortement probables. En effet, Pecham écrivit son traité entre 1277 et 1279, quand il réside à Viterbe, période pendant laquelle Witelo, également résidant à Viterbe, écrivit le sien entre 1270 et 1278 ; les emprunts entre les deux sont possibles, même s'il est difficile de savoir lequel précède l'autre ; on peut néanmoins suivre Lindberg, un des meilleurs connaisseurs de ce sujet, lorsqu'il dit que la *Perspectiva* de Witelo est vraisemblablement antérieure à la *Perspectiva communis* de Pecham[3].

Celle-ci est un abrégé, un « compendium », du *De aspectibus* d'Alhazen. Il constitue la source principale que Pecham suit fidèlement, presque littéralement, tout en évitant, comme Bacon l'avait fait avant lui, les soi-disant *obscurités* mathématiques. La théorie de la vision (façon dont les objets apparaissent à un observateur que ce soit par vision directe, réfléchie ou réfractée) qu'il résume (anatomie et physiologie de l'œil, psychologie de la perception, théorie de la formation des images par réflexion et réfraction) n'ajoute rien à celle qu'on trouve dans le *De aspectibus*, si ce n'est qu'on peut regretter l'influence exercée par Roger Bacon dans son recours à la notion de multiplication des espèces ce qui ne peut qu'affaiblir la portée de la révolution qu'a connue l'optique géométrique au XIe siècle[4].

LA POPULARITÉ DE L'OPTIQUE AU MOYEN ÂGE

Avec ceux des *perspectivistes*, étudiés plus haut, d'autres traités d'optique géométrique circulent dès la deuxième moitié du XIIIe siècle.

1. Crombie 1953, p. 153 *sq*.
2. *Ibid.* p. 10-11.
3. Lindberg 1971, p. 82-83.
4. On remarque également quelques autres influences, Grosseteste et Bacon, bien entendu mais au-delà Euclide, le Pseudo-Euclide, al-Kindi, Augustin, Aristote, Maïmonides, Saint Augustin, Avicenne. C'est cependant le *De aspectibus* qui est la référence la plus importante.

A la tradition euclidienne, déjà bien établie, on peut ajouter l'*Optique* de Ptolémée, traduite de l'Arabe par l'émir Eugène de Palerme au XIIe siècle, la *Catoptrique* de Héron d'Alexandrie, traduite du grec en latin par Guillaume de Moerbeke en 1269, et le *De speculis comburentibus* de Dioclès (IIe siècle ap. J.-C) traduit de l'arabe en latin par Gérard de Crémone. En outre, le *Livre des questions sur l'œil* de Ḥunayn ibn Isḥāq, et quelques autres ouvrages d'ophtalmologie (que nous avons déjà évoqués) sont en circulation, notamment grâce aux traductions de Constantin l'Africain qui firent la célébrité de l'École de médecine de Salerne au XIe siècle.

Un épisode marquant de cet intérêt scientifique pour l'optique est illustré par la présence à Viterbe d'une curie tout à fait singulière. Le pape Jean XXI vient d'être élu en septembre 1276. Né à Lisbonne aux alentours de 1220, baptisé Pedro Juliano Rebello, il commence ses études dans l'école cathédrale de Lisbonne avant d'aller à Paris pour suivre des cours de théologie, puis à Montpellier suivre le meilleur enseignement disponible à cette époque de la médecine. On le retrouve à Sienne où il enseigne cette discipline, puis à Salerne qui partage avec Montpellier l'excellence de son enseignement médical où il se spécialise dans les pathologies oculaires. On le retrouve à Viterbe médecin particulier du pape Grégoire X. A cette époque, il compose le célèbre *Thesaurus pauperum*, dont le chapitre 8, *De oculo*, sera, durant tout le Moyen Âge, le plus populaire des traités d'ophtalmologie pratique dans lequel se trouvent énumérées un grand nombre de pathologies oculaires. Elu Pape en 1276, il s'occupe davantage de science que des questions théologiques touchant à sa nouvelle fonction[1]. Ophtalmologiste mais aussi logicien, il composa divers ouvrages, notamment un manuel de logique, les *Summulae logicales*, qui lui assura sa célébrité durant tout le Moyen Âge.

En 1277, à la cour pontificale de Viterbe résident un nombre remarquablement élevé de savants intéressés aux problèmes liés à l'optique, à la lumière, à la vision en général : en premier lieu le pape lui-même, son confesseur Guillaume de Moerbeke, qui correspond régulièrement avec Saint Thomas d'Aquin qui l'incita, semble-t-il, à traduire à nouveau Aristote, les traductions disponibles étant jugées insuffisantes. Guillaume traduisit également des traités mathématiques d'Héron d'Alexandrie et d'Archimède, il fit connaître à Witelo l'*Opus maîus* que Roger Bacon avait secrètement adressé à la Curie (voir plus haut). A cette date, Witelo et John Pecham cohabitent à la Curie. Il est difficile d'imaginer qu'ils n'aient

1. « In scientiis plus delectabatur quam omnibus reliquis negotiis », selon Ricobaldo de Ferrare au début du XVIe siècle, cité par Paravicini Bagliani 1975, p. 443.

pas entretenu des relations scientifiques étroites. En outre, on rencontrait également dans ce même cénacle le mathématicien Campanus de Novare, commentateur d'Euclide, qui occupait la fonction de chapelain du Pape. La cour pontificale de Viterbe est bien le *centre de transmission des écrits consacrés à l'optique* que décrit Lindberg[1].

L'optique du XIIIe siècle (pourrait-on la qualifier « d'optique de Viterbe » ?) dominera la pensée scientifique jusqu'à la Renaissance. L'existence d'un grand nombre d'exemplaires complets témoigne de la large diffusion du traité de Pecham. Le fait qu'il ait été imprimé dès 1482 (ou 83), puis réimprimé neuf fois jusqu'au XVIe siècle, qu'il ait été traduit et publié en italien en 1627[2], témoigne de l'importance de cette diffusion. Ce traité apparaît dans plusieurs programmes d'études de diverses universités européennes (Vienne, Prague, Paris Leipzig, Cracovie, Würzburg) entre le XIVe et le début du XVIe siècle ; il fit l'objet de commentaires de la part de nombreux savants : Duns Scott (mort en 1308), Blaise Pelacani de Parme, qui l'enseigne à Florence pendant les années de formation des grands artistes, comme Lorenzo Ghiberti, et d'architectes, comme Filippo Bruneleschi, inventeur de la règle de la perspective artificielle. Thierry de Fribourg qui comprit mieux que ses prédécesseurs latins la théorie de la réfraction d'Alhazen pour donner une explication moderne de l'arc-en-ciel, proche mais indépendante de celle proposée auparavant[3] par Kamāl al-Dīn al-Fārisī (voir plus haut).

Ce sera Kepler qui, en 1604, marquera la fin de cette optique *perspectiviste* (voir Épilogue). En attendant, artistes et ingénieurs, soucieux de mieux comprendre la vision de l'espace, l'ont souvent utilisée pratiquement. En 1493, Antonio Pollaiulo, le sculpteur de la tombe du pape Sixte IV, dans l'Eglise romaine de San Pietro in Vincoli consacre un de ses dix reliefs qui entourent la tombe du pontife à la *Prospectiva*, personnification d'un nouvel art libéral ajouté récemment[4] aux sept disciplines traditionnelles, sous la forme d'une déesse au sein dénudé, tenant dans sa main gauche un astrolabe surmontant une branche de chêne, élément de l'arbre généalogique de la famille papale Delle Rovere, et dans sa main droite un

1. Lindberg 1971, p. 67.

2. Par comparaison : la *Perspectiva* de Witelo sera imprimée trois fois au XVIe siècle, Alhazen seulement en 1572, et Bacon pas avant 1614.

3. Rashed 1970, p. 113 : « al-Fārisī a terminé ses recherches sur l'arc-en-ciel [...] au moins quelques dix ans avant que Théodoric ait composé son traité entre les années 1304 et 1311 ».

4. Dominicus de Clavasio, qui enseigne les arts, la philosophie et la médecine au milieu du XIVe siècle, ajoute la perspective (au sens d'optique géométrique) au quadrivium de Boèce (arithmétique, musique, géométrie et astronomie).

livre ouvert où l'on peut lire un certain nombre des propositions tirées de la *Perspectiva communis*[1]. Leonardo da Vinci ouvre son propre traité sur la peinture par une citation de Pecham.

Figure 1 : Tome du Pape Sixte IV en l'Église SanPietro in Vincoli (Vatican)

C'est, sans aucun doute, le traité le plus lu, le plus commenté et le plus étudié pendant trois siècles, même si on juge qu'une inflexion dans le sens d'une philosophie néoplatonicienne spiritualiste, fondée davantage sur Avicenne que sur Alhazen lui-même, l'affaiblisse en subordonnant la connaissance sensible de l'espace à la science de la vision divine[2]. En dépit de cette importante réserve, qui tient au fait que les philosophes et savants du Moyen Âge latin tiennent la sensation pour un simple instrument dépourvu d'évidence cognitive, la doctrine perspectiviste initiée par l'œuvre d'Alhazen dominera le monde savant jusqu'à la Renaissance. Aussi pourrait-on dire, en s'inspirant du titre du beau livre de Hans Belting[3], que ce n'est pas à Florence que la perspective a été inventée au XVe siècle, mais au Caire au XIe siècle.

1. Par exemple : « Sine luce nihil vedetur/Visio fit per lineas radiosas recte super oculum mittentes […] ».

2. Vescovini 1990, p. 227.

3. Belting 2011.

ÉPILOGUE

Avant le développement de l'imprimerie, le *De aspectibus* d'Alhazen, la *Perspectiva communis* de Pecham et la *Perspectiva* de Witelo furent les sources principales, *quasi* exclusives, des connaissances de l'optique dans le Moyen Âge tardif. Malgré le nombre relativement restreint d'exemplaires disponibles, on observe, chez les intellectuels, théologiens et savants, un intérêt considérable pour l'optique, la lumière et la vision. Toutefois, nous avons vu que le *perspectivisme* du XIIIe siècle restait influencé par des considérations métaphysiques qui brouillent le message fondamental de la révolution physique accomplie par Ibn al-Haytham. A l'exception néanmoins de deux exemples notables. D'une part, Theodoric de Freiberg, moine dominicain, dans son *De iride* de 1310, échappe à cette critique. Son explication de l'arc-en-ciel est en effet basée sur la réfraction à travers les gouttelettes d'eau individuelles, suivie des réflexions à l'intérieur de celles-ci, et enfin de la réfraction à la sortie de la goutte selon un angle spécifique qui rend compte de ses diverses couleurs. Cette explication est proche sans être identique à celle donnée presque en même temps mais indépendamment, et à des centaines de kilomètres, par Kamāl al-Dīn al-Fārisī (voir *supra*, p. 160). D'autre part, un peu plus tard, Nicole Oresme, éminent philosophe scolastique de la fin du XIVe siècle, propose aussi une explication différente de celle d'Ibn al-Haytham (et différente de celle de Théodoric) de la réfraction atmosphérique en remarquant que les rayons lumineux, traversant des couches atmosphériques de plus en plus denses – des plus lointaine de la terre aux plus proches – doivent être réfractés continuellement pour suivre une trajectoire curviligne et non rectiligne, ce qui rend impossible la détermination de la position exacte d'un corps céleste, par conséquent, ce qui en fait une critique dirigée contre les prétentions astrologiques.

La vision humaine, telle que le perspectivisme la décrit, est à la base de nombreuses analogies avec la vision divine, d'inspiration augustinienne, qui reste au cœur de la théologie médiévale. Les grands poètes, Dante Alighieri, Geoffrey Chaucer, Guillaume de Lorris et Jean de Meung, notamment n'ont pas tardé à reconnaître de nombreuses affinités entre allégorie et optique[1] ; les artistes et architectes florentins, Lorenzo Ghiberti, Cosimo Bartoli, Filipo Bruneleschi ou Leonardo da Vinci, entre autres, ont également été fortement influencés[2], ainsi que de nombreux philosophes et savants, parmi lesquels Giovanni Batista Benedetti, Erasmus Reinhold, John Dee, Ticho Brahe, Fabricius d'Aquapendente, pour n'en citer que quelques-uns. Ces références à l'optique témoignent de l'importance de la pénétration des idées perspectivistes dans tous les domaines de la vie intellectuelle ; mais elles traduisent en même temps d'une profonde incompréhension des enjeux scientifiques des études de la vision spatiale que la rupture radicale introduite par Alhazen, à la condition qu'elle fût bien comprise, aurait dû inaugurer. Elles auraient dû interdire tout recours à des formes, ou *espèces*, ontologiques substantielles, bannir définitivement la vision éclairante, pour ne la concevoir que selon des principes mathématiques et physiques.

Mais il faudra encore attendre plus de trois siècles, le début du XVIIe siècle, pour que la réforme du *De aspectibus* donne toute sa mesure. Entre-temps, l'*Opticae thesaurus* sera imprimée, sa diffusion dans toute l'Europe assurée, et son influence ne sera pas diminuée en dépit de la publication en 1604 du *Ad vitellionem paralipomena* et de la *Dioptrice* en 1611 de Kepler.

PUBLICATION DE L'*OPTICAE THESAURUS ALHAZENI*

En 1572, Friedrich Risner édite et publie sous le nom de *Thesaurus opticae*[3], les ouvrages d'Alhazen et de Witelo. Friedrich Risner, né à Hersfeld (Hesse) en 1533, vient étudier à Paris, probablement au Collège de Presle sur la Montagne Sainte Geneviève, où il commence à

1. Akbari 2004.

2. Vescovini, 1990.

3. Le titre complet : *Opticae thesaurus : Alhazeni Arabis libri septem, nuncprimum editi ; Eiusdem liber De Crepusculis et nubium ascensionibus, Item Vitellonis Thuringopoloni libri X.* Re-édité par David C. Lindberg, 1972.

travailler sous la direction du grand humaniste Pierre de la Ramée. Ce dernier, nommé, en 1551, Professeur dans la 12e Chaire « Eloquence et Rhétorique » au Collège Royal (ancêtre de l'actuel Collège de France), prend Fiedrich Risner comme assistant en 1565. Petrus Ramus (nom latinisé de Pierre de la Ramée) encourage cet excellent mathématicien, à éditer les travaux des *perspectivistes*, Alhazen et Witello. Risner raconte comment Ramus a recherché activement le manuscrit de Ibn al-Haytham dans de nombreuses boutiques parisiennes pour finir par se le procurer au cours d'une vente aux enchères publiques. Friedrich Risner passe une année à Bâle pour éditer une traduction latine de l'*Optique* d'Alhazen, accompagnée d'un texte, dont on lui attribua longtemps la paternité, le *De crepusculis et nubium ascensionibus* mais dont on sait aujourd'hui qu'il n'est pas l'auteur[1] ; avec l'ouvrage d'Alhazen celui de Witelo (Vitellonis), *Perspectiva*, est également édité.

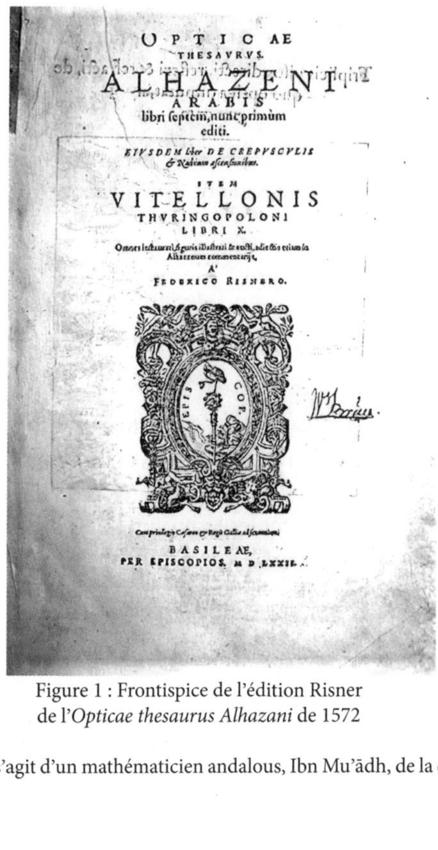

Figure 1 : Frontispice de l'édition Risner de l'*Opticae thesaurus Alhazani* de 1572

1. Sabra 1967. Il s'agit d'un mathématicien andalous, Ibn Mu'ādh, de la deuxième moitié du XIe siècle.

Auparavant, Pierre Ramus, avait proposé par testament la création d'une chaire de mathématique, financée par un legs permettant d'embaucher sur concours un candidat, pour une période de trois ans, renouvelable si celui-ci satisfaisait aux critères de sélection. Ramus demande que le premier titulaire soit son assistant, Friedrich Risner. Ce testament ne sera connu qu'après la disparition tragique de Pierre Ramus.

Le 24 août 1572 a lieu le massacre de la Saint Barthélémy. Ramus, converti à la religion Réformée depuis 1561 (ou 1562), est assassiné par une bande de fanatiques catholiques qui le transpercent de coups d'épée, le défenestrent moribond et traînent son corps blessé pour le jeter dans la Seine à quelques pas de son bureau ; il est rejeté agonisant sur les berges du fleuve où il sera achevé à coups de bâtons par une petite troupe d'enfants. Il faudra trois ans après la disparition de Ramus, et d'âpres discussions entre l'assemblée des professeurs du Collège Royal et le Parlement, pour que la chaire soit enfin créée et que Friedrich Risner soit appelé à l'occuper. Celui-ci reçoit une avance de salaire pour rejoindre sa chaire, mais, une fois de retour à Paris, refuse de donner le moindre cours suite à : « une étrange impulsion ou peut-être même à une maladie mentale », selon Nicholas Bergeron un des exécuteurs testamentaires de Ramus[1]. On peut imaginer que, profondément affecté par les circonstances atroces de la mort de son maître, il décida de revenir dans son Hesse natal pour mourir à Hersfeld en 1580[2].

Destinée de l'*Opticae thesaurus*

L'édition de Risner demeurera le traité d'optique de loin le plus répandu durant tout le XVIIe siècle, bien après la publication par Képler en 1604 de *Ad Vitelionem Paralipmena* qui va inaugurer une nouvelle révolution ouvrant résolument les temps modernes. Nous savons que Ibn al-Hayham, dans la lignée de Galien, et à sa suite, tous les perspectivistes tenaient le cristallin pour responsable de la vision, à tout le moins pour la première étape du processus menant à la perception de l'espace. L'image

1. Cité par Goulding 2010, p. 182.

2. Selon les archives du Collège de France, Risner est bien le premier titulaire de la chaire, depuis lors appelée « chaire Ramus » ; le premier à y avoir enseigné est Maurice Bressieu (1546-1617), le dernier Henri Lebesgue de 1921 à 1943. L'intitulé de la chaire changera de nom suivant la politique propre du Collège de France.

pointilliste des objets extérieurs, affecte directement le cristallin. La capsule qui l'enveloppe, la membrane arachnoïde, étant le prolongement de la rétine, elle-même expansion du nerf optique, peut alors transmettre mécaniquement la sensation, de façon *quasi* tactile, au cerveau où sera accomplie la perception véritable (voir *supra*, chap. 7, p. 143). Mais cette conception n'est plus tenable dès lors que l'anatomie de l'œil progresse. En 1583, le *De corporis humani structura et usu* est publié par un médecin suisse Felix Platter[1] qui fait remarquer que le cristallin n'est pas directement relié à la rétine, qu'il est placé bien en avant dans l'œil et qu'il ne peut donc être en mesure de transmettre de façon *quasi* mécanique la sensation qui l'affecte à la rétine et, de là, au cerveau. Son rôle se réduit à celui d'une lentille grossissante, *perspicillum*[2], à travers laquelle la lumière et la couleur sont projetées sur la rétine. Celle-ci devient le siège de la vision, sans que l'auteur ne donne ses raisons pour lesquelles il lui assigne un tel rôle.

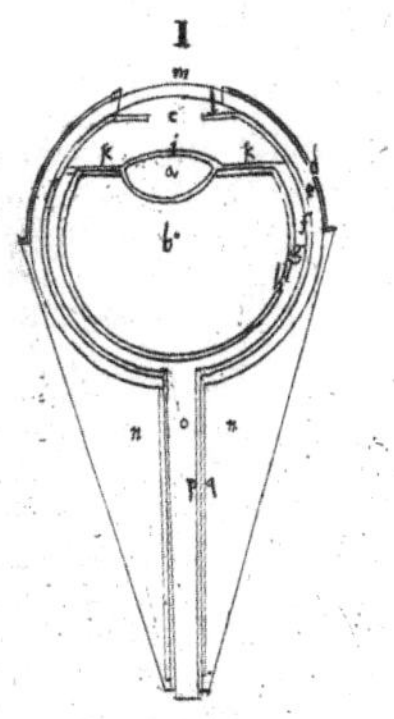

Figure 2 : L'œil selon Felix Platter (1583).

Le tournant képlerien

Kepler est né en 1571 dans une famille luthérienne de Weil, petite ville impériale de Souabe. Étudiant à Tubingen, il entre à la Faculté de Théologie en 1591, mais interrompt trois ans plus tard ses études théologiques pour

1. Felix Platter 1583, Le *De corporis huami structura et usu*, 1583, réédité en 1603.

2. Le terme *perspicillum* sera utilisé par Galilée dans le *Siderus Nuncium* (1610) pour désigner la lentille grossissante de sa lunette astronomique.

devenir mathématicien à l'Université luthérienne de Graz. Étudiant l'astronomie, il devient l'assistant de Tycho Brahé à la cour impériale de Rodolphe II à Prague, pour lui succéder à sa mort en 1601. Il disparaît à Regensburg en 1630.

En 1604, Kepler publie ses *Ad Vitellionem paralipomena*, dans lesquelles il établit qu'une image visuelle est formée non pas *dans*, mais *par* le cristallin sur le fond de l'œil que tapisse la rétine :

> Je dis que la vision a lieu quand l'image (*idolum*) de la totalité de l'hémisphère du monde extérieur qui fait face à l'œil [...] se forme sur la surface concave blanc-rosé de la rétine (*retina*). Je laisse aux philosophes naturalistes le soin de discuter la façon dont cette image, ou peinture (*pictura*), est traitée par les principes spirituels visuels qui résident dans la rétine et les nerfs [...]

Cette image est *réelle*, on peut la voir directement. Scheiner (1573-1650), médecin et jésuite érudit souabe, connu pour sa dispute, peu glorieuse, de priorité avec Galilée sur les taches solaires, donne une description de l'anatomie de l'œil, plus précise que celle de Platter. Dans le *Oculus* publié en 1619, le cristallin occupe une position très antérieure

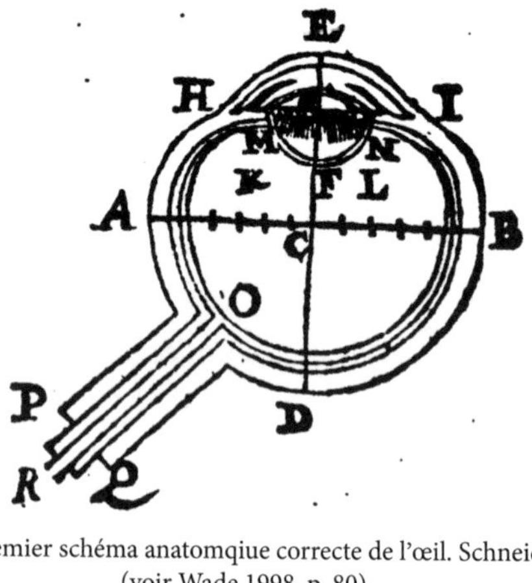

Figure 3 : Premier schéma anatomqiue correcte de l'œil. Schneider, 1619 (voir Wade 1998, p. 80)

dans l'œil, la cornée, plus antérieure encore, forme un hublot bombé vers l'extérieur, quant à l'entrée du nerf optique dans l'œil, il est déporté sur le côté nasal par rapport à l'axe optique qui passe par les centres du cristallin et du globe oculaire. Plus tard, en 1630, dans *Rosa Ursina*, il dit avoir observé directement la formation de l'image, et son inversion, sur le fond de l'œil fraîchement prélevé sur un cadavre humain, observation qu'il renouvela plusieurs fois sur divers cadavres d'animaux[1]. Descartes, dans sa *Dioptrique* de 1637, (Fig. 4) renouvelle cette observation :

> [...] si, prenant l'œil d'un homme fraîchement mort, ou, au défaut, celui d'un bœuf ou de quelque autre gros animal, vous coupez dextrement vers le fond les trois peaux qui l'enveloppent, en sorte qu'une grande partie de l'humeur M, qui y est, demeure découverte, sans qu'il y est rien d'elle pour cela qui se répande ; puis, l'ayant recouverte de quelque corps blanc, qui soit si délié que le jour passe au travers, comme, par exemple, d'un morceau de papier ou de la coquille d'un œuf, RST, que vous mettiez cet œil dans le

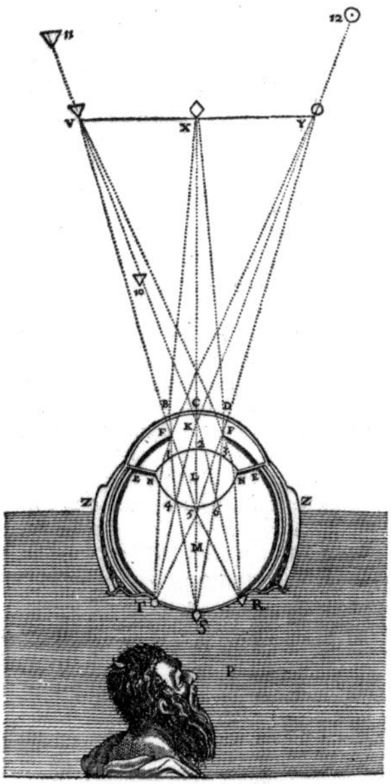

Figure 4 : Des images qui se formentsur le fond de l'œil
La Dioptrique, Discours cinquème.

> trou d'une fenêtre fait exprès, comme Z, en sorte qu'il ait le devant, BCD, tourné vers quelque lieu où il y ait divers objets, comme V, X, Y, éclairés par le soleil ; et le derrière, où est le corps blanc, RST, vers le dedans de la chambre, P, où vous serez, et en laquelle il ne doit entrer aucune lumière, que celle qui pourra pénétrer au travers de cet œil, dont vous savez que toutes les parties, depuis C jusqu'à S, sont transparentes. Car, cela fait, vous regardez sur ce corps blanc RST, vous y verrez, non peut-être sans

1. Voir Smith 2015, p. 374.

> admiration et plaisir, une peinture qui représentera fort naïvement en perspective tous les objets qui seront au dehors vers VXY, au moins si vous faites en sorte que cet œil retienne sa figure naturelle, proportionnée à la distance de ces objets ; car, pour peu que vous le pressiez plus ou moins que de raison, cette peinture en deviendra moins distincte[1].

Cette image oculaire produite sur la rétine n'a cessé depuis lors de poser problème. Pourtant, Robert Smith dans un ouvrage de référence, *System of Opticks*, publié à Londres en 1738, dira : « ces peintures propagées le long des fibres des nerfs optiques jusqu'au cerveau sont la cause de la vision » (p. 27)[2]. Mais il faudra attendre, le XIXe et surtout le XXe siècle pour que la relation entre l'image formée sur la rétine, et ce que l'observateur perçoit, son percept conscient, commence à être, au moins partiellement, élucidée. Néanmoins, malgré la radicalité du tournant klépérien, c'est bien le *Kitāb al-Manāẓir* qui marqua la plus grande rupture dans l'histoire des sciences de la vision. Rupture différée, certes, comme nous l'avons vu plus haut, mais rupture totale en théorie, même si elle resta incomplète dans les faits.

Le second Ptolémée

C'est bien l'œuvre de Ibn al-Haytham qui marqua la rupture fondamentale dans l'histoire des théories de l'optique, de la lumière et de la vision. Son rejet déterminé de toute conception basée sur l'hypothèse de rayons visuels est inséparable de la séparation complète qu'il opère entre une théorie de la lumière (et de la couleur) et une théorie de la perception visuelle. La lumière existe indépendamment de la vision ; sa description ne fait appel à aucune entité métaphysique. Elle irradie de façon rectiligne à partir de chacun des points d'un objet lumineux par lui-même (astres, feux), dans toutes les directions, sa réflexion à partir d'un objet illuminé opaque (selon un certain angle, dans un plan…), sa réfraction à l'interface entre deux milieux de densité différente, sont des caractéristiques qui relèvent d'une approche expérimentale et peuvent être soumises à un traitement mathématique rigoureux. Elles sont indépendantes de la vision. Elles ont néanmoins des effets spécifiques sur les processus psychophysiologiques visuels culminant dans la perception visuelle des

1. Descartes, *La Dioptrique*, Discours cinquième.
2. Cité par Hatfield & Epstein 1979 p 373.

objets extérieurs et sur la saisie des *intentions*[1] (*maʿānī*) qu'ils portent, grâce à des opérations mentales d'inférence, des processus interprétatifs que nous qualifierions aujourd'hui de cognitives.

Mais l'importance de Ibn al-Haytham va bien au-delà de l'optique et des sciences de la vision. S'il doit être tenu comme l'un des plus grands mathématiciens de l'histoire des mathématiques, son rôle historique réside sans doute dans la haute exigence épistémologique qu'il réclame : désormais, la preuve doit être systématiquement mathématique et expérimentale. Comme le souligne son plus grand connaisseur : « L'élément universel de la preuve scientifique, qui a toujours distingué la science de tout autre savoir, quel que soit son stade de développement, et devant lequel s'écroule tout relativisme historique ou sociologique, … *c'est cet élément qui assure…* sa diffusion au-delà des conflits, parfois encore vivaces, religieux, idéologiques ou même armés[2].

1. Voir p. 148, n. 1.
2. Rashed 2008.

BIBLIOGRAPHIE

ACERBI, F. (2008), « Damianus of Larissa », in *Complete Dictionary of Scientific Biography*, eBook, New York, Charles Scribner's Sons.

ADAMSON, P. (2006), « Al-Kindi and the reception of Greek philosophy », *in* P. Adamson & R.C. Taylor (eds.), *The Cambridge Companion to Arabic Philosophy*, Cambridge, Cambridge University Press, p. 32-51.

– (2007), *Al-Kindī*, Oxford, Oxford University Press.

AKBARI, S. C. (2004), *Seeing through the Veil : Optical Theory and Medieval Allegory*, Toronto/Buffalo (N. Y.)/London, University of Toronto Press.

ARISTOTE (1926), *Physique (I-IV)*, trad. fr. H. Carteron, Paris, Les Belles Lettres.

– (1986), *La Métaphysique. Tome I*, trad. fr. J. Tricot, Paris, Vrin.

– (2000a), *Petits traités d'histoire naturelle (Parva naturalia)*, Trad. fr. P.-M. Morel, Paris, GF-Flammarion.

– (2000b), *On Colours (De coloribus) in* Aristotle, *Minor works*, trans. by W. S. Hett, Cambridge (MA), Harvard University Press.

– (2008a), *Métaphysique*, trad. fr. M.-P. Duminil et A. Jaulin, Paris, GF-Flammarion.

– (2008b), *Météorologiques*, trad. fr. J. Groisard, Paris, GF-Flammarion.

– (2012). *La Physique*, trad. fr. A. Stevens, Paris, Vrin.

– (2017). *De l'âme*, trad. fr. J. Tricot, Paris, Vrin.

BACON, R. & LINDBERG, D. C. (1983), *Roger Bacon's philosophy of nature*, Oxford, Clarendon Press.

BARLOW, H. B. (1953), « Summation and inhibition in the frog's retina », *The Journal of Physiology* 119(1), p. 69-88.

– (1972), « Single units and sensation : a neuron doctrine for perceptual psychology ? », *Perception* 1(4), p. 371-394.

– (1995), « The neuron doctrine in perception », *in* M. Gazzaniga, R. B. Ivry, G. R. Mangun (eds.), *The Cognitive Neurosciences*, Cambridge (MA), The MIT Press, p. 415-435.

BARNES, J. (1971), « Aristotle's Concept of Mind », *Proceedings of the Aristotelian Society* 72 (1971-1972), p. 101-114.

BARNES, J., *et al.* (1979), *Articles on Aristotle 4, Psychology and Aesthetics*. London, Duckworth.

BEARE, J. J. (1906), *Greek theories of elementary cognition, from Alcmaeon to Aristotle*. Oxford, Clarendon Press.

BELLOSTA, H. (2002), « Burning Instruments : From Diocles to Ibn Sahl », *Arabic Sciences and Philosophy* 12, p. 285-303.

BELTING, H. (2011), *Florence & Baghdad. Renassance Art and Abab Science*, Cambridge (MA)/London, The Belknap Press of Harvard University Press.

BEN-ZEEV, A. (1984a), « The Passivity Assumption of the Sensation-Perception Distinction », *Brit. J. Phil. Sci.* 35, p. 327-343.

— & STRAUSS, M. (1984b). « The Dualistic Approach to Perception », *Man and World* 17, p. 3-18.

BERGSON, H. (1970), *Œuvres*, Paris, Presses Universitaires de France.

BLAY, M. (2005), *Les figures de l'arc-en ciel*, Paris, Belin.

BLOCK, N. (1980), *Introduction : What is Functionalism ?*, Cambridge (MA), Harvard University Press.

BORING, E. (1950), *A History of Experimental Psychology*, New York, Appleton-Century-Crofts, Inc.

BOUDON-MILLOT, V. (2004), « Illustrer les médecins grecs à la Renaissance : les schémas d'optique galénique » *in* V. Boudon-Millot et G. Cobolet (éd.), *Lire les médecins grecs à la Renaissance*, Paris, De Boccard, p. 209-232.

BRENTANO, F. (1944), *Psychologie du point de vue empirique*, trad. fr. M. de Gandillac, Paris, Aubier.

BROWN, P. (2000), *Augustino of Hippo. A Biography*, Berkeley/Los Angeles, University of California Press.

BRUNSCHWIG, J. (1991), « Les multiples chemins aristotélicien de la sensation commune », *Revue de Métaphysique et de Morale* 96(4), p. 455-474.

BUFFON, G, L. L., Comte de (1853), « Observations sur les couleurs accidentelles et sur les ombres colorées », dans *Œuvre complètes de Buffon*, éd. par M. Flourens, t. IX, Paris, Garnier Frères.

BURNYEAT, M. F. (1992), « Is an Aristotelian Philosophy of Mind still Credible ? (A draft) », *in* Nussbaum & Oksenberg-Rorty 1992, p. 15-27.

BUSER, P. & IMBERT, M. (1961), « Sensory Projections to the Motor Cortex in Cats : a Microelectrode Study », in W. Rosenblith (ed.), *Sensory Communication*, Endicott House, The MIT Press @ John Wiley & Sons, Inc, p. 607-628.

CANTO-SPERBER, M. (éd.) (1997), *Philosophie grecque*, Paris, Presses Universitaires de France.

CHARLTON, W. (1980), « Aristotle's Definition of Soul », *Phronesis* 25(2), p. 170-186.

CAVANAGH, P. (2011), « Visual Cognition », *Vision Research* 51(13), p. 1538-1551.

CLAGETT, M. (1964), *Archimedes in the Middle Ages*, Philadelphia, University of Wisconsin Press.

CROMBIE, A. C. (1953), *Robert Grosseteste and the Origins of Experimental Science 1100-1700*, Oxford, Oxford University Press.

– (1967), « The Mechanistic Hypothesis and the Scientific Study of Vision : Some Optical Ideas as a Background to the Invention of the Microscope », *in* S. Bradbury, G.L.E. Turner (eds.), *Historical Aspects of Microscopy*, Cambridge, W. Effer & Sons Ltd, p. 3-87. Repris dans Crombie 1990, p. 175-284.

– (1990), *Science, Optics and Music in Medieval and Early Modern Thought*, London, The Hambledon Press.

DALES, R. C. (1961), « Robert Grosseteste's Scientific Works », *Isis* 52(3), p. 381-402.

D'ALVERNY, M.-T. & HUDRY, F. (1974), « Al-Kindi, *De radiis stellarum* », *Archives d'Histoire Doctrinale et Littéraire du Moyen Âge* 41, p. 139-260.

D'ANCONA, C. (2006), « Greek into Arabic : Neoplatonism in translation », *in* P. Adamson & R.C. Taylor (eds.), *The Cambridge Companion to Arabic Philosophy*, Cambridge, Cambridge University Press, p. 10-31.

– (2008), « Degrees of Abstraction in Avicena », *in* Knuuttila & Kärkkäinen 2008, p. 47-71.

DAREMBERG, C. & RUELLE, C. E. (1879), *Œuvres de Rufus d'Ephèse. Texte collationné sur les manuscrits, traduits pour la première fois en français, avec une introduction/puvblication commencée par le Dr Ch. Daremberg, continuée et terminée par Ch. Emile Ruelle*. Paris, gallica.bnf.fr/Bibliothèque nationale de France.

DAVIDSON, H. (1992), *Alfarabi, Avicenne and Averroes on Intellect : their cosmologies, Theories of the Active Intellect, and Theories of Human Intellect*, New York/Oxford, Oxford University Press.

DEBRU, A. (1996), *Le Corps Respirant. La Pensée Physiologique chez Galien*, Leiden/New York/Köln, E.J. Brill.

DE LAEY, J. J. (2011), « The eye of Vesalius », *Acta Ophthalmologica* 89, p. 293-300.

DELAURENTI, B. (2012), « Agir par les mots au Moyen Âge », *Archives de Sciences Sociales des Religions* 158, p. 53-71.

DEPALMA DIGESER, E. (2010), « The Late Roman Empire from Antonine to Constantine », *in* L. P. Gerson (ed.), *The Cambridge History of Philosophy in Late Antiquity*, New York, Cambridge University Press, 2 vol., vol. 1, p. 13-24.

DESCARTES, R. (1996), *Œuvres complète*, éd. par Ch. Adam et P. Tannery, Paris, Vrin.

DIOGÈNE LAËRCE (1999), *Vies et docrines des philosophes illustres*, trad. fr. sous la dir. de M.-O. Goulet-Cazé, Paris, Le Livre de Poche.

DUHEM, P. (1990), *Essai sur la notion de théorie physique de Platon à Galilée*, Paris, Vrin.

DUPUY, J.-P. (2000), *The Mechanization of the Mind. On the origins of cognitive science*. Princeton/Oxford, Princeton University Press.

EASTWOOD, B. S. (1967), « Grosseteste's "Quantitative" Law of Refraction : A Capter in the History of Non-Experimental Science », *Journal of the History of Ideas* 28(3), p. 403-414.

– (1968), « Mediaeval Empiricism : The Case of Grosseteste's Optics », *Speculum* 43(2), p. 306-321.

– (1982), « The Elements of Vision : The Micro-Cosmology of Galenic Visual Theory according to Hunayn Ibn Ishaq », *Transactions of the American Philosophical Society, New Ser.* 72(5), p. 1-59.

ENGEL, P. (2000), « Philosophie de l'esprit et neuropsychologie », *in* F. Eustache, B. Lechevalier, F. Viader (éd.), *Les Méthodes de la neuropsychologie*, Bruxelles, de Boeck, p. 39-53.

EVANS, J. (1998), *The History and Practice of Ancient Astronomy*, Oxford, Oxford University Press.

FODOR, J. A. & PYLYSHYN, Z. W. (1988), « Connectionism and Cognitive Architecture : A Critical Analysis », *Cognition* 28, p. 3-71.

FOLKERTS, M. & LORCH, R. (2007), *The Arabic Sources of Jordanus de Nemore*, Manchester, FSTC Limited.

FREELY, J. (2015), *Light from the East : How the Science of Medieval Islam Helped to Shape the Western World*, London, I. B. Tauris.

GALIEN, C. & DAREMBERG, C. (1854-1856), *Œuvres anatomiques, physiologiques et médicales de Galien*, Paris, J.-B. Baillière.En ligne BIU Santé : http : //www. biusante.parisdescartes.fr/histmed/medica/cote ? 34857.

GALIEN, C. & DE LACY, P. (1978), *Galeni De placitis Hippocratis et Platonis [1] First part, books I-V*, Berlin, Akademie-Verlag.

GONZALEZ PALANCIA, A. (1953), *Alfarabi, Catalogo de las ciencias*, Edición y traducción, CSIC, Instituto Miguel Asín, Madrid-Granada.

GOUBERG, P. (1951), *Byzance avant l'Islam*, Paris, Geuthner, 2 vol.

GOULDING, R. (2010), *Defending Hypatia. Ramus, Savile and the Renaissance Rediscovery of Mathematical History*, Dordrecht/Heidelberg/London/ New York, Springer.

GOUREVITCH, D. (2005), « The Galenic Plague : a Breakdown of the Imperial Pathocoenosis : Pathocoenosis and Longue Durée », *History and Philosophy of the Life Sciences* 27(1), p. 57-69.

GUILLAUME, P. (1943), *Introduction à la psychologie*, Paris, Vrin.

GUTIERREZ-MAHONEY, C. D. & SCHECHTER, M. (1972), « The Myth of the Rete Mirabile in Man », *Neuro-radiology* 4, p. 141-158.

GUTAS, D. (1987), « Avicenna II. Biography », *Encyclopaedia Iranica* III (Fasc. 1), p. 67-70.

– (1998), *Greek Thought, Arabic Culture*, Abingdon (UK), Routledge.

– (2004), « Avicenna's Marginal Glosses on *De Anima* and the Greek Commentatorial Tradition », *Bulletin of the Institute of Classicla Studies* 47, p. 77-88.

HAAS, C. (2006), « La pesta antonine », *Bulletin de l'Académie nationale de médecine* 190(4-5), p. 1093-1098.

HADOT, I. (éd.) (1987a), *Simplicius, sa vie, son œuvre, sa survie. Actes du Colloque International de Paris (28 sept.-1 er oct. 1985*, Berlin/New York, Walter de Gruyter.

HADOT, I. (1987b), « La vie et l'œuvre de Simplicius d'après des sources grecques et arabes », *in* Hadot 1987a, p. 3-39.

HAHM, D. E. (1978), « Early Hellenistic Theories of Vision and the Perception of Color », *in* Machamer & Turnbull 1978, p. 60-95.

HASKINS, C. H. (1927), *The Renaissance of the Twelfth Century*, Cambridge (MA), Harvard University Press.

HASSE, D. N. (2000), *Avicenne's* De Anima *in the Latin West*, London, The Warburg Institute.

HATFIELD, G. & EPSTEIN, W. (1979), « The Sensory Core and the Medieval Foundations of Early Modern Perceptual Theory », *Isis* 70(253), p. 363-384.

HOMÈRE (1843), *Iliade*, trad. fr. E. Baraste, Paris, Lavigne ; En ligne : *remacle.org/bloodwolf/poetes/homere/iliade2.htm*.

HORSTMANSHOFF, M. *et al.* (eds.) (2012), *Blood, Sweat and Tears. The changing Concepts of physiology from Antiquity into Early Modern Europe*, Leiden/Boston, E.J. Brill.

HUBEL, D. H. (1982a), « Evolution of ideas on the primary visual cortex, 1955-1978 : a biased historical account », *Biosci Rep* 2(7), p. 435-469.

– (1982b), « Exploration of the primary visual cortex, 1955-78 », *Nature* 299(5883), p. 515-524.

– (1982c), « Cortical neurobiology : a slanted historical perspective », *Annu Rev Neurosci* 5, p. 363-370.

— & WIESEL, T. N. (1959), « Receptive fields of single neurones in the cat's striate cortex », *J Physiol* 148, p. 574-591.

ISKANDAR, A. Z. (1978), « Ḥunayn ibn Isḥāq », *Dictionary of Scientific Biography* XV, p. 230-249.

– (1986), « Development of medical education among the Arabic-speaking peoples », *in* J. D. North, J. J. Roche, *The Light of Nature*, Dordrecht/Boston/Lancaster, Martinus Nijhoff Publisher, p. 7-20.

JACOB, P. (2004), *L'intentionnalité. Problèmes de philosophie de l'esprit*, Paris, Odile Jacob.

– (2007). « Précis de *L'intentionalité, problèmes de philosophie de l'esprit* », *Philosophiques* 34(1), p. 153-158.

JOLIVET, J. (1971) ; *L'Intellect selon Kindi*, Leiden, E.J. Brill.

— & RASHED, R. (1978), « Al-Kindī », *in* Ch. C. Gillispie (ed.), *Dictionary of Scientific Biography*, New York, Charles Scribner's Sons, vol. XV, Suppl. I, p. 261-267.

KAEGI, W. (1992), *Byzantium and the Early Islamic Conquests*, Cambridge, Cambridge University Press.

KEPLER, J. (2000), *Optics : Paralipomena to Witelo, and Optical Part of Astronomy*, Santa Fe (NM), Green Lion Press.

KIM, J. (2006), « Emergence : Core ideas and issues », *Synthese* 151, p. 547-559.

KOYRÉ, A. (1956), « The origins of modern science. A new interpretation », *Diogenes* 4(15), p. 1-21.

KNUUTTILA, S. & KÄRKKÄINEN, P. (2008), *Theories of Perception in Medieval and Early Modern Philosophy*, Berlin, Springer Science + Business Media B.V., 2008.

LALANDE, A. (2010), *Vocabulaire technique et critique de la philosophie*, Paris, P.U.F..

LEAR, J. (1988), *Aristotle : the desire to understand*, Cambridge/New York, Cambridge University Press.

LEFFLER, C. T, *et al.* (2016). « A medieval fallacy : the crystalline lens in the center of the eye », *Clinical Ophthalmology* 10, p. 649-662.

LEHOUX, D. (2007), « Observers, Objects, and the Embedded Eye ; or, Seeing and Knowing in Ptolemy and Galen », *Isis* 98(3), p. 447-467.

LEJEUNE, A. L. (1948), *Euclide et Ptolémée : Deux stades de l'optique géométrique grecque*, Louvain, Bibliothèque de l'Université de Louvain.

– (1956), *L'optique de Claude Ptolémée dans la version latine d'après l'arabe de l'émir Eugène de Sicile*, Louvain, Bibliothèque de l'Université de Louvain.

– (1989), *L'Optique de Claude Ptolémpée dans la version latine d'après l'arabe de l'émir Eugène de Sicile. Edition critique et éxégétique augmentée d'une traduction française et compléments*, Leiden, E.J. Brill.

LETTVIN, J. Y., *et al.* (1959), « What the Frog's Eye Tells the Frog's Brain », *Proceedings of the IRE* 47(11), p. 1940-1951.

LINDBERG, D. C. (1970), *John Pecham and the Science of Optics : Perspectiva communis*, Madison/Milwaukee/London, University of Wisconsin Press.

– (1971), « Lines of influence in thirteenth century optics : Bacon, Witelo, and Pecham », *Speculum* 46, p. 66-83.

– (1972), *Opticae Thesaurus Alhazeni Arabis libri septem, nuncprimùm editi ejusdem liber De Crepusculis et nubium ascensionibus Item Vitellonis Thuringopoloni libri X with an introduction to the reprint edition by David C. Lindberg*, New York/London, Johnson Reprint Corp.

– (1976), *Theories of Vision from Al-Kindi to Kepler*, Chicago/London, The University of Chicago Press.

– (1983), *Roger Bacon's philosophy of nature*, Oxford, Clarendon Press.

– (1992), *The Beginnings of Western science the European scientific tradition in philosophical, religious, and Institutional context, 600 B. C. to A. D. 1450*, Chicago/London, University of Chicago Press.

– (1996), *Roger Bacon and the origins of Perspectiva in the Middle Ages : with a critical edition and english transl. of Bacon's* Perspectiva, Oxford, Clarendon press.

— & STENECK, N. H. (1972), « The Sense of Vision and the Origins of Moderne Science », *in* A. G. Debus (ed.), *Science, Medicine and Society in the Renaissance : Essays to Honor Walter Pagel*, New York, Science History Publications, t. 1, p. 29-45.

LITTMAN, R. J. & LITTMAN, M. L. (1973), « Galen and the Antonine Plague », *The American Journal of Philology* 94(3), p. 243-255.

LUCRÈCE (1998), *De la nature. De rerum natura*, trad. fr. J. Kany-Turpin, Paris, GF-Flammarion.

MACHAMER, P. K. & TURNBULL, R. G. (eds.) (1978), *Studies in Perception*, Colombus (OH), Ohio State University Press.

MCCULLOCH, W. & PITTS, W. (1943), « A logical calculus of the ideas immanent in nervous activity », *Bulletin of Mathematical Biophysics* 5, p. 115-133.

MARR, D. (1982), *Vision : A Computational Investigation into the Human Representation and Processing of Visual Information*, New York, Freeman.

MERKER, A. (2003), *La vision chez Platon et Aristote*, Sankt Augustin, Academia Verlag.

MEYERHOF, M. (1926), « New Light on Hunain Ibn Ishaq and His Period », *Isis* 8(4), p. 685-724.

– (1928), *The Book of the ten treatises on the eye ascribed to Hunain ibn Is-hâq (809-877 A.D.) [Texte imprimé] : the earliest existing systematic text-book of ophtalmology : the Arabic text edited from the only two known manuscripts / Ḥonayn ibn Is-haq ; with an English translation by Max Meyerhof*, Cairo, Governement Press.

NASIR, N. A. (1969), « Ibn al-Haitham and His Philosophy », *in* Said 1970, p. 80-93.

NUSSBAUM, M. C. & OKSENBERG- RORTY, A. (1992), *Essays on Aristotle's* De Anima, Oxford, Clarendon Press.

NUTTON, V. (1973), « The Chronology of Galen's Early Career », *The Classical Quarterly* 23(1), p. 158-171.

O'LEARY, D. L. (1979), *How Greek Science Passed to the Arabs*, London, Routledge & Kegan Paul Ltd.

PACHERIE, E. (1995), « Le fonctionnalisme : état des lieux », *Intellectica*, p. 9-37.

PAPADOPOULOS, A. (2017), *Roshdi Rashed, Historian of Greek and Arabic mathematics*, en ligne : https : //hal.archives-ouvertes.fr/hal-01653436.

PARAVICINI BAGLIANI, A. (1975), « Witelo et la science de l'optique à la cour pontificale de Viterbe (1277) », *Mélanges de l'École française de Rome. Moyen-Âge, Temps modernes* 87(2), p. 425-453.

PIRENNE, H. (1922), « Mahomet et Charlemagne », *Revue belge de philologie et d'histoire* 1, p. 77-86.

– (1939), *Histoire de l'Europe des invasions au XVIe siècle*, Paris/Bruxelles, Félix Alcan.

PLATTER, F. (1583), *De corporis humani structura et usu*, Se trouve à la Bibliothèque du Service de Santé des Armées, Da4/BUD. 5

PLATON (1995), *Théétète*, trad. fr. M. Narcy, Paris, GF-Flammarion.
– (2001), *Timée – Critias*, trad. fr. L. Brisson, Paris, GF-Flammarion.
POLYAK, S.L. (1941), *The Retina*, Chicago (Ill.), The University of Chicago Press.
PUTNAM, H. (1975), « Philosophy and our Mental Life », *in* H. Putnam, *Mind, Language, and Reality. Philosophical Papers*, Cambridge, Cambridge University Press, vol. II, p. 291-303.
RAIZMAN-KEDAR, Y. (2009), « The Intellect Naturalized : Roger Bacon on the Existence of Coporeal Species within Intellect », *Early Science and Medicine* 14, p. 132-157.
RAHMAN, F. (1987), « VI. Psychology », *Encyclopaedia Iranica* III, p. 83-84.
RASHED, R. (1968), « Le "Discours de la lumière" d'Ibn al-Haytham (Alhazen). Traduction française critique », *Revue d'histoire des sciences et de leurs applications* 21(3), p. 197-224.
– (1970), « Le modèle de la sphère transparente et l'explication de l'arc-en-ciel : Ibn al-Haytham, al-Farisi », *Revue d'histoire des sciences et de leurs applications* 23(2), p. 109-140.
– (1978), « Lumière et vision : l'application des mathématiques dans l'optique d'Alhazen », R. Taton, *Roemer et la vitesse de la lumière*, Paris, Vrin, p. 19-44.
– (1990), *A pioneer in anaclastics. Ibn Sahl on burning mirrors and lenses*, Chicago, University of Chicago Press for the History of Science Society.
– (1992), *De Constantinople à Bagdad [Tiré à part] Anthemius de Tralles et Al Kindi.* Damas, Institut français de Damas.
– (1993a), *Les mathématiques infinitésimales du* IXe *au* XIe *siècle*, London, Al Furqan Islamic heritage Foundation.
– (1993b), *Géométrie et dioptrique au* X^e^ *siècle Ibn Sahl, Al-Quhi et Ibn al-Haytam*, Paris, les Belles Lettres.
– (1997), *Œuvres philosophiques et scientifiques d'al-Kindī*, Leiden/New York/Köln, Brill. 2 volumes.
– (1999), « The Invention of Classical Scientific modernity », *Quipu* 12(2), p. 135-147.
– (2002), « A Polymath in the 10th Century », *Science* 297, p. 773.
– (2007), « The Configuration of the Universe : A Book by Al-Hasan Ibn Al-Haytham ? », *Revue d'histoire des sciences* 60, p. 47-63.
– (2008), « Les échanges culturels en Méditerranée. L'exemple de l'optique », *Alliage* 63, p. 30-36.
— & MORELON, R. (1996). *Encyclopedia of the history of Arabic science*, London/New York, Routledge.
– (1997), *Histoire des sciences arabes 2 Mathématiques et physique*, Paris, Le Seuil.
RICHÉ, P. (1987), *Gerbert d'Aurillac : le pape de l'an mil.* Paris, Fayard.
ROBIN, L. (1948), *La pensée grecque et les origines de l'esprit scientifique*, Paris, Albin Michel.
ROCCA, J. (1998), « Galen and Greek Neuroscience (Notes Towards a Preliminary Survey) », *Early Sci Med* 3(3), p. 216-240.

SABRA, A. I. (1967), « The Authorship of the Liber de crepusculis, as Eleventh-Century Work on Atmospheric Refraction », *Isis* 58(1), p. 77-85.

– (1978), *Sensation and Inference in Alhazen's Theory of Visual Perception*, *in* Machamer & Turnball 1978, p. 160-185.

– (1989), *The Optics of Ibn Al-Haytham books I-III on direct vision*, London, Warburg Institute University of London, 2 vol.

– (1998), « Configuring the Universe : Aporetic, Problem Solving, and Kinematic Modeling as Themes of Arabic Astronomy », *Perspectives on Science* 6,3, p. 288-330

– (2007), « The "Commentary" That Saved the Text. The Hazardous Journey of Ibn al-Haytham's Arabic "Optics" », *Early Sci Med* 12(2), p. 117-133.

SAID, H. M. (ed). (1970), *Ibn al-Haytham, Proceedings of the Celebration of 1000th Anniversary*, Karachi, The Time Press.

SAINT-PIERRE, B. (1972), *La physique de la vision dans l'Antiquité, contribution à l'établissement des sources anciennes de l'optique médiévale.* Montréal, Université de Montréal. Philosophiae doctor.

SALIBA, G. (2007), *Islamic science and the making of the European Renaissance.* Cambridge (MA)/London, The MIT press.

SAMBURSKY, S. (1959), *Physics of the Stoics*, Princeton (NJ), Princeton University Press.

SBATH, P. & MEYERHOF, M. (1938), *Le livre des questions sur l'œil de Hunayn ibn Ishaq*, Le Caire, Institut Français d'Archéologie Orientale.

SCHEINER, Christopher (1619), *Oculus Hoc Est : Fundamentum Opticum*, Apud Danielem Agricolam.

SEBTI, M. (2005), « La statut ontologique de l'image dans la doctrine avicennienne de la perception », *Arabic Sciences and Philosophy* 15, p. 109-140.

SIEGEL, R. E. (1970a), « Principles and Contradictions of Galen's Doctrine of Vision », *Sudhoffs Archiv* 54(H. 3), p. 261-276.

— & BERTIER, J. (1970b), *Galen on sense perception his doctrines, observations and experiments on vision, hearing, smell, taste, touch and pain, and their historical sources*, Basel/New York, S. Karger.

SIMON, G. (1988), *Le regard, l'être et l'apparence dans l'optique de l'Antiquité*, Paris, Le Seuil.

SMITH, A. M. (1998), « Ptolemy, Alhazen, and Kepler and the Problem of Optical Optics », *Arabic Science and Philosophy*. 8, p. 9-44.

– (1999), « Ptolemy and the Foundations of Ancient Methematical Optics : A Source Based Guided Study », *Transactions of the American Philosophical Society, New Ser.* 89(3), p. 1-172.

– (2001), « Alhacen's Theory of Visual Perception : A Critical Edition, with English Translation and Commentary », *Transactions of the American Philosophical Society, New Ser.* 91(4), p. i-337 (vol. I) et 91(5), p. 339-819 (vol. II). Accessible sur : http://www.jstor.org/stable/3657358 et http://www.jstor.org/stable/i370516.

– (2010), *Alhacen on Refraction : A Critical Edition, with English Translation and Commentary, of Book 7 of Alhacen's* De aspetibus, *the Medieval Latin Version of Ibn al-Haytham's* Kitāb al-Manāẓir, Philadelphia, American Philosophical Society Press.

– (2015), *From Sight to Light. The Passage from Ancient to Modern Optics*, Chicago/London, The University of Chicago Press.

— *et al.* (1996), *Ptolemy's theory of visual perception an English translation of the "Optics" with introduction and commentary*, Philadelphia, the American Philosophical Society Press.

SORABJI, R. (1979), « Body and Soul in Aristotle », *in* Barnes *et al.* (1979), p. 42-64.

SOUQUES, A. (1933), « Les connaissances neurologiques de Galien », *Revue Neurologique*, p. 297-340.

STADEN, H. v. (1978), « The Stoic Theory of Perception and its "Platonic" Critics », *in* Machamer & Turnbull 1978, p. 96-136.

— & BERTIER, J. (1989), *Herophilus the art of medicine in early Alexandria*, Cambridge/New York, Cambridge University Press.

STAHL, W. (1962), *Roman Science : Origins, Developement, ans Influence to the Latter Middle Ages*, Madison University of Wisconsin Press.

STEFFENS, B. (2007), *Ibn al Ḥunayn: First Scientist*, Greensboro (N.C.), Morgan Reynolds Publishing.

STROHMAEIR, G. (1986), « Ḥunayn b, Isḥāḳ al-ʿIbādī », *in* K. Fleet, G. Krämer *et al.* (eds.), *Encyclopedia of Islam, THREE*, consulté en ligne (doi: http://dx.doi.org/10.1163/1573-3912_ei3_COM_32555).

TARDIEU, M. (1986), « "Sabiens" coraniques et "Sabiens" de Harran », *Journal Asiatique* 274, p. 1-44.

– (1990), *Les paysages reliques. Routes et haltes syriennes d'Isidore à Simplicius*, Louvain/Paris, Peeters.

THOMSON, R. B. (1974), « Jordanus de Nemore and the University of Toulouse », *The British Journal for the History of Science* 7(2), p. 163-165.

TONNER, G.J. (1975), « Euclid », *in* Ch. C. Gillispie (ed.), *Dictionary of Scientific Biography*, New York, Charles Scribner's Sons, p. 187.

UNGERLEIDER, L. G. & MISHKIN, M. (1982). « Two cortical visual systems », in D.J. Ingle, M.A. Goodale, R.J.W. Mansfield (eds)., *Analysis of Visual Behavior*, Cambridge (MA), The MIT Press, p. 549-586.

VASILIU, A. (1997), *Du diaphane. Image, milieu, lumière dans la pensée antique et médiévale*, Paris, Vrin.

VER EECKE, P. (1948), *Les commmentaires sur le premier livre des* Éléments *d'Euclide / Proclus de Lycie*, Bruges, Deslée de Brouwer.

– (1959), *Euclide. L'optique et la catoptrique*, Paris, Albert Blanchard.

VESCOVINI, G. F. (1990), « La fortune de l'optique d'Ibn al-Haytham : le livre *De Aspectibus* (*Kitāb al-Manāẓir*) dans le Moyen Âge latin », *Archives d'Histoire des sciences* 40, p. 220-238.

– (2003), *Le teorie della luce et della visione ottica dal IX al XV secolo. Studi sulla prospettiva medievale e altri saggi*, Perugia, Morlacchi Ediore.

VOS, P. D. (2013), « "The "Prince of Medicine" ; Yūḥannā ibn Māsawayh and the Foundations of the Western Pharmaceutical Tradition », *Isis* 104, p. 667-712.

WADE, N. J. (1998), *A Natural History of Vision*, Cambridge (Ma), The MIT Press.

WALZER, R. (1985), *Al-Farabi on the perfect state : Abu Nasr al-Farabi's Mabasi' ara' ahl al-madina al-fadila : a revised text with introduction, translation, and commentary*, Oxford, Clarendon Press.

WATTS, E. (2005), « Where to Live the Phiosophical Life in the Sixth Century ? Damascius, Simplicius, and the Return from Persia », *Greek, Roman and Byzantine Studies* 45, p. 285-315.

WEDIN, M. V. (1988), *Mind and imagination in Aristotle*, New Haven, Yale University Press.

WOLFSON, H. A. (1935), « The Internal Senses in Latin, Arabic, and Hebrew Philosophic Texts », *The Harvard Theological Review* 28(2), p. 69-133.

REMERCIEMENTS

Je remercie chaleureusement M. Roshdi Rashed pour son soutien bienveillant tout au long de ce projet et pour sa lecture attentive à chacune des étapes de sa réalisation. Un grand merci à Claude Imbert et à Michel Menu dont la confiance et les remarques m'ont été tellement précieuses, et à Michel Blay pour ses encouragements dans des moments difficiles. Ma reconnaissance encore à Frédéric François dont les conseils linguistiques m'ont été si précieux.

Je remercie tous mes collègues du Département des Études Cognitives (DEC) de l'École normale supérieures (ENS), notamment Pascal Mamassian, Peter Neri, Jean Loenceau, Christian Lorenzi, avec qui j'ai eu des échanges fructueux au sein du Laboratoire des Systèmes Perceptifs (LSP).

Mes remerciements vont encore à Mme Hourya Benis Sinaceur pour avoir accepté ce livre dans sa collection.

Enfin, je ne me serais pas lancé dans cette entreprise sans l'amicale pression de mon vieux camarade Dan Sperber, et n'aurais pu la mener à bien sans le soutien affectueux et constant et sans surtout le regard acéré sur mon écriture de mon épouse Sylvia Duchacek-Imbert

INDEX

TABLE DES MATIÈRES

ACHEVÉ D'IMPRIMER
EN MARS 2020
SUR LES PRESSES
DE
L'IMPRIMERIE F. PAILLART
À ABBEVILLE

DÉPÔT LÉGAL : 1er TRIMESTRE 2020
N°. IMP. 16492